O QUE HÁ DE POLÍTICO NA POLÍTICA?

FUNDAÇÃO EDITORA DA UNESP

Presidente do Conselho Curador
Herman Jacobus Cornelis Voorwald

Diretor-Presidente
José Castilho Marques Neto

Editor-Executivo
Jézio Hernani Bomfim Gutierre

Conselho Editorial Acadêmico
Alberto Tsuyoshi Ikeda
Áureo Busetto
Célia Aparecida Ferreira Tolentino
Eda Maria Góes
Elisabete Maniglia
Elisabeth Criscuolo Urbinati
Ildeberto Muniz de Almeida
Maria de Lourdes Ortiz Gandini Baldan
Nilson Ghirardello
Vicente Pleitez

Editores-Assistentes
Anderson Nobara
Henrique Zanardi
Jorge Pereira Filho

OSKAR NEGT
ALEXANDER KLUGE

O QUE HÁ DE POLÍTICO NA POLÍTICA?

RELAÇÕES DE MEDIDA EM POLÍTICA
15 PROPOSTAS SOBRE A CAPACIDADE
DE DISCERNIMENTO

Tradução
João Azenha Júnior
Colaboração
Karola Zimber
Revisão da tradução
Carlos Eduardo Jordão Machado

Copyright © 1992 by Fisher Verlag

Título original em alemão *Maßverhältnisse des Politischen.
15 Vorschläge zum Unterscheidungsvermögen.
Was ist an der Politik politisch?*

Copyright © 1999 da tradução brasileira:
Fundação Editora da UNESP (FEU)

Praça da Sé, 108
01001-900 – São Paulo – SP
Tel.: (0xx11) 3242-7171
Fax: (0xx11) 3242-7172
www.editoraunesp.com.br
www.livrariaunesp.com.br
feu@editora.unesp.br

Dados Internacionais de Catalogação na Publicação (CIP)
(Câmara Brasileira do Livro, SP, Brasil)

Negt, Oskar

    O que há de político na política? Relações de medida em política. 15 propostas sobre a capacidade de discernimento / Oskar Negt, Alexander Kluge; tradução João Azenha Júnior; colaboração Karola Zimber; revisão da tradução Carlos Eduardo Jordão Machado. – São Paulo: Fundação Editora da UNESP (FEU), 1999. – (Biblioteca básica)

    Título original: Maßverhältnisse des Politischen.
    Bibliografia.
    ISBN 85-7139-184-X

    1. Política 2. Política – Filosofia I. Kluge, Alexander. II. Azenha Júnior, João. III. Título.

98-1866   CDD-320.01

Índices para catálogo sistemático:
1. Política : Relações de medida: Filosofia política   320.01
2. Relações de medida em política: Filosofia política   320.01

Editora afiliada:

SUMÁRIO

9 Prefácio da edição brasileira
15 Prefácio da edição alemã
19 I. Relações de medida em política
   1 Questões
   2 "Linhas nodais das relações de medida"
   3 Complicações de cenários
      Cena 1: A soberania do tempo – Cena 2: Plebiscitos não previstos na Constituição – Cena 3: A soberania não tem seu lugar apenas no presente – Cena 4: O esquecimento necessário (capacidade de expressão de experiência) – Cena 5: "Uma metade do homem é sua essência, a outra metade é sua expressão" – Cena 6: *Uma* linguagem do Estado, *muitas* linguagens do mundo da vida – Cena 7: As línguas da disputa eleitoral são apelativas – Cena 8: A mensagem política dos romances – Cena 9: A ilusão institucional
   4 Sobre o conceito de política

59 II. Emancipação e linguagem política. Expropriações, reapropriações
   1 O problema do desgaste e da desvalorização dos conceitos
   2 Direitos humanos, tortura: censura simbólica e linguística
   3 Metamorfoses no conceito de revolução

91   III. O elemento político como especialidade e como grau particular de intensidade dos sentimentos
  1 Associação, dissociação, meia-produção
  2 Instrumentação política

103 IV. O trabalhador total, criado pelo capital com força de realidade, mas que é falso
  Complemento 1: As três características básicas do trabalhador total
  Complemento 2: A percepção sintética e o trabalhador total
  Complemento 3: O poder do factual – o princípio de realidade na função de esfera pública de produção

135 V. "Destino e política"
  1 A humanidade como conexão obrigatória
     A total inadequação dos nossos sentidos de medida da espécie se apresenta diante do que produzimos
  2 Formas de relações [*Verkehrsform*], padrões de produção
  3 O direito de hospitalidade e o outro da razão

149 VI. Chagas chinesas. Sobre o significado político do luto, da morte e do tempo
  1 A falta de realidade da *Realpolitik*
  2 A confrontação sensível com a morte
  3 Repressão e imperativo de repetição
  4 Rituais de luto coletivos e esfera pública
  5 Matar não é tabu. Tabu é a morte

167 VII. Guerra do Golfo e política. Capacidade de abstração da violência concreta/Imagens ideológicas com elevado teor afetivo/Contra a lógica militar e bélica

187 VIII. A leitura do texto das relações reais. A questão crucial de saber se entendemos as cifras do nosso século.

Formas de assimilação da experiência – A cifra de 1914 – As linhas do processo de aprendizagem e as linhas dos fatos seguem trilhas diferentes – Aprender com os erros – Capacidade de discernimento em grande quantidade – Administração do período pré-guerra – O poder efetivo do acúmulo de coisas – A eclosão da guerra se dá por si mesma – A imagem da guerra paralisa – Cassandra resiste –A forma de falar como cúmplice da guerra – As palavras-chave abstração, divisão do trabalho e concorrência – A incapacidade de a guerra terminar por si própria – A "abstração ponderada que é necessária para compreender a guerra" – A divisão do trabalho e a concorrência como paralisação do trabalho de reconcretização – A camuflagem das relações reais no período pré-guerra – "O senhor não tem uma história mais agradável?" – Existem formas alternativas de curiosidade? – A crítica à escola sentimental – A reconstrução da aprendizagem – A reconstrução do aspecto moral – A reconstrução da guerra – A reconstrução da soberania

223   IX. Familiarizar-se com a leitura
Com uma perspicácia ainda de tirar o fôlego...
Os dois pobres coitados
Socialismo por sensatez
Um drama do nosso tempo

235   X. Exílio, separação, sonhos. Notas biográficas.

247   XI. Karl Marx em 1991. Como ficam seus direitos de cidadania nesta cultura científica

269   XII. O fenômeno político sem o seu desespero. O conceito de "populismo"

283   XIII. A velocidade como política

289   XIV. Gotthold Ephraim Lessing e o princípio do "reconhecimento trágico". Um discurso
  1 Por que a esfera pública é um bem comum que não pode ser vendido a preço algum do mundo

(bem comum = propriedade individual de cada um de nós)
2 A contribuição de Lessing para a mediação: o princípio do "reconhecimento trágico"

305   XV. Nem o trabalho mais intensivo no presente pode banir os espíritos do passado
1 Utopias da superação e o problema da reassimilação
2 Os homens aprendem com a história?

315   Posfácio: "Nunca houve tantos inícios"

317   Nota bibliográfica

PREFÁCIO DA EDIÇÃO BRASILEIRA[1]

Quando este livro surgiu, a Europa se encontrava num processo de ruptura espetacular.[2] Certamente, para nós alemães, a reunificação foi o acontecimento regional que nos tocou mais fundo. Constitui também parte de nossa biografia, mais uma vez atualizada nesse processo de ruptura. Nós dois viemos de regiões alemãs que não tinham praticamente nenhuma via de comunicação oficialmente autorizada com os nossos domicílios atuais em Munique e Hannover. Neste ponto, e de modo intensivo, biografia e acontecimentos históricos se encontram.

O motivo peculiar do nosso livro era dar de novo à esfera da ação política o seu próprio peso. Estávamos ao mesmo tempo perplexos e contentes, já que tínhamos diante dos olhos o desafio de compreender transformações efetivas como expressão de um entendimento da política que de modo algum é identificável com as regras oficiais do sistema político estabelecido. Sempre foi nossa convicção que as transformações políticas mais signi-

---

1 Tradução de Carlos Eduardo Jordão Machado.
2 Ver Prefácio à edição alemã, de outubro de 1991. (N. T.)

ficativas transitam *sob* a superfície dos acontecimentos. Aqui a política se encontra com a força histórica do trabalho subterrâneo da toupeira. Todos os impérios vieram abaixo, impérios que se imaginavam estranhos a qualquer influência e protegidos por uma muralha de concreto armado contra qualquer pensamento ameaçador. Em nossos livros, sempre valorizamos e ressaltamos particularmente a força da política que se apoia nas necessidades e nos interesses das pessoas. Para nós, até a mudança de poder na Tchecoslováquia, quando o poeta discriminado Vaclav Harel, marchou praticamente da prisão ao palácio presidencial, era concretamente inimaginável que se pudesse tomar em sentido literal as palavras de ordem do Maio de 68 parisiense: "A imaginação no poder!". Imaginação política e sociológica, o que neste livro é de grande significação, dão sempre um passo além, antes mesmo que a realidade ponha termo a tudo.

O que há de político na política? é um livro que convida as pessoas a não se deixar emburrecer pela realidade de concreto armado [*Betonrealität*] das relações existentes. É um apelo à coragem: fazer soar nessas relações as melodias que lhes são próprias, para talvez um dia levá-las a dançar.

Sabemos que as numerosas rupturas não são simples de apreender, referenciando-as às causas isoladas da crise, e nem de as transformar, visando o bem comum. A reunificação alemã custou muito caro ao povo alemão. Em muitos aspectos foi um desastre o ato da incorporação nacional do Estado alemão oriental – que se constituiu sob condições bem diversas do pós-guerra – a um território inteiramente capitalista. O que aqui significa um desastre público não é apenas o resultado de uma brutal transferência de valores financeiros para a Alemanha Oriental. A transposição do sistema capitalista para uma ordenação social, que possuiu regulamentações estatais e jurídico-coletivas por mais de quarenta anos, se põe à mostra também com o abismo profundo e permanente da cultura em ambos os Estados que se autonomeiam agora "Alemanha reunificada".

Desde a publicação de nosso livro em 1992, agravaram-se também outros mananciais de crise da sociedade desenvolvida. Ninguém previu, no final dos anos 80, que, na Alemanha, os quase cinco milhões de desempregados registrados poderiam colocar em questão o sistema político do Estado de direito democrático e social. Mas o clima de medo do desemprego, juntamente com as tendências de pauperização de uma parte da população em um dos países mais ricos do mundo caracterizam, para a nova geração, um escândalo moral evidente. Rompe-se, nesta sociedade, a representação da *justiça igualitária* – que é imprescindível para qualquer democracia politicamente estável. Em tão poucos anos, entre 1992 e 1998, aconteceu muita coisa nessas regiões. Os ricos tornam-se ostensivamente cada vez mais ricos e aqueles que não têm trabalho são cada vez mais excluídos da sociedade oficial – vivem da ajuda social do Estado e não podem mais sair do gueto dos sem-teto e da pobreza.

Não se trata aqui, de modo algum, da realidade dos países do chamado Terceiro Mundo. A divisão social consuma-se de maneira espetacular, ameaçando a coesão de nossa ordem social justamente nos países avançados do cosmo europeu. A europeização dos problemas muda muito pouco, ou até mesmo nada, em se tratando do fetiche do dinheiro, que está ligado à unificação monetária com o euro. Hoje estamos diante do problema de que, pela primeira vez na história do mundo moderno, o capitalismo funciona em sua forma predatória de modo literal e mais variado do que superado, como aquela forma que Marx descreveu em seu *O capital*. É a total predominância da lógica do capital e do mercado, da loucura privatista, à qual estão sujeitos os círculos e camadas dominantes que querem resolver, com a privatização, todos os problemas originariamente coletivos – essa estreiteza do horizonte político, se não for logo superada, será acometida por resultados catastróficos.

As mudanças de governo na Inglaterra, na França, na Itália e, provavelmente em setembro de 1998, na Alemanha, trarão, com certeza, consequências que irão alterar o modo de pensar das pessoas em todos os seus âmbitos de vida. Com o martelo da globalização é hoje desmantelado o Estado social nos países europeus. A ideologia da globalização está claramente separada do que realmente é globalizado. Uma grande parte dos mais importantes empresários alemães está ancorada com segurança nos mercados alemão e europeu. Mas mal se pode falar de uma globalização efetiva. Quando setores da indústria são transferidos para o sudeste asiático, torna-se evidente o gosto amargo da experiência, já que a qualificação da força de trabalho, a tecnologia, a ciência e infraestrutura permanecem sendo as bases sem alternativas da indústria alemã. Muito desses setores industriais transferidos retornam à Alemanha em virtude das "questões de custo". Tudo isso faz sentido se os mercados de divisas e capital são globais. Já o agir efetivo, as relações políticas, as aquisições vitais dos homens não podem ser consideradas globalizadas.

Descrevemos em nosso livro que a história é mais rica em invenções do que as nossas representações, que frequentemente seguem atrás claudicantes. Também investigamos repetidamente os locais de ruptura na história, onde podemos encontrar pontos de partida para novos inícios. A última dessas tentativas de um recomeço, na Alemanha, foi a reunificação. Infelizmente esta não se cumpriu, no sentido de poder realizar um plebiscito constituinte, coletivo, devidamente preparado, como as bases de uma nova Alemanha. Com isso, o que deveria ser propriamente retrabalhado permanece, em sua maioria, novamente, como estava. Toda a história do desenvolvimento da RDA (República Democrática Alemã) continua no escuro. E as pessoas seguem o mesmo caminho, pois não se identificam com sua própria história. Para suportar a miséria existente, consomem muito trabalho de compensação.

Esperamos que a mudança do poder e da política, em setembro de 1998, na Alemanha, abra novas possibilidades para uma dimensão europeia da política. Sobretudo, é necessário reconquistar o espaço do agir político. Atualmente a política não passa de um apêndice da economia de administração de empresa [*Betriebswirtschaft*], que é transposta para o conjunto da economia. Romper com este *Horror econômico* – caracterizado com justeza pela escritora francesa Viviane Forrester[3] – e rasgar das relações o véu ideológico que cobre de modo fatal a sociedade:

---

3 São Paulo: Editora UNESP, 1997. (N. T.)

com isso, poder-se-iam engendrar novos impulsos essenciais para uma política futura que seja justa.

Estamos outra vez de volta ao nosso assunto, ou seja, de uma abertura de possibilidades históricas. Nessa direção orientamos o conjunto de nosso pensamento: apropriar-se dessas possibilidades com questionamentos e perspectivas concretas. Muitos pontos deveriam ser reformulados: é fundamental transformar a sociedade do trabalho, deveríamos refletir sobre isso para que a nova geração seja mais bem preparada para as tarefas futuras. É necessário, por isso mesmo, ponderar muito e reconsiderar o significado de aprendizagem, formação [*Bildung*], cultura, como foi o caso na época à qual pertencemos e que agora chega ao fim. O desenvolvimento da medicina alcançou um tal patamar que tornou a questão da vida e da morte dignas extremamente atual. A tecnologia genética atinge cada vez mais a estrutura da vida humana e é necessário agir para colocar-lhe limites.

Na Alemanha não é mais possível levar a cabo uma política nacional pura. Mas o que acima de tudo é importante, e para isso é necessário persistir com obstinação, é que as coesões culturais dos países singulares não se transformem em vítimas das abstrações do cálculo econômico. É, atualmente, um enorme perigo a Europa transformar-se na Europa dos empresários e dos ricos. Nosso conceito de política em O *que há de político na política?* se orienta, justamente, no sentido de tomar em consideração a cultura como processo de produção decisivo, sendo tudo mais algo meramente derivado. Se pudermos produzir uma Europa social e cultural, então o conceito de nação receberia de volta a sua aspiração à universalidade, que teve no Iluminismo europeu e à qual esteve ligado na Revolução Francesa de 1789.

Como antes, situamo-nos nessa tradição do Iluminismo europeu e do pensamento dialético vivo. A *débâcle* de um mundo, que nunca consideramos o do socialismo autêntico, não nos autoriza a sacrificar os critérios críticos de medida em relação a uma forma econômica, que em sua ortodoxia neoliberal cada vez mais dá provas de que não pode resolver, de modo satisfatório, os problemas de vital importância – seja na Europa, seja onde for. Assim, limitamos nossa reflexão a criticar e combater as relações existentes e suas contradições. Como entendemos O *que há de político na política?* em meio a uma tradição que reúne Kant, Hegel, Marx, Freud, Adorno, vivemos da força das visões e utopias do que é tangível aos sentidos da possibilidade melhor.

Oskar Negt/Alexander Kluge
Hannover/München,
maio/1998.

PREFÁCIO DA EDIÇÃO ALEMÃ

Há trinta anos estamos acostumados a nos comportar ativamente em contextos políticos e a entender como políticas muitas de nossas atividades. Esse é um hábito que não vamos abandonar. O fato de certos tipos de comportamento político nos parecerem evidentes é uma das razões pelas quais não vemos motivo para transformar o *elemento político* em objeto de reflexões especiais. Com efeito, em alguns casos, notávamos que, no âmbito de análises fundamentais (da esfera pública, da força de trabalho, da organização histórica dos bens de trabalho etc.), tão logo a atenção se voltava para o elemento político, esse objeto como que desaparecia – a *política* permanecia apenas como uma questão supérflua, e o que oficialmente se entendia por política assumia cada vez mais o caráter de algo invertido e falso.

Desde 1972, tanto isoladamente quanto em trabalho conjunto, temos tentado analisar esse composto esdrúxulo que caracterizamos como *elemento político*. Temos nos esforçado em estudar diferentes projetos e teorias, a fim de conseguir eliminar distorções desse conceito demasiadamente compactado, *superexplorado na teoria e subexplorado na prática*. Dependendo do autor por intermédio do qual se tenta eliminar essa distorção – se pelo ponto de vista de Carl Schmitt, Jürgen Habermas, Karl Korsch, Montesquieu, Clausewitz ou Robert Musil –, chega-se a configurações diferentes. O absurdo reflete-se em cada uma dessas configurações. E isso se explica claramente não pela incapacidade dos autores ou por uma falta de distanciamento ou de aproximação, mas pelo tema em si.

Achamos que o elemento político, enquanto *conceito substancial da análise*, é insuficiente. Foi se tornando cada vez mais forte a impressão de que os elementos e componentes de que se nutre a política também se furtam claramente à fixação. Eles transformam-se constantemente uns nos outros, isto é, desconhecem as *relações de realidade* que valem para a tecnologia e para as relações próximas entre as pessoas. Até onde podemos entender os elementos e fontes da política, eles têm sua força sobretudo nas *formas*. As energias e qualidades políticas precisam *de tempo, de lugares identificáveis, da capacidade de autonomia dos sujeitos*, inclusive de uma ligação adequada entre espontaneidade e duração, de uma oposição concreta (superfície de atrito), do intercâmbio livre entre a ausência (sono, pausa, descarga) e a concentração de forças (solidariedade, proteção, vigília), entre outras coisas. Os parâmetros (formas) unem-se para formar o elemento político, em um sentido autônomo, quando encontram uma medida em relação ao outro: são as *relações de medida em política*.

Mesmo *sem* essa medida, de uma forma imponderada portanto, surge um resultado político. Mas este resultado quase sempre é *indiferente* à questão da emancipação, da autonomia do sujeito, e não é fundamento para qualquer comunidade. Sem a consideração das relações de medida forma-se quando muito um campo profissionalizado da política, ao qual faltam a dimensão histórica da libertação individual e a organização racional da sociedade.

Chernobyl, como efeito a distância que desfaz a soberania dos países, *destrói* as relações de medida. O Estado, que tira sua legitimação da defesa contra o perigo, nada pode opor de "político" à chuva radioativa. Se observadas atentamente, a autodissolução do "socialismo realmente existente" e a reunificação da Alemanha contêm em si relações de medida muito ricas; mas a rapidez do desenvolvimento não garantiu a nenhum elemento o *tempo adequado para o seu desdobramento*. A crise do Golfo foi literalmente um desafio para a *capacidade de julgamento a distância*: imagens da CNN, censura de guerra (imagens selecionadas), situação histórica absurda, privação da realidade, não importando se participávamos do evento integrados ao aparato militar do Oriente próximo ou de nossa casa, sentados diante da televisão, tudo isso gerou uma situação de desordem que só poderia confundir o julgamento prático. Sob tais condições, ninguém é capaz de conservar incólume sua capacidade de discernimento.

Essas coisas, e outras, são desafios objetivos, e é sob o signo de tais desafios que nos aproximamos da virada do milênio. É claro que precisamos aguçar nossa capacidade política de julgar. Por isso o exame das relações de medida em política é elucidativo. Não é possível aumentar ou controlar as matérias-primas e os graus de intensidade do elemento político. Mas é a condição para a viabilidade de qualquer prática o fato de que eles deparam com medidas e formas nas quais podem se expressar publicamente e, portanto, encontrar uns aos outros. Para a preparação dessa prática, apresentamos aqui uma série de propostas que são variações de um mesmo tema, de diferentes pontos de vista: *relações de medida em política*.

Outono de 1991
Oskar Negt/Alexander Kluge

I. RELAÇÕES DE MEDIDA EM POLÍTICA

1 Questões

No presente trabalho colocamos as seguintes questões: *O que há de político na ação política?* Teria ela um valor de uso? Será que existe um balanço da política do século XX ou dos duzentos anos passados desde a eclosão da Revolução Francesa? Voltaire refere-se assim à Igreja que se ergue da Idade Média até o século XVIII e reivindica o domínio do conhecimento do mundo: "*Écrasez l'infâme!*". Desmistificação, redução da realidade a seus elementos constitutivos: este é o programa do Iluminismo. Hoje, em vez da religião, é a *realidade* que reivindica esse domínio. A política soberana, apoiada no poder do Estado, surge como a forma de expressão mais importante desse domínio, com o qual o princípio da realidade, que marca biograficamente a constituição interna do indivíduo singular, criou no todo coletivo uma segunda cidadela fortificada. Esse *mundo da realidade de concreto armado* [*Betonwelt*] – junto com todos os fantasmas e espíritos que produzem uma ameaça sensorialmente intangível, mas onipresente – revela-se um poder quase religioso. Diante *desse poder, o primeiro ato do Iluminismo é a descrença e a repugnância cética.*

Como um cético inveterado observaria e avaliaria o desempenho político do século XX? O que se dispendeu neste século, que dá continuidade ao século XIX, é considerável: dispêndio em força de trabalho, de capital, crimes raciais, genocídios, vítimas, destruições, reconstrução com base em modelo antigo (insistência, portanto), desperdício de homens e mulheres talentosos, expulsões gigantescas, diásporas, inflações na Europa central, duas guerras mundiais. Nada disso pode ser separado do que se deve entender por *política soberana*. O que este século realmente conseguiu fazer? Nos momentos em que o emprego de meios políticos deveria ter evitado alguma coisa (por exemplo, a eclosão da guerra de 1914, com o poder dos trabalhadores), as reservas de força da política permaneceram impotentes. Quando se tratou de combater grupos parasitários que se apropriavam do acúmulo de vontades comuns, por exemplo, em 1933, a política soberana mostrou-se um instrumento excepcionalmente útil para os novos senhores. Mas, mesmo onde parecia que se praticava uma *Realpolitik* de alto nível, como, por exemplo, a do chanceler imperial Bismarck no século XIX, a política como *arte do possível* revelou-se, pouco mais de duas décadas depois, o embrião de uma política catastrófica. Essa política foi útil para a produção de uma realidade que tem uma existência fantasmagórica e não serve para a tarefa clássica do Estado de defender dos perigos, com eficácia e duração, o povo e o indivíduo. O resultado *duradouro* nada mais é do que as consequências catastróficas: o desgaste da comunidade e da capacidade humana de trabalho. Uma comunidade não surge dessa forma. A partir de que é possível reconhecer e medir o valor de uso da política?

Tentemos primeiramente determinar *de forma elementar* o valor de uso do elemento político. A ação coletiva torna-se política quando seu valor de uso decorre da formação da comunidade, quando ela serve à proteção dessa comunidade e incentiva suas possibilidades de desenvolvimento. Uma comunidade não pode excluir segmentos da população, indivíduos, situações reais isoladas, reivindicações de direito; *ela é tão rica quanto for o seu poder de criar relações*. Aliada a isso está a categoria da duração. Não porque a duração em si tem um valor de uso, mas porque todos os processos que criam a comunidade e a riqueza social são processos de *longo prazo*. A categoria da defesa contra o perigo tem, nesse contexto, um valor diferente do que tem no "Estado vigilante". *A defesa do perigo no sentido de um enriquecimento das relações vitais interiores seria o pressuposto para que a expansão temporal biográfica de uma comunidade não fosse continuamente interrompida por intervenções externas e por um empobrecimento interior.*

Não chamamos de "política" toda e qualquer manifestação de vontade dentro de uma sociedade. O que propomos é a associação do elemento político à *categoria da comunidade* (Gemeinwesen). Basicamente, cada grupo de interesse social pode agir politicamente. Mas se ele não o faz dentro das estruturas da comunidade, seu *lobby* em nada se diferencia de um cavaleiro salteador cuja "política" consiste em sequestrar comerciantes e vendê-los em uma cidade do reino mediante o pagamento de um resgate.

Para simplificar, usemos a expressão *Realpolitik* para designar a política tradicional. A *Realpolitik* representa um ideal dos séculos XIX e XX: procuram-se e acham-se talentos políticos, mas não entre os que agem por convicção, e sim entre os pragmáticos, os peritos no ramo. Se não nos deixarmos fascinar pelos artistas do possível, pelas "grandes personalidades" e sua brilhante competência em lidar com fatos, e tivermos diante dos olhos os resultados concretos desse tipo de política no século XX, não poderemos deixar de perguntar se não há algo de errado na estrutura desse conceito de política e em seus efeitos objetivos. Essa política provou-se inútil sob vários aspectos. *Ela não produz algo durável e, por essa simples razão, não produz uma comunidade.* Nos momentos em que uma comunidade se insinua, isto é, nos momentos em que as pessoas começam a se organizar por si mesmas e de acordo com seus interesses vitais, a *Realpolitik* dedica-se exatamente a intervir nesses processos, interrompendo sua continuidade, o que significa que ela se empenha em impedir a concretização de melhores possibilidades de organização da comunidade. Diante de interesses que eram orientados em função da comunidade e que se entendiam como políticos, a *Realpolitik* sempre fez valer o ponto de vista depreciativo que os encara como mera utopia, contribuindo assim para a mistificação do *poder de realidade do que é dado*.

O que criticamos nessa *Realpolitik* não é o seu momento de realismo, mas o fato de ela ser *imaginária, desprovida de realidade*. Por essa razão, ela não está à altura de seu contraente, o político decidida e inescrupulosamente irracional.

2 "Linhas nodais das relações de medida"

Hegel fala em "linhas nodais das relações de medida". Elas designam situações-limite, nas quais a tranquila justaposição de coisas e relações entra em movimento interno. O conceito está na *Grande lógica*, na parte em que se descreve a transição entre a lógica do ser e a lógica da essência. Hegel diz que não há uma transição direta da multiplicidade dos fenômenos para a essência e para o conceito. Somente sob a condição de que os fenômenos assumem uma determinada constelação – isto é, perdem o tipo de existência que tinham até então e adquirem outra existência – é que as relações neles contidas se adensam e se transformam numa estrutura peculiar, que constitui *a conexão essencial*. Essa estrutura interna é idêntica à medida. Os fenômenos só chegam à essência por meio de relações de medida.[1] No momento da transição e da mudança, e como consequência da confrontação do estranho e singular, muitas linhas dessas relações de medida se combinam; o ponto limite que se forma da simples justaposição para a contradição desencadeia o movimento. Hegel chama isso de "a pulsação do vivo". São as "linhas nodais" das relações de medida. Elas são o contrário absoluto do que Aristóteles chama de "medida" e "meio". Elas não têm nada de equilibrado, de mediado; são, isto sim, expressão dos extremos, expressão do modo como eles se unem em contextos ricos em medidas e geram superfícies de atrito.

---

[1] "Na medida já está a ideia de essência." Hegel, G. W. F., *Wissenschaft der Logik*, Georg Lasson. (Ed.) Leipzig, 1951, p.339.

O corte do nó górdio

Na cidade fenícia de Górdio, sede dos antigos reis frígios, 333 anos antes do nascimento de Cristo, um jovem soberano se vê às voltas com um nó complicado, que até então ninguém conseguira desatar. Segundo a lenda, aquele que conseguisse desatar o nó seria o soberano da Ásia, isto é, do antigo reino da Pérsia. Ocorreu a Alexandre, então, uma solução: com sua espada, ele cortou o nó. Ao sucesso dessa medida corresponde o fracasso de seus projetos políticos, que ele tratava como variações de um mesmo princípio. Ele recusou determinar a linha nodal das relações de medida. Talvez a afirmação inexata de que ninguém conseguiria desatar o nó górdio fosse precisamente aquilo que no mito significa o engano.

A mudança de 1989. A Revolução em 1789. Nos dois casos aparecem linhas nodais: um contínuo é rompido. Queremos deixar claro o quanto é complexo o processo que transforma em elemento político o encontro e a sobreposição de linhas sociais. Na mudança de 1989, é notório que o período de tempo que vai da queda do Antigo Regime até o final do processo desencadeado pelas reformas é de *seis semanas*. Na Revolução Francesa de 1789, durou *cinco anos* entre a queda da Bastilha e o Termidor, marcando o colapso do domínio dos jacobinos e, consequentemente, a extinção, na prática, do processo revolucionário. As forças que se reuniram no processo revolucionário de 1989 na antiga RDA são de extraordinária diversidade. Por exemplo, a comunidade protestante de Wittenberg como célula de resistência, moderada em sua agressividade política mas extremamente ativa na produção de um meio de entendimento radical: uma relação de medida no interior da qual muita coisa vem do século XVI e não do século XX. Em 7 de outubro de 1989, no 40º aniversário da RDA, evidenciou-se um componente prussiano; faziam parte dele o desejo de resistência sob condições adversas e a incapacidade de acionar, numa emergência, o aparato de poder, diversificado e extremamente disciplinado, para fins injustos, contra o próprio povo, assim como em 1806 em Jena e Auerstedt um órgão de poder desmotivado, o glorioso exército prussiano, dispersara-se. Do lado dos reformadores e revolucionários estão vivas as linhas dos direitos humanos e civis, atualizadas pelo bicentenário da Revolução Francesa. Precisamente nesse momento acaba o fôlego da indústria da RDA, concebida segundo o modelo da economia armamentista ("armamento na concorrência industrial internacional das frentes de classe") e movida artificialmente por uma produção bem determinada. Começa a regressão, que fatalmente se segue a uma mobilização prolongada por mais de quarenta anos. Nenhuma dessas linhas pode ser desconsiderada, sob pena de se perder o entrelaçamento que desencadeou a mudança radical de todas elas. Nenhuma dessas linhas teve tempo, oportunidade e superfície de atrito para se desenvolver dentro da própria estrutura. O corte desse nó teuto-górdio é feito por uma "mão invisível" (*invisible hand*) de tipo especial, a pressão temporal da aceleração desvairada (incitada, é certo, mas não provocada pela enorme e inesperada fome dos meios de comunicação por acontecimentos dignos de serem mostrados). Então, a "mão invisível" toma a forma do governo alemão-ocidental, naturalmente semelhante ao reino que cabe a Fortimbrás no final da tragédia de Hamlet, não através de algo provocado ou planejado. E o que aparece como linha nodal das relações de medida, como ponto de concentração e de mudança do "conteúdo dos fenômenos", provoca uma dispersão dessas relações. Por isso é que a medida subjetiva das pessoas no oeste e no leste, em relação aos acontecimentos, não está em sintonia. Até hoje não estamos em condição de assimilar o processo de unificação ao ritmo de nossas vidas.

Muito mais distante do lento enredamento da assimilação subjetiva está a constelação da influência internacional. Era de se prever que aqui houvesse resistências as mais acirradas, dificuldades as mais complicadas. Mas a alteração dos posicionamentos diante da unidade alemã (por exemplo, na perspectiva da França e na posição da URSS com relação à associação alemã à OTAN) aconteceu tão rapidamente que as tentativas de cooperação entre as duas Alemanhas não aconteceram porque não foram necessárias e porque não houve tempo para isso.

Relações de medida completamente diferentes é o que apresentam os processos econômico e institucional da unificação:

uma Torre de Babel. E precisamente esse elemento perturbador e dilacerador tem em si um novo tipo de relação de medida. Na perspectiva sintética de Joseph Schumpeter, marcada pela economia popular, esse "nó adicional" é chamado de força "de destruição criativa". Para Hegel, nessa destruição de relações habituais, abrangentes e históricas, está o motivo da continuidade da vida das linhas. Para ele, os fenômenos são o lugar em que atuam a confusão, o equívoco, a não contemporaneidade [*Ungleichzeitigkeit*], a ausência de medida. Numa palavra: o emaranhado linguístico e a destruição. Ao mesmo tempo, as linhas ali contidas nessa "transição" das relações de medida são a substância do vivo.

Após a intensa experiência vivida em nosso século, via de regra somos surpreendidos pelas linhas nodais das relações de medida, pela transformação, portanto, de cada medida. Só a duras penas conseguimos sobreviver a uma tal linha nodal, mesmo pela medida de nossos dias. Uma reviravolta das relações de medida em nosso corpo ou em nossa cabeça é capaz de provocar a morte. Graças a essa incongruência entre o subjetivo e o objetivo, as respostas dos homens, em geral, ou vêm demasiado cedo, ou então tarde demais; eles mesmos não mantêm uma relação de medida com o objetivo. Essa é a razão pela qual o processo revolucionário na revolução de novembro de 1918, bem como na revolução de novembro de 1989, não foi além do Natal. É a razão pela qual não estávamos preparados para a revolução em Portugal, nem para a mudança de 1989, e nem mesmo para a de 1945. Em 1914 não estávamos preparados para a guerra e para as linhas nodais que marcaram o século, desencadeadas pela política de trégua temporária na luta partidária, pela divisão do movimento dos trabalhadores, pelo fim da era da grande burguesia, bem como pelo uso de bombas de gás venenoso na guerra. Nas questões importantes, que dizem respeito às arrancadas da história e da vida, somos intrinsecamente apolíticos, ou, para usarmos uma expressão de Hegel e Hölderlin, somos pessoas *sem resposta*.

Mas isso só se aplica quando se tem bem diante dos olhos o ponto culminante, e nada além dele. De fato, as linhas entrecruzadas ("enredadas") no ponto de culminação já eram reconhecíveis antes, isoladamente. As constelações, que alteraram o fenômeno e sua capacidade de entrelaçamento de forma tão persistente, a ponto de darem origem a uma linha nodal, ainda estavam por ser analisadas. A propósito, as linhas nodais têm intensas repercussões. Elas constituem fases intermediárias de uma evolução social. Nesse sentido, é possível prever o retorno da mesma indagação num dos próximos pontos de mudança.

Tão logo nos libertamos da atualidade dos acontecimentos e nos preparamos para o seu retorno, surge uma relação política para com a história consciente. Dessa forma, ganhamos o tempo necessário para as respostas humanas, quer dizer, políticas, e para sua lenta integração à comunidade. Essa reserva de tempo é, em política, a relação de medida mais importante.

Isso corresponde a uma forma prática, e não historicizante, de se tratar a história. No que respeita a posições políticas, pode-se claramente comprová-lo na catástrofe de Chernobyl e no conflito da Sérvia de 1914. Assim como toda indústria possui reservas de tempo, também as possuem cada consciência e cada processo de trabalho capaz de transformar alguma coisa. A política só é mais do que retórica e administração na medida em que desencadeia um *processo de trabalho no interesse da formação dessa reserva*. É evidente que no caso do conflito entre a Croácia e a Sérvia em 1992 aparecem linhas que atravessam todo o século XX, mas elas foram tratadas *de forma ineficaz*; essas linhas contêm, portanto, o potencial de catástrofe. Os perigos que partem da implosão das condições políticas na União Soviética são de natureza muito semelhante. Quando um império industrial que desenvolveu artificialmente alguns ramos de sua indústria se desfaz, aumenta o perigo potencial da desorganização, como Chernobyl deixou claro. Para o relacionamento político com esse círculo de indagações é indiferente se o retorno do "princípio Chernobyl" – da linha nodal não tratada politicamente, portanto – vai ressurgir na França, na Bulgária, em Greiswald ou de novo na União Soviética. Não é verdade que não teríamos aqui uma medida de tempo e nem chances de construirmos, em tempo hábil, um relacionamento político. Mas nunca se pode fazê-lo caso se verifique um acontecimento repentino.

O tratamento de medidas de constelação que ultrapassam qualquer medida humana provoca posicionamentos e comportamentos políticos diferentes dos previstos no conceito de *Realpolitik*, tal como o conhecemos de Bismarck. Na *Realpolitik* trata-se de interesses conscientemente organizados, que eventualmente podem se chocar. Nesse meio tempo, a lógica peculiar dos procedimentos anteriores, esquecidos e tragados pela história, a lógica peculiar do aparato em relação ao que é controlável por uma intervenção política e ao que poderia estar ancorado em motivos, intenções ou responsabilidades cresceu de tal forma, que se pode falar de um "inconsciente social" dominante.

A atitude política resultante da experiência de 1914 e que precisa ser eficazmente consolidada nos anos 90 do século XX, se quisermos entender coerentemente a crise na Iugoslávia, não pode se basear na transformação da *Realpolitik*, particularmente da *lógica militar*. De fato, ela exige uma compreensão intelectual dessa lógica, pois a engrenagem histórica vai-se construindo com base nessa lógica e só dentro dela pode ser desmontada.

Um comentário ao conceito de "retorno [*Wiederkehr*] de constelações": um serviço secreto do reino da Sérvia é culpado de estar envolvido no atentado ao sucessor do trono da Áustria. Evidentemente, os detalhes do conflito servo-croata de 1991 são diferentes dessa cena do ano de 1914. Mas a remota probabilidade de que detalhes idênticos se repitam no mesmo lugar, sob as mesmas condições, com os mesmo nomes, encerra uma ilusão. O recorte que se pesquisa é, nesse caso, estreito demais. É preciso procurar pelo esquema característico para o mesmo período de tempo em outros lugares do mundo, em uma constelação semelhante e, assim se encontrará o detalhe no retorno. O detalhe que está faltando na crise sérvia de 1991, por exemplo, pode estar escondido na crise do Golfo de 1990.

No que diz respeito à Sérvia, diferente de 1914, está presente agora a constelação das grandes potências, particularmente das potências europeias. Elas não entram em guerra por causa dos Bálcãs. Uma tal afirmação, contudo, fundamenta-se simplesmente na avaliação da situação atual, que desconhece o confronto agudo dos blocos militares. Ainda para 1981, época da morte de Tito, acompanhada da invasão do Afeganistão pelo

Exército Vermelho, um tal prognóstico não podia ser feito sem que restassem dúvidas. Mas a imagem da constelação subjacente torna-se mais nítida quando se relaciona o fenômeno "Sarajevo" não ao conflito servo-croata, mas à crise do Golfo. Também aqui as grandes potências estavam comprometidas entre si, de sorte que não parecia possível ocorrer um confronto que pudesse provocar uma guerra mundial. Visto de fora, poder-se-ia dizer: aqui ainda havia terreno para a clássica *Blitzkrieg*, para o sucesso de uma grande potência, para a lógica militar, para o sucesso imperial ou para o poder de polícia mundial. Mas imagine-se a encenação de uma série de atentados conduzidos por um dos serviços secretos rivais entre si simultaneamente coatuando na clandestinidade. Trata-se de inimigos que se coligaram para um objetivo determinado e limitado. Cada uma dessas potências tem no seu interior uma das muitas oposições capazes de desencadear conflitos dessa natureza. Um passo a mais da parte da coalizão (por exemplo, a marcha para Bagdá), um golpe militar na União Soviética (não o de agosto de 1991, mas um durante a crise do Golfo), somados a uma ação militar não combinada de Israel, diversos mal-entendidos ou informações distorcidas dos serviços secretos que têm interesse na difusão de tais informações – e pronto: temos aí uma situação em que são proferidos ultimatos. Ninguém mais é capaz de saber com antecedência as ações do opositor. A constelação parece-se, então, com a de 1914. Em estratégias computadorizadas do Pentágono, tais constelações são calculadas e analisadas com base na experiência da eclosão da guerra de 1914, antes da crise do Golfo. Os conselhos recomendam o máximo de cuidado devido à imprevisibilidade da situação.

3 Complicações de cenários

No parágrafo anterior falamos de constelações em que grandes quantidades de forças históricas se entrecruzam. As cenas que se seguem descrevem constelações do cotidiano que envolvem as pessoas, mas que não chegam necessariamente a atingir um ponto crítico formado por uma grande infelicidade ou por uma grande felicidade. *Na maior parte do tempo, a política se encontra nesse estado de espera.* Com os exemplos apresentados, pretendemos ilustrar a capacidade de discernimento diante dos diversos cenários. Ela gravita em torno da questão da *soberania*, da autodeterminação. A quem atribuímos o poder de decidir sobre nossas vidas?

Cena 1: A soberania do tempo

Uma política de redução da jornada de trabalho tem como consequência a ampliação do âmbito dentro do qual as pessoas podem dispor do tempo de sua vida. Isso as leva a indagar de que forma esse aumento de soberania de tempo pode ser convenientemente aproveitado. Coloca-se, então, o problema de saber se elas, tendo o seu tempo ampliado, vão aceitar ofertas que lhes haviam sido feitas anteriormente ou se usarão esse tempo para satisfazer necessidades que, até então, não tinham tido chance de satisfazer.

Uma dessas necessidades poderia ser, por exemplo, gastar o tempo ganho para ampliar seus contatos com amigos. O que poderiam elas fazer em conjunto nesse sentido? Poderiam viajar, montar uma oficina no fundo do quintal, cuidar do jardim ou sentar-se diante de um televisor. O que mais? O aumento das possibilidades de usarem a sua soberania do tempo em interesse próprio – e, consequentemente, de estabelecerem uma ligação mais rica entre o tempo de que se dispõe e a comunidade – pressupõe uma *capacidade de discernimento* adicional.

Que atitudes concernentes à disposição sobre meu tempo me colocam na condição de *produtor* da minha vida? Quais as disposições que me tornam passivo, isto é, *consumidor*, de sorte que eu não posso responder às ofertas com variações, mas simplesmente com a aceitação ou a recusa? A *riqueza social* de possibilidades de uso do tempo livre corresponde, em países em que isso existe, a uma rica capacidade coletiva de discernimento, que se agrupa em torno dessa situação privilegiada. Atividades autônomas contra a dispersão; interesse isolado contra interesse comunicativo. Mas ninguém colocará a questão de forma tão natural. Não é um hábito cultural colocá-la dessa maneira. Em primeiro lugar, verifica-se se alguma coisa diverte, se é usual, se é uma boa ideia, se a oportunidade é favorável para isto. O processo é *oportunista*, quer dizer, *ligado à ocasião, à oportunidade*.

Tomo como ponto de partida o quanto alguma coisa me atrai, sem diferenciar se ela me rouba ou me garante tempo. Todo empresário ficará atento à mais-valia. Se o indivíduo passa a ser *empresário de seu tempo adicional de vida*, após muitos séculos durante os quais não foi, então ele precisa treinar sua capacidade de discernimento.

A inteligência é comparada com a "antena do caracol", com uma capacidade sensível, portanto, que se retrai quando é ferida ou superexigida. Para essa "antena do caracol", a intensidade do estímulo é muito importante: é preciso saber se ele possui uma força destruidora, se me subjuga ou se desperta a minha curiosidade, nunca me deixando indiferente. "A burrice é uma cicatriz."[2] A metáfora se encontra em "Sobre a gênese da burrice" da *Dialética do esclarecimento*, de Max Horkheimer e Theodor W. Adorno.

A pesquisa estatística mostra que dois terços do público jovem (de 12 a 23 anos) que se interessa simultaneamente por cinema e televisão *não* aproveita *nenhum dos dois* meios. Para outras faixas etárias o resultado também é uma enorme parcela de tempo indisponível e uma vasta subdivisão de interesses que não são organizados previamente pelas empresas dos meios de comunicação. É errado, portanto, considerar perdida a luta pela autodeterminação ou codeterminação, a luta pela autonomia no mundo do tempo livre. *Essas lutas estão apenas começando*.

Cena 2: Plebiscitos não previstos na Constituição

Para as emissoras privadas de televisão, o número de telespectadores medido por pesquisas pela Sociedade de Comu-

---

[2] Adorno, Th., Horkheimer, M., *Dialética do esclarecimento*. Trad. Guido Antonio de Almeida. Rio de Janeiro: Zahar, 1985. p.240. (N. R.)

nicação (*Gesellschaft für Kommunikation* – GFK) é o que determina se um programa fica no horário nobre, se é deslocado para mais tarde ou se é retirado da programação. As emissoras públicas mostram claramente uma tendência a se pautarem por essa mesma divisão da atenção dos telespectadores. Nesse meio tempo, os dois grande canais públicos formaram um cartel com a RTL e a Sat 1.

Formam-se três processos democráticos diferentes: 1. aquele em que componentes de parlamentos e de instituições políticas são escolhidos em eleições; 2. num segundo processo defendem-se os interesses empresariais e relacionados à quantidade de empregos disponíveis. As maiorias aí contidas constituem um plebiscito constante contra alterações sociais que ameaçam as estruturas de cogestão das empresas; 3. os índices de audiência descritos acima (juntamente com todos os processos semelhantes de distribuição no comportamento dos consumidores) designam um terceiro processo seletivo plebiscitário, diante do qual as autoridades políticas eleitas são como que obrigadas a ceder. *Não há legitimação política capaz de evitar que alguém seja posto de lado pelos meios de comunicação.*

Os plebiscitos (excetuados os casos menos importantes) não estão previstos na Constituição. Eles tendem a dirigir uma maioria atual, isto é, que partilha da mesma opinião num determinado dia, contra os equilíbrios que têm por objetivo a durabilidade. No caso do plebiscito da maioria flutuante de telespectadores, não se trata na verdade de um plebiscito, mas de acordos de minorias previamente organizados. Uma maioria disparada de 34% de audiência para uma transmissão significa não mais do que 1% ou 2% da população. Mas a opinião pública criticamente estruturada, exposta aqui a um processo de seleção artificial, pertence a toda a população. Ela está sujeita às *relações majoritárias do contrato de transmissões* e precisa ser transmitida às gerações futuras como relação de comunicação completa e rica. O que conta para a opinião pública, para a *capacidade pública de expressão*, não sufoca sequer a maioria real do presente, assim como também a linguagem não está sujeita a ela.

E o que mais não está sujeito à decisão da maioria? E o que mais não está sujeito à decisão de cada geração?

Cena 3: A soberania não tem seu lugar apenas no presente

Kant faz uma reflexão transcendente ao se indagar sobre o que um povo é capaz de decidir sobre si mesmo. Ele parte do fato de que há toda uma série de possibilidades de obrigar as pessoas através de leis gerais, mas ao mesmo tempo tira do povo a legitimação num ponto decisivo: tomar uma decisão que impeça a geração futura de *progredir no sentido do esclarecimento*. Tais leis, ainda que atinjam maiorias esmagadoras, vão de encontro ao direito natural dos homens de ampliarem sua maioridade [Mündigkeit]. Está conscientemente formulado aqui um compromisso entre gerações, que une toda a política de direitos a fim de que se incluam nas decisões de uma geração atual o futuro do desenvolvimento humano e de não se limitar ao mero momento presente.[3]

O que significa um tal pensamento para o nosso tempo presente? Onde há, no século XX, exemplos que mostrem como o "progredir no esclarecimento" irá impedir completamente a marcha das gerações seguintes? Será que existem decisões ca-

---

3 O radicalismo com que Kant formula os pensamentos básicos de um contrato entre gerações é de uma atualidade perturbadora, sobretudo num tempo em que isso parece colocado à disposição das decisões de maioria. Colocar uma "tutela superior contínua" sobre todo um povo ou sobre seus membros isolados seria impossível. "Um contrato que impedisse de forma decidida e para sempre todo o esclarecimento ulterior da raça humana é simplesmente nulo, ainda que fosse confirmado pelo poder máximo, pelos parlamentos e pelos acordos de paz mais solenes. Uma época não pode se aliar e conspirar para colocar a época seguinte num estado em que lhe será absolutamente impossível ampliar seus conhecimentos (principalmente aqueles tão urgentes), depurá-los de equívocos e continuar sua caminhada rumo ao esclarecimento. Isso seria um crime contra a natureza humana, cuja determinação original consiste justamente nesse evoluir; e os que vêm depois têm, portanto, todo o direito de rejeitar aquelas decisões que entenderem como desautorizadas e injuriosas." Kant, "Resposta à pergunta: O que é esclarecimento?". Primeira impressão: *Berlinische Monatsschrift*, 1784.

pazes de bloquear por décadas a marcha do esclarecimento, não através de leis, mas pela constituição de uma frota de guerra? Por exemplo, o plano de armamento da frota do almirante von Tirpitz, executado à força antes de 1914, gerou causalidades que produziram efeitos até em pleno III Reich: através da criação de setores secretos, do estabelecimento de frentes de política interna, da organização prévia de mitos e de fatais perdas de identidade, que após o total fracasso da estratégia da frota na Primeira Guerra Mundial, em fins dos anos 20, passaram a valorizar a construção de cruzadores blindados como objeto de prestígio político, diante do qual quebrou literalmente o último governo da República de Weimar eleito por um Parlamento, fato que, por sua vez, colocou a toda uma geração uma outra cadeia de causalidades, forçando-a a deixar de lado possíveis processos de esclarecimento, como que acuada por uma inundação.

Hoje não se trata apenas da provocadora construção de uma frota de guerra; nesse meio tempo, o problema se radicalizou e se ampliou. Hoje, se uma maioria de fato fosse favorável ao suprimento de um país com usinas nucleares e produtos a base de plutônio, isso seria uma decisão arriscada não apenas para os interesses vitais da geração presente, mas também para as condições de vida das gerações futuras. *Essa decisão solaparia a soberania do povo futuro. Justamente o conceito clássico de soberania tem sua base nas decisões sobre vida e morte.*

A soberania não tem seu espaço apenas no tempo presente. Ela conserva, materialmente, uma relação com as gerações antecedentes e com sua continuidade. Ela tem seu lugar autônomo nas gerações futuras, às quais o país deve ser passado. No terceiro volume de O *capital*, no parágrafo 46, subintitulado "Renda dos locais de construção, renda do trabalho em minas, preço de terreno", Marx formula o pensamento central, imprescindível para o direito natural: "Do ponto de vista de uma formação social econômica mais elevada, a propriedade privada por indivíduos isolados no planeta pareceria algo tão repulsivo quanto a propriedade privada de um homem em relação a outro homem. Mesmo toda uma sociedade, uma nação, todas as sociedades juntas, enfim, não são proprietárias da terra. Elas apenas detêm sua posse, desfrutam dela; na condição de *boni patres familias*, devem entregá-la aprimorada às gerações seguintes".[4]

Cena 4: O esquecimento necessário (capacidade de expressão de experiência)

Descrença depois das chuvas de maio, que despejaram sobre nossas cabeças os resultados de Chernobyl. Em quase todas as camadas sociais observou-se uma excitação, um abalo das perspectivas convencionais. Formou-se uma maioria que não precisava se reunir e que estava de acordo em que, depois desse acontecimento, a coisa não poderia continuar como estava. Por toda parte esperava-se que se fizesse alguma coisa rapidamente. As tentativas dos ministros e de autoridades de tranquilizar a população foram malvistas.

Já no mês de junho, porém, a copa do mundo de futebol provocou um desvio de interesses. No final do ano, a lembrança precisa e a reivindicação de providências passaram ao domínio do ponto de vista de uma minoria. Contudo, seria um erro supor que tal esquecimento fosse provocado pelas tentativas das autoridades de negar a gravidade dos fatos, ou pela atividade persuasiva dos meios de comunicação. Também não se trata absolutamente de um esquecimento no sentido psicológico. O que se observa é algo parecido com o ilusionismo, uma negação por motivos sociais, que Marx chama de "a necessária produção de uma falsa consciência". Somente sob pressão extremada as pessoas são capazes de manter viva diante de sua autoconsciência uma *experiência insuportável*, já que a insuportabilidade as condena a contínuas sensações de impotência. Elas simplesmente eliminam a dissonância (mediante uma troca social operada por pequenas desvalorizações do perigo).

Mas a constatação do esquecimento também traz consigo um elemento humilhante para todo indivíduo atento. Essa segunda dissonância tem o poder de gerar um esforço de recons-

---

[4] Marx, K., *Das Kapital*, Berlin, 1957, p.826. v.III.

trução. Nela atua um motivo: não apenas trazer à lembrança a advertência inicial do perigo, mas também, e muito mais, a possibilidade que esse impulso tem de se generalizar e passar a atuar contra o esquecimento que se instaura coletivamente. É verdade que a produção necessária de uma falsa consciência, nascida da contradição entre o mundo dos fatos e a não renúncia dos desejos, é uma regra muito importante. Mas essa regra não é sempre eficaz. Ela leva à dissonância e ao esgotamento de interesse atual, mas também pode, pelo mesmo motivo, em consequência de um segundo erro, por assim dizer, tornar-se ela própria objeto de interesse. Nesse caso, o que surge não é uma *consciência plena e correta*, mas uma segunda tentativa de se posicionar ante a consciência necessariamente falsa com base em uma experiência mais rica. O que está disponível para fins de orientação é uma rede formada pela consciência correta e pela consciência falsa.

O material central não superado do passado é a extinção do poder de lembrança não por força psicológica, mas por uma decepção gerada socialmente. No século XX ela surgiu com muito mais frequência do que nos séculos XIX e XVIII. Contra isso é inútil qualquer capacidade de discernimento. As formas mais lesivas do esquecimento e da negação (lesivas para a autoconsciência que as percebe) nascem da brutalidade exercida, que evidentemente sempre assume a mesma forma, isto é, a da dissolução. E ela não dá nenhuma chance ao discernimento. É o caso sobretudo de etnocídios e genocídios. Mas ela também acompanha todas as derrotas e retiradas decepcionantes, a partir das quais se aprende alguma coisa. A riqueza na capacidade de discernimento é substituída aqui por uma categoria da capacidade de expressão. *É preciso haver à disposição, e em grande medida, recipientes de diferentes tipos para a recordação.* É improvável que sejam repelidas ao mesmo tempo todas as variações de um conteúdo de experiência. Por isso são necessários recipientes *de diferentes tipos* para o mesmo conteúdo de experiência.[5]

---

5 Hegel tem uma noção exata do tamanho que devem ter tais *recipientes* para que comportem determinados conteúdos adequadamente. Falando abstratamente, qualidade e quantidade estão, orgânica e *harmoniosamen-*

Cena 5: "Uma metade do homem é sua essência, a outra metade é sua expressão"

O que significam os diferentes exemplos para o conceito de política?

Não falamos de política como uma área específica e uma atividade profissional, mas como matéria-prima, como *elemento político* oculto em cada relação de vida. Essa matéria-prima é composta por impulsos ricos em medida. Em geral eles estão enraizados nas esferas privadas (profissão, família, empresa etc.). Inicialmente não se manifestam nessas esferas como impulsos políticos. Para que isso aconteça é preciso que um *segundo elemento* venha a se somar ao primeiro: a *generalização*. Eu reconheço nos outros o meu próprio interesse e sua formulação. Cresce daí a autoconsciência, amplia-se a capacidade de expressão. Já se trata aqui de um material que pode ser decifrado e compreendido politicamente. Mas o que temos aqui é uma fonte de energia mais passiva do que ativa. Para que alguma coisa sobressaia politicamente, um *terceiro elemento* é necessário: uma reivindicação por um reconhecimento que ultrapassa a situação. Reivindicações por direitos, por exemplo. Na maioria das vezes, trata-se do sentimento de direito lesado, um movimento gerado por motivos de defesa. Só agora é que se forma uma certeza política. Uma consciência política generalizada, guiada por interesses, ganha determinação e duração supraindividual. Essa é a substância do elemento político.

Em todas as três partículas elementares de que se compõe a política a que nos referimos não raro se desconsidera a parte que

---

te, reunidas na medida. A medida goza do maior respeito entre os povos. "Assim, através de suas grandezas diferentes, os Estados ... ganham um caráter qualitativo diferente, quando se consideram iguais todas as demais diferenças. As leis e a Constituição transformam-se numa outra coisa, quando se ampliam os limites do Estado e o número de cidadãos. O Estado tem uma medida de sua grandeza; uma vez forçada a ultrapassagem desse limite, ele se desmorona amorfo sob a mesma Constituição que, numa extensão apenas diferente, era a sua fortuna e sua força." Hegel, *Logik I*, op. cit., p.384.

está na *capacidade de expressão*. Não basta apenas ter necessidades. É preciso expressá-las verbalmente, a fim de que a simples carência se transforme em direito. Num primeiro momento, esse direito é um estorvo para a generalização. Ele precisa ser traduzível nos direitos dos outros, a fim de que possa surgir uma autoconsciência comum. O direito legítimo lesado, que reclama algo um pouco mais antigo do que a carência de alguma coisa, do que a necessidade e sua generalização, precisa, por sua vez, de uma capacidade de expressão não apenas verbal, mas também gestual, em relação a lugar, duração e âmbito de atuação das demais constelações. Se não há tempo para a formação dessa expressão, surgem reivindicações que se precipitam e que, geralmente, apresentam a tendência de se destruírem mutuamente. O mesmo ocorre quando não se imagina um local de reunião, um *field of employment*. As piores destruições no processo político têm suas bases em uma carência de possibilidade de expressão. Nesse contexto, Robert Musil cita uma frase de Ralph Waldo Emerson: "Uma metade do homem é sua essência, a outra metade é sua expressão".

Cena 6: *Uma* linguagem do Estado, *muitas* linguagens do mundo da vida

Via de regra, a política fala a linguagem do Estado. Este, por sua vez, fala a linguagem das leis e da administração. Uma tal linguagem é normativa, apela "a quem interessa". Nessa linguagem, manobras sutis são difíceis, generalizações são fáceis. Trata-se de uma deformação em relação à linguagem cotidiana. De fato, só é possível influenciar conscientemente circunstâncias reais por meio de manobras sutis. Para isso é necessária uma série de esforços verbais adicionais, principalmente quando coletivos importantes se relacionam.

A delegação da União Soviética negocia em 1986 em Reikjavik com a delegação americana. Isso acontece em diversas áreas, em grupos de trabalho e na reunião de cúpula. A fim de viabilizar a comunicação entre esses mundos histórica e funcionalmente multifacetados, ricos, complexos, que aqui se defrontam e mantêm a ambiguidade de cada expressão linguística (porque a expressão não transporta a plenitude daquilo que designa), foram necessários, ao lado de intérpretes que veiculavam a língua, outros intérpretes que veiculavam o sentido. O secretário geral diz alguma coisa ao presidente, algo que tem por base experiências acumuladas pelos líderes soviéticos em décadas passadas, sem se referir expressamente a tais experiências. Até um informado presidente dos Estados Unidos teria dificuldades para entender o que está sendo dito. Trata-se então de um presidente que não foi minimamente informado. Ele mesmo repete dramaturgias que originariamente vieram da produção cinematográfica. Além disso, emprega formulações que antecipam a entrevista coletiva que virá a seguir. Ele não almeja sua vitória na mesa de negociações. Soma-se a isso o fato de ele empregar expressões estritamente atuais. O governo dos Estados Unidos quase não negocia com base em documentos que remetem para trás do estado de percepção de cada administração.

A diferença, remediável pela tradução, no alcance das alusões linguísticas e do tom teatral de condução do discurso pressupõe o conhecimento dos assuntos, também somente possível pela tradução. É preciso conhecer a relação interna do poder militar soviético e os questionamentos políticos que preocupam a liderança soviética para poder decodificar as abreviaturas que resultam da conversa e das informações anteriores do serviço secreto americano. De outra forma, trata-se apenas de sinais que podem ser permutados. Frases soltas. Para os soviéticos, a tarefa não é menos complicada. Tudo de que se fala aqui, às vezes de forma dissimulada, às vezes apenas por meio de indicações, eles o conhecem a partir dos documentos de seus serviços. Mas quanto trabalho de tradução (em outras palavras: quanto de narrativa, quanto de *capacidade de expressão*) é necessário para realmente transplantar em atos o emaranhado formado por relações de amizade, dependências de pontos de planos, ciúmes, necessidades tecnológicas, cruzamento de aspectos econômicos e militares, desconhecimento etc., que caracteriza o contexto americano...

A ilusão está em supor que cabeças individuais sejam capazes de transmitir umas às outras relações sociais ricas em medida.

Por essa razão, é certo que computadores de grande porte sejam diretamente conectados e aprendam a trocar entre si quantidades de informação de dimensões coletivas, embora não haja nisso qualquer trabalho de tradução. No caso do computador, considera-se a quantidade de informação que corresponde à categoria da relação, não à sua valoração; no outro caso, em que disputam dois governantes, ou seus estados-maiores (é claro que só um pode falar de cada vez), não se verifica absolutamente a troca de uma quantidade de informação e de relações de medida adequada à realidade – uma negligência que é grave diante da responsabilidade dos negociadores.

Cena 7: As línguas da disputa eleitoral são apelativas

Nos anos 80, aprofunda-se no Partido Social-Democrata alemão – SPD – a impressão de que políticos da coligação civil contentam-se com a *divisão* da sociedade. Até então predominava o consenso de que nenhuma força política na República Federal Alemã deveria ferir outras forças em sua existência política (à exceção do Partido Comunista Alemão, proibido em 1956), de modo a provocar o surgimento de uma situação parecida à de uma guerra civil. O candidato da disputa eleitoral do inverno de 1986-1987 transforma esse acordo em tema de seu *slogan*: "Reconciliar ao invés de dividir...". Nessa formulação abreviada, a frase se torna rapidamente apelativa.

Que significado teria a palavra reconciliação (*Versöhnung*) para um desempregado, por exemplo, significado que o levasse a dar seu voto a um candidato que a reivindicasse? Será que ele deve se reconciliar com o empregador que o demitiu ou será que deve se reconciliar com sua condição de desempregado? Que poder de dividir teria ele em ambos os casos? Teria o candidato, com essa estratégia, tentado tirar votos do Partido Verde? Será que se poderia imaginar que alguém, que lutou contra usinas nucleares e contra a poluição ambiental, se reconciliasse com aquilo que foi o motivo de seu protesto? Ou tomemos então uma grande organização como os sindicatos. Será que eles deveriam interromper sua luta pela redução da jornada de trabalho, aliar-se aos empregadores e aceitar suas exigências no interesse do bem comum? Não há nesse caso qualquer outra chance de reconciliação.

Cena 8: A mensagem política dos romances

Na noite de 25 de janeiro de 1987, dia de eleições, estava concluído o debate dos líderes políticos. A rede de televisão ZDF exibiu então o filme *Wenn die Alpenrosen blühn* (Quando as rosas dos Alpes florescem). No filme, Christine Kaufmann, aos 12 anos, faz o papel de uma menina cujos pais estão se separando. No pico mais alto dos Alpes alemães crescem roseiras selvagens; quando alguém colhe uma das rosas e lhe faz um pedido, este se realiza. A menina colhe rosas e pede que seu pai volte para casa. Então cai num precipício. O pai, tendo sido avisado do desaparecimento da menina, sobe a montanha. Equipes de salvamento entram em ação. A criança é salva e ganha de volta o pai que arriscou sua vida por ela. Os pais desistem da ideia de separação. *Essa criança agiu politicamente.* A parte do leão em energia política pode ser encontrada naquelas redes de relações em que se procura restabelecer a felicidade perdida.

Uma grande emissora como a ZDF expressa-se por intermédio da sequência em que ordena suas transmissões. As eleições para o Parlamento federal, ao final das quais não se podia prever a que resultado levariam, foram igualadas à mensagem desse filme. Criticar a forma *kitsch* dessa mensagem e com isto subestimar a notícia que ela transmite é prova de pouco senso de percepção política. Em *Ana Karenina* trata-se das maquinações de adultos, que ameaçam mortalmente o interesse da criança e levam à morte de Ana Karenina. É importante (re)contar a intriga política do romance também do ponto de vista dessa criança. Via de regra, os romances desse tipo são sempre analisados da perspectiva melancólica da confusão de sentimentos do par tragicamente enamorado. Mas essa confusão de sentimentos não possui qualquer ponto de vista político, porque nela são depositadas as esperanças que deveriam se voltar para a coletividade, mas que aí não encontram lugar. É importante seguir o rastro do *elemento político* nas reivindicações de que falam os romances, porque na esfera das relações íntimas os *motivos* do elemento político e das necessidades de generalização podem ser conferidos por introspecção, ou seja, pelo próprio homem. Cada um pode conferir em si o que sente como mentira e o que sente como verdade. E justamente isto é o que é extremamente difícil no contexto social.

Cena 9: A ilusão institucional

Os tipos de movimento da era burguesa clássica não são uniformes. Há longos períodos de calma (por exemplo, *Biedermeier*, comodidade). Paralelamente, temos o movimento dramático, abrupto, arrebatador, fugaz. "Ein jed' Vergnügen griff ich an den Haaren, was nicht genügte, ließ ich fahren..." ["De cada um dos prazeres, aos cabelos me agarrava; e se de algum não gostasse, desse as mãos eu tirava..."]. De um lado, o apego à imortalidade, à duração; de outro, o predomínio absoluto do momento, da oportunidade, da iniciativa do aproveitamento pessoal. De um lado, a arbitrariedade privada do indivíduo; de outro, a *pessoa jurídica*.

A tentativa de aprisionar a fugacidade na dinâmica social da produção e do intercâmbio reforça a tendência de criar instituições capazes de garantir a duração. Nesse processo de institucionalização atuam elementos contraditórios. As instituições sobrevivem às decisões ligadas a situações e ao tempo de vida do indivíduo. Do ponto de vista estrutural, porém, elas tendem à generalização burocrática, que se impõe aos processos vivos de trabalho e obstrui seu movimento. Nessa tendência à generalização atuam forças que provocam o acúmulo de trabalho morto. Este, por sua vez, tem sua lógica própria. Por isso cumpre saber de que forma a duração, esse importante elemento que está incorporado às instituições, pode ser resgatado para processos evolutivos nos quais a continuidade supraindividual é assegurada, sem ao mesmo tempo impedir a riqueza de desdobramentos da força viva de trabalho.

> São conquistas civis duráveis: a Bolsa, os Palácios de Justiça, as passagens e colunatas, os galpões de mercados, o matadouro, as sociedades anônimas, o sistema educacional geral, os cartórios, as profissões liberais (sobretudo, a de médico), o Superior Tribunal Administrativo da Prússia e o direito policial por ele criado, a proteção às minorias, a contabilidade, os mictórios públicos, subúrbios, bancas de jornal, o conceito de opinião pública, os círculos de leitores, o conceito de esclarecimento, enciclopédia, a primazia e a generalidade da lei etc. São conquistas civis ligadas à iniciativa e ao momento: o "entusiasmo", os romances, lucro e prejuízo, juventude, oportunidade e funcionalidade, espontaneidade, ou seja, autenticidade e oportunismo no amor, valor de uso etc...

O que o movimento de protesto queria atingir com o discurso da política anti-institucional era a tendência das instituições de imprimir continuidade e duração na permissão de interferir com regras burocráticas nas relações vitais. O protesto foi entendido como anti-institucional, pois tentava detonar o processo hermético de comunicação – típico da instituição – que excluía o diálogo. As instituições mais importantes atingidas pelo protesto eram a administração das universidades, os parlamentos, a hierarquia policial, os partidos e sindicatos, a editora Springer, as prisões, as empresas de transporte. A reação dessas instituições foi diferenciada: o bloqueio da Springer levou a uma ação compacta da força policial, a fim de proteger a empresa; as "ações ponto vermelho", que tinham um grande círculo de ação em Heidelberg e Hannover, provocaram uma ampla reação de solidariedade da população e desembocaram na experiência de que um sistema institucional é perfeitamente substituível por formas desburocratizadas de autorregulamentação. Experiências desse tipo podem ser testadas e aperfeiçoadas no cotidiano, por exemplo na educação dos filhos, em comunidades de moradores, na comunicação política e pessoal ("nova sensibilidade"). Aqui encontramos a comprovação de que uma experiência política repete-se nas esferas íntimas, porque pode ser consolidada por meio de percepções concretas e, com isso, ampliar-se.

A desilusão da instituição, apregoada pelo protesto anti-institucional, está ligada às ilusões do trabalho vivo, que, de um modo geral, subjaz à época burguesa.

Ilusões do trabalho vivo

São espantosas as coisas de que é capaz o trabalho vivo, no momento em que se apodera de máquinas e as coloca a seu serviço. O tipo de produção que resulta disso é capaz de acabar com instituições, de derrubar a Bastilha, de revolucionar. Não é possível reconhecer mais a paisagem original desde que essa já tenha sido atingida pela liberdade de comércio e indústria.

A esse entusiasmo subjaz uma importante suposição, que serve de ponte para o ideário dos adultos e fortalece socialmente um traço de personalidade desenvolvido durante a infância de cada ser humano: o sentimento de onipotência. Uma tal cultura distribuiu com ubiquidade o ideal de onipotência; ele faz parte dos fundamentos da comunicação. Por meio desse impulso os homens podem se entender mutuamente.

De fato, não se pode ser mais objetivo ainda do que o objetivo. Assim como não é possível que alguém seja "mais vivo" do que o outro. Nenhum caminho leva à onipotência. Somente na cooperação é que surge a *impressão* de acréscimo, porque a cooperação libera o "animal spirits", a excitação dos espíritos vitais: com base no "estado de excitação fraternal", cem trabalhadores produzem em uma hora mais do que um trabalhador produz em cem horas. Essa é a regra fáustica para o sucesso cooperativo. *Tal cooperação produz a ilusão de que é a própria vivacidade que aumenta e se acumula.*

Precisamente essa tendência de aumento é que subjaz às ilusões do trabalho vivo. Até o momento do colapso é preciso que haja um resquício mobilizável de iniciativa. As ilusões de que se poderia multiplicar a objetividade atual, torná-la mais clara, portanto, de que se poderia tornar a plenitude mais plena, o momento mais intenso, a bala que atinge "mais mortal" do que mortal etc. – foram inauguradas pelo fetichismo da mercadoria. Numa mercadoria evidenciam-se ao mesmo tempo todas as possibilidades de troca. Em cada objeto produzido, "Hans im Glück"[6] pode reconhecer todas as coisas que poderia comprar ou trocar. Por isso, o valor se espelha na ilusão de que através daquilo que me pertence posso comprar tudo o que quero. Depois exagero o valor do que me pertence (como os antigos celtas). E posso proceder com pessoas da mesma forma: por exemplo, tentando incutir no meu filho a ilusão de que ele pode ser o que não consegui ser (no início a criança não oferece qualquer resistência a essa projeção, as características nela reunidas ainda não chegaram aos limites das relações reais).

A ilusão que se volta para o aumento do trabalho vivo tem seu fundamento na flexibilidade real e na capacidade de mobilização de características histórico-genéricas *inesgotadas*. É preciso observar que podem eclodir forças de rendimento imprevistas. Isso promove uma compreensão mágica, para a qual seria decepcionante a noção de que a força de trabalho por tempo estaria distribuída de forma uniforme entre todas as pessoas.

O trabalho concentrado de um homem bem descansado, apto, altamente motivado e especialmente bem formado difere do trabalho mediano. Cumpre esclarecer que a grande quantidade aparente de trabalho, mantida a mesma unidade de tempo, tem por base um investimento anterior de tempo, contido na formação, na produção de uma motivação. Trata-se da *produção de capacidade de discernimento*. Decisivo e necessário é estabelecer a diferença entre situações, matérias-primas e processos evolutivos que se podem aumentar (e que, na maioria das vezes, também se podem acumular) de outros que de forma alguma podem ser alterados em sua configuração temporal.

Lealdade e endividamento

Em si, uma instituição não pode dar um retorno maior do que o que lhe foi depositado anteriormente. Nesse sentido, não

---

[6] Conto popular em que a personagem principal, Hans, vai trocando sua moeda de ouro por outros bens, até acabar sem nada. (N. T.)

há diferença entre uma sociedade anônima, um Estado ou uma pátria. O processo de depósito só é nítido em diferentes graus.

A primeira reação básica à decepção coletiva com as instituições consiste no fato de que as pessoas supõem que a questão central seria uma alteração no desempenho da instituição. Por isso tem-se recorrido com frequência a líderes carismáticos. Nesse sentido, esperava-se do gênio de Bonaparte que ele, a partir das decepções vividas no bojo da revolução, forjasse um instrumento militar civilizatório.

A figura do líder carismático caracteriza-se pelo fato de ela não estar atrelada aos problemas do dia a dia, à previsibilidade dos cálculos e à mera racionalidade funcional. Nela se constrói uma instância que tem a função exclusiva de desenvolver iniciativas, de realizar feitos históricos de grande alcance. Numa palavra: a função de atribuir uma dinâmica à realidade cristalizada, sem a qual ela não poderia existir. Por isso, o carisma pode assumir impulsos os mais diferenciados, não assumidos na situação real de normalidade; impulsos tais como roubo, equívocos, liberdade, restabelecimento de antigo direito, prazer de mudança, impaciência. A legitimidade da figura desse líder (e isso não significa outra coisa senão a sua *disposição para assumir consequências*) orienta-se pelo sucesso. A legitimidade não se esvai no momento mesmo em que o líder carismático perde uma batalha ou comete um erro político; mas ele precisa compensar uma derrota com uma vitória ainda mais imponente, a fim de assegurar a sua disposição para assumir consequências. E assim se endivida.

O processo carismático contém, portanto, vultosos investimentos da lealdade das pessoas, que beneficiam a instituição. A ilusão burocrática está sempre ligada à ilusão carismática. Mas mesmo os consideráveis investimentos em lealdade são incompletos, são seletivos. Assim, a matéria-prima para um emprego monstruoso de força pôde ser depositada na liderança do Reich alemão durante a época de Hitler, mas o potencial de traços positivos de caráter – a saber, precaução, prudência, medida – não entrou simultaneamente no contexto coletivo. No primeiro caso, trata-se do *status* de uma máquina militar e de poder; no outro, do *status* de diálogos, exames de consciência na esfera restrita, distanciamento pessoal, não público. Aqui a instituição liberará sempre a mesma quantidade de forças na realidade. Mas as forças terão consequências muito diferentes do que teriam em seu meio original, onde ainda não estavam institucionalizadas.

A ilusão de que as instituições teriam sentimentos está ligada à aparência de que da instituição partem mais forças do que ela reunia antes em seu interior. São atribuídos às instituições: o dever de prestar assistência social, a capacidade de se recordar das vítimas, os agradecimentos, as lealdades. As pessoas que trabalham nas instituições, ou seja, o trabalho vivo ligado a elas, podem experimentar todas essas características isoladamente. A instituição em si, porém, desconhece esses sentimentos.

4 Sobre o conceito de política

À noção de política estão ligados três diferentes grupos temáticos, com conceitos e formas de expressão próprios. Eles coexistem, mas seu inter-relacionamento é limitado.

Política é o que fazem os políticos profissionais

No uso linguístico corrente, entende-se por política aquilo que fazem os políticos. Trata-se, nesse caso, de um mero conceito de atribuição profissional: designa-se com ele uma determinada área que cuida da prestação de serviços, do bem-estar social e, nas democracias, da possibilidade de se priorizarem determinadas áreas. Incluem-se aqui todos os campos institucionais da política, da comunidade até a ONU. Todo mundo reconhece a voz da política na televisão e nas primeiras páginas dos jornais. Seus opostos são o entretenimento, as notícias locais, as artes, a esfera privada, a produção industrial, o cotidiano, o estado caótico ou a situação extraordinária, que escapam das malhas da política, e também uma zona reservada aos especialistas, bem como a esfera das "relações especiais de poder", que ficam fora do domínio da política.

Essa estrutura política institucional, profissional – não importando aqui se ela é de constituição democrática ou autoritária – guarda relações de lealdade com os governados ou eleitores, que ela protege e de quem tira sua legitimidade. Se essas relações de lealdade são seriamente lesadas, o resultado é uma mudança (ou através de eleições ou – por exemplo, depois de Stalingrado – através da perda de confiança).

A área específica da política desenvolvida com a divisão do trabalho compreende apenas uma parte do conceito de política. Outras partes são por ela necessariamente excluídas. Mas isso não significa que essa área deva ser subestimada. Sob condições democráticas ela é, em última análise, o fruto de uma conquista e, no atual estado de conhecimento, insubstituível em sua legitimidade (ainda que esta seja apenas fachada) e em seus efeitos práticos de proteção (o polo contrário a isso seria o Estado fundamentalista). Resumindo: esse estado da política une o princípio do ofício pretoriano (autoridade civil, monopólio de poder do Estado, responsabilidade central, proteção do indivíduo) ao *princípio do interesse da maioria e a garantia das aspirações da minoria*. Esse é o elemento político em forma de uma administração intacta. Sem respeitar satisfatoriamente as aspirações da minoria, mas preservando os demais atributos (interesse da maioria, responsabilidade central), o governo da RDA também exerceu essa função administrativa do Estado.

Em sua palestra "Politik als Beruf"[7] ["A política como profissão"], proferida na Freistudentischer Bund [Associação dos Estudantes Livres] em Munique, no inverno da Revolução de 1918-1919, Max Weber descreveu de forma mais consistente as virtudes dessa *política no sentido formal*. Weber esclarece primeiramente o conceito de política como "toda forma de atividade exercida com autonomia". Ele fala da política de divisas dos bancos, da política de um sindicato, da política escolar de uma cidade ou de uma pequena comunidade, da política da diretoria de uma associação e "até mesmo da política de uma mulher esperta que quer controlar a vida de seu marido". Em sua análise, Weber não tarda a concentrar o conceito de política no duplo significado de agir político, na medida em que este se refere ora

---

7 Weber, M., *Gesammelte politische Schriften*. Tübingen, 1958, p.493 ss.

à autoridade administrativa ora ao "líder político". O funcionário desempenha sua função de forma imparcial; o político está comprometido com o antagonismo, com a paixão política, com a preferência em favor de uma das partes. A esses dois aspectos se restringe o elemento político: "Quem faz política visa ao poder".[8] Portanto, o agir político refere-se sobretudo aos interesses da divisão do poder, da manutenção do poder e da conquista do poder. A característica principal de um político bem-sucedido consiste no carisma que ele irradia. Três características "são decisivas para o político: paixão, senso de responsabilidade e perspicácia". Essas três características, Max Weber as distingue da "excitação estéril dos intelectuais". Para ele, paixão é "objetividade". "Dedicação apaixonada a uma coisa, a Deus ou ao demônio, que é soberano dela." Max Weber resume tudo numa metáfora: "A política é um perfurar lento e poderoso em pedra dura, com paixão e perspicácia ao mesmo tempo".[9] Um líder precisa ser como um herói ("num sentido simples da palavra").

A forma de expressão mostra que para Max Weber não se trata de um tema determinado e estanque. A força da superação de resistências caracteriza os que lutam pelo poder. A força desse princípio é amenizada pela perspicácia, uma medida subjetiva que, no processo de "perfuração", se modifica e se adapta permanentemente. O famoso texto, prognosticando uma "noite polar de gélida escuridão e rigor", termina com o Soneto n.102 de Shakespeare:

> *Our love was new, and then but in the spring,*
> *When I was wont to greet it with my laws;*
> *As Philomel in summer's front doth sing,*
> *And stops her pipe in growth of riper days.*[10]

---

8   Ibidem, p.495.
9   Ibidem, p.548.
10 "Nosso amor era novo, inda na primavera,/ Quando com os meus lais costumava saudá-lo,/ Qual canta o Rouxinol, do verão no começo,/ Sua flauta poupando ao avançar dos dias." (Shakespeare, W., *Obra completa*. Trad. Oscar Mendes. Rio de Janeiro: Nova Aguilar, 1989, p.856. v.III. [N. R.]

Hoje em dia o aspecto enfaticamente político transformou-se num ramo da administração: o Congresso, os partidos, os chefes centrais (por exemplo o chanceler, o presidente do Conselho de Ministros) comportam-se como autoridades administrativas com tarefas específicas. Esse deslocamento segue uma lógica peculiar ao Estado de direito. Na República Federal Alemã ela é particularmente fortalecida por experiências desagradáveis vividas nos anos 30 com líderes carismáticos. A "administração do elemento político" está agora aliada a um amplo trabalho da opinião pública, na qual as características de liderança descritas por Max Weber são apresentadas – como num palco – separadas do cotidiano real de trabalho.

A política, como essência de áreas específicas definidas institucionalmente, tem a tendência de consumir totalmente o elemento político.
Trata-se de questões como a seguinte:
Para onde se transfere o elemento político quando ele parece ter desaparecido na política profissional?

Na conta geral de uma sociedade, o aspecto político não se pode reduzir. Ele é constante e continuamente produzido pela luta de poder e pelo antagonismo de interesses. A partir de 1º de janeiro de 1993, porém, sob a vigência das normas do Mercado Comum Europeu, a central de Bruxelas não mais vai permitir, por exemplo, lideranças carismáticas. A administração do MCE está coerentemente organizada como administração, bem separada dos parlamentos nacionais e do Parlamento Europeu em Estrasburgo. A difusão do aspecto político na periferia (por exemplo, das facções do Parlamento federal para os governadores de províncias, do Estado para a indústria, bancos, sindicatos, da central de Bruxelas para as regiões etc.) tem como consequência, nesse contexto, o mecanismo de manter um contrapoder que detém a transformação de substância social em execução central, ou lhe opõe resistência.

A política como grau de intensidade de sentimentos cotidianos, que altera sua forma permanentemente mediante certos estados agregados que acolhem os conflitos e os interesses

As atitudes humanas, as energias e suas relações de medida autônomas, autorreguladoras, que parecem surgir na forma de *Quanta* (quer dizer, em medidas naturais), têm sua fonte em três grandes campos: o da produção (e das profissões), o da socialização (por exemplo, nas famílias) e o da esfera de tempo livre e de consumo. O próprio Estado e a política não podem mais do que acrescentar pequenas doses suplementares a esses fluxos sociais ricos em medida. Tais fluxos movimentam-se de forma semelhante à dos sentimentos, nos quais encontram suas senhas e ressonâncias. Assim como os sentimentos, também eles formam graus de intensidade.

Para uma maioria da população da RDA, longos anos de liberdade controlada levam a uma atitude de gueto, à passividade, a um recolher-se à esfera privada e a um tom de lamentação muito mais pessoal. Depois alteram-se certas condições que, tomadas isoladamente, não seriam decisivas. Por exemplo, os líderes soviéticos parecem mais velhos diante da imagem do jovem Gorbatchov. Isso modifica uma única relação de medida. Nas igrejas surge uma faixa de opinião pública que temporariamente se esquiva à interferência direta do Estado, acrescenta capacidade de expressão ao seu sentimento de protesto e o faz cuidadosamente, numa medida que ela aprendeu a dosar, de modo a não oferecer motivo para uma repressão imediata. Seguem-se outros acréscimos vindos de fontes da experiência cotidiana e de acontecimentos públicos isolados, e por fim um fluxo maciço de autoconsciência da evasão da República. Isso desencadeia a mudança. Há muito tempo existem atitudes e energias que se manifestam aqui (e que depois do Natal novamente se tornam invisíveis ou assumem outras formas de expressão). Mas elas modificaram seu estado agregado [*Aggregatzustand*]. Quando empregamos a metáfora "estado agregado" não estamos dizendo que essa alteração das relações de medida se assemelha aos quatro estados conhecidos da física, por exemplo, para H$_2$O: sólido, líquido, gasoso e plasma podem ser as quatro formas de manifestação da água. Trata-se, antes, da possibilidade de um número ilimitado de estados, mas que permitem *três diferenciações*: Alguma coisa no cotidiano continua oculta, esporádica e passiva? Uma constelação de sentimentos cotidianos consegue ter expressão política pública, alguma coisa forma um movimento comum? Esse aspecto político tem duração, ou seja, ele começa a trabalhar, a engendrar um processo produtivo que reafirma sua própria vontade? Esses três critérios podem ser diferenciados, ainda que os graus de intensidade dos sentimentos não possam ser atribuídos a eles. Eles sofrem metamorfoses, estão em constante movimento e podem assumir todas as feições possíveis.

Essa é a matéria-prima da política. As formas e as relações de medida (possibilidades objetivas) provavelmente são coproduzidas no interior dessa matéria-prima, mas raramente são percebidas nessa estrutura. Quando as formas e as relações de medida não se deixam reconhecer como recipientes especiais da expressão dessa matéria-prima, surgem frequentemente explosões violentas. Os componentes da eclosão caem de novo em si e o resultado é a retirada e o desânimo. A matéria-prima de que se alimentou a eclosão social do nacional-socialismo não é essencialmente diferente das matérias-primas de outros processos sociais que se abrem para a emancipação. Nem mesmo os graus de intensidade diferem entre si. *Contrariamente a isso, as formas e relações de medida que transformam essas matérias-primas em manifestações públicas são essencialmente diferentes. No plano da matéria-prima em si não há ainda qualquer relação de medida tangível. Nele predomina uma letal ausência de medida, que se alterna com a recaída na passividade (mantida pelo equilíbrio de energia).*

Quando falamos do aspecto político em sentido material, estamos falando desse seu caráter de matéria-prima e de algo incompleto.

O aspecto político como processo capaz de gerar a coletividade e a emancipação.
"Interferências sutis da socialização da política"

Temos consciência de que essa abstração é arriscada, pois ela não se baseia num processo "natural", observável na sociedade; trata-se de uma ideia regulativa. Do ponto de vista da *não emancipação*, não se pode colocar a questão que enunciaremos a seguir; do ponto de vista da emancipação, *é preciso* colocá-la. Trata-se da questão de saber das condições e das relações de medida sob as quais a matéria-prima política (interesses, sentimentos, protestos etc.) consegue produzir com sucesso os seguintes parâmetros: *duração necessária, vontade própria e autonomia subjetiva que se unem para formar uma coletividade, capacidade de expressão e de discernimento, que mantêm pública a experiência essencial de vida (quer dizer, que evitam a sua eliminação), produção de liberdade* (por exemplo, o jogo livre, interrompido espontaneamente, dos graus de intensidade dos sentimentos). Nos momentos em que a liberdade individual – seja ela liberdade de exercer uma profissão, de ir e vir, liberdade da escolha do local de trabalho, liberdade sexual – experimenta uma satisfação, de forma que podem ser efetivamente liberadas forças sociais associativas, surge a obrigatoriedade das relações entre as necessidades individuais e a expressão social dessas necessidades. Nesse caso, o aspecto social não seria algo imposto de fora para dentro, mas algo exigido e atendido pelo próprio indivíduo. As necessidades têm agora um poder de expressão comum; ganharam nomes, por assim dizer. A coletividade não se baseia na administração, mas numa rica expressão comum. O componente da generalidade contido na política não nega o direito do particular, mas cria para ele seu espaço circundante específico, dentro do qual ele está protegido. A construção não deriva do centro, mas do direito subjetivo descentralizado.

A teoria política tradicional parte, de forma dedutiva, de uma soberania que brota, por assim dizer, do poder central. Originariamente, essa soberania é construída sobre a força, e quanto mais para baixo esta força se estende tanto menor é a participação que têm nela as forças da sociedade. Podemos imaginar aqui a corte de um rei, com todos os seus desdobramentos metafóricos, secularizados. Ao redor do rei estão, na condição de vassalos, os mais fortes depois dele, e assim por diante. Este princípio da monarquia, do Estado como "relação especial de poder", tropeça no protesto do Iluminismo na França. "Ninguém tem o direito de dispor sobre o outro", diz Diderot. Limitações muito parecidas do Estado absolutista estão contidas no direito de fisco e no poder jurisdicional do Superior Tribunal Administrativo da Prússia nos estados alemães. Esses conceitos contrários à monarquia rezam: "O centro real do poder é o indivíduo, que entra em acordo com outros indivíduos, concreta e publicamente, sobre aquilo que desejam conjuntamente ceder de si e confiar ao Estado". Em contrapartida, as repúblicas, que destronaram o rei (por exemplo, na França e na Alemanha de 1918), ou que dele se libertaram (Estados Unidos da América), assumiram o *centro monárquico do poder*. No que tange à falsa construção do elemento político, ou seja, à sua construção centralizada, a forma democrática de Estado em princípio não muda nada. Ela é a usurpação pela maioria, ao passo que antes se tratava da usurpação por *uma* pessoa e por uma minoria nobre. Os *checks and balances* da divisão de poder são arrancados desse centro do Estado e confrontados como exceções. Para o funcionamento do Estado, para a manutenção da não reelegibilidade de seus representantes, isso pode ser o início de um equilíbrio satisfatório; para a acumulação e a associação do elemento político, porém, esse sistema de saque continua sendo fatidicamente limitado. Se a soberania do indivíduo não é fortalecida por *ricas associações livres*, que se opõem ao Estado, se não é fortalecida pela união, portanto, ela permanece algo isolada; assim, ela está sujeita à imprevisibilidade da lei de oscilações do grau de intensidade dos sentimentos, que só conhece a escolha entre a sujeição ao elemento político no sentido institucional e a expressão nas formas de oscilações plebiscitárias.

Ajustes sutis [*Feinsteuerungen*] inerentes às energias políticas em sua própria medida e que forçosamente se perdem na passagem para a política do Estado

No dia a dia, os sentimentos, protestos e desejos podem assumir intensidades muito elevadas, que também podem ser expressas e repetidas publicamente. Esses tons diferentes têm legitimidade sobretudo quando são baixos – baixos em relação ao coro de todas as outras vozes na coletividade, com as quais concorrem e com as quais precisam se unir. Trata-se de contribuições e de exigências fracas, que partem de fontes individuais e entram na produção: partem das famílias, da produção industrial, do mundo da esfera pública. São fracas enquanto atos isolados, medidos pelo volume de uma circunscrição administrativa, de um estado federativo, de toda a república, de uma capital; fracas se comparadas com o sistema bancário, com a ciência, com as grandes empresas, com o sistema educacional. O centro trabalha predominantemente com esses volumes compostos, pouco definidos. Comparadas a eles, as circunscrições individuais da soberania, das quais partem contribuições e exigências que entram para a coletividade, não apresentam uma concordância adequada às relações de medida, porque via de regra são menores e essencialmente mais diversificadas – fechadas como mônadas, transmissíveis apenas através da frase para a generalidade da lei.

Isso atrapalha violentamente o intercâmbio entre as *fontes do elemento político* e *os resultados da política*. Num processo de produção, ninguém organizaria dessa forma as relações recíprocas entre matéria-prima e o seu processo de aprimoramento.

Por essa razão, os parâmetros durabilidade, diversidade produtiva, zonas de contato com a experiência direta (proximidade), decisão, tolerância, liberdade, capacidade de discernimento, democracia e codeterminação no sentido material, processos de união em questões substanciais (como numa mesa redonda), renovação etc. pressupõem que os *Quanta* (relações de quantidade, formas, lugares) do intercâmbio entre as fontes do elemento político e os resultados da política se adaptem à ordem de grandeza do cotidiano. Não é possível imaginar isso apenas

nas formas das atividades estatais. Por essa razão, os corretivos modernos para o poder do Estado têm como condição um amplo espaço intermediário [*Zwischenraum*] de instituições, que não podem ser estatais, nem tampouco apenas privadas. Elas primeiramente produzem contrapoder, durabilidade, equilíbrios e as formas modernas da divisão de poder e da participação, que não apenas enfraquecem um Estado excessivamente poderoso pelas vias da Constituição como também incorporam um contraprincípio de organização, que se fundamenta em autorregulamentações.

A agregação de contribuições e de exigências originariamente fracas em segmentos da população com o mesmo interesse resulta em poderosas organizações. Entre elas, que não são criadas com base em normas generalizadas e contribuições globais, e o Estado político alimentado por impostos podem surgir equilíbrios que, de outra forma, não poderiam ser produzidos entre o indivíduo e o Estado, entre o particular e o geral.

Sobre a palavra "política"

O exame da origem grega da palavra não fornece uma informação eficaz. Certo é que a designação de política nos escritos de Aristóteles e, anteriormente, na obra de Platão sobre o Estado expressa a organização autoconsciente das questões referentes a uma cidade-estado grega – o atributo *autoconsciente* entendido aqui no duplo sentido de que não existe uma instância válida *acima* dessa política (se não considerarmos os deuses, a essência da vingança, o envolvimento mítico) e de que a política deve resistir ao diálogo.

Como nenhum outro povo na história da civilização, os gregos tinham uma segurança instintiva para lidar com a língua, para escolher palavras ricas em relações, que nunca apontavam para a simples univocidade formal. *Pólis* significava a cidade enquanto Estado, mas também democracia e pátria, das quais o cidadão se sentia parte integrante e nas quais projetava um ideal de si mesmo. *Politea* significava direito do cidadão, mas também mudança individual de vida e de comportamento geral do cidadão no Estado. Quaisquer que sejam as variantes de que se tenha derivado o radical de *politeuo* (pôr-se em atividade) – administrar o Estado, comportar-se como cidadão –, ele aponta para duas direções: para um agir *público* e para um estado de *coletividade*, concebido como norma, que é a *essência do bem supremo*.

Acompanhando o modelo grego mais impressionante, o conceito de política manteve-se como um conceito interpretativo. Sem nomear a origem de cada uma de suas forças componentes, ele marca o polo oposto à solução de questões privadas. De outra parte, o elemento não privado aparece, de um lado, como anárquico; de outro, como *res publica*. O partido da ordem, os que detêm a posse (*boni*, *optimati*) e o Estado opõem-se àqueles que querem alterar as relações, ou então que não contam para o mundo dos humanos: escravos, bárbaros, conspiradores catilinários, gracos. Os Consuli tinham a missão de cuidar para que a *res publica* não sofresse qualquer tipo de lesão. Essa tarefa de protegê-la contra o perigo define o conceito escolar de política válido desde a república romana.

O elemento político, que deriva da existência duradoura da cidade (por exemplo Roma), de um Estado cuja essência está ancorada na cidade, e do império, é assimilado no norte e na parte ocidental da Europa após longo tempo de evolução própria. O conceito sobrepõe-se a noções mais antigas, que não têm origens urbanas, acerca de como se forma e se expressa uma coletividade. Uma coletividade celta, um *Thing* (Conselho Comunitário) germânico e as reuniões sociais dos francos, só para senhores, nas quais se tomavam decisões, não têm os hábitos de uma cidade grega ou romana; eles mal seguem um esquema que pode ser expresso racionalmente e não constituem instituições duradouras.

Até o século XVIII, a multiplicidade de aspectos que servem à explicação do processo histórico, à organização de zonas territoriais ou de pátrias é concebida de forma cumulativa. Somente a tradição cética que se desenvolve na França, e mais tarde as ciências políticas do século XVIII, sintetiza – baseada em toda uma série de denominações – projetos sistemáticos, que inserem a *política* numa *teoria do Estado*.

Para entender a forma celular do elemento político, primeiro é preciso abandonar novamente o terreno da síntese do que foi acumulado. Veremos, então, que existem quase tantas políticas quantas são as decisões tomadas na vida cotidiana e na coletividade. O conceito de *enragé*, surgido na Revolução Francesa, define o momento em que uma matéria-prima ou uma partícula da coletividade pública se politiza. Alguma coisa altera seu grau de intensidade. Antigamente não se atribuiria a esse processo o adjetivo político. Hoje, sim.

Tudo isso, é sabido, falando de uma forma geral. É que para a questão de saber sobre a origem do elemento político, que influencia também a configuração dos demais processos, não se pode desenvolver o conceito de política a partir de seu polo oposto. Em sua forma elementar, o elemento político não é o polo oposto da intimidade ou da privacidade, nem tampouco da substância social incontrolada ou daquilo que é excluído. Tudo isso também pode se politizar.

A evolução do conceito moderno de política, tal como associado ao surgimento da burguesia e da produção capitalista, deve sua força de abstração das relações de conteúdo com a coletividade ao estabelecimento de Estados territoriais, que adquirem diferentes formas políticas. À medida que o príncipe desse estado territorial ocupa tudo o que poderia ser política dos diferentes componentes da coletividade, a ação política se reduz às regras da *conquista do poder* e da *manutenção do poder*. É nesse sentido que Maquiavel entende a ação política, que se separa tanto do elenco de deveres da ética quanto dos direitos consuetudinários das comunidades tradicionais. A inteligência, com a qual a política aparece essencialmente aliada em Aristóteles, transforma-se num saber técnico, em como se consegue a estabilidade do domínio e em que medida esse instrumento político pode ajudar a ampliar o poder.

Esse processo não possui qualquer medida, porque não se trata do bem-estar da comunidade, e sim da defesa duradoura, tanto quanto possível, contra ameaças internas e externas: defesa, no plano externo, contra os poderes concorrentes; no plano interno, contra poderes que se opõem. Nesse sentido, o processo de aprendizagem política não mais consiste na ponderação de finalidades e de meios adequados, mas *em evitar erros*. A maior crítica que Maquiavel faz aos príncipes é a tomada de uma decisão errada. O aspecto nuclear do projeto de Maquiavel, mais tarde seguido por todas as teorias que entendem a política como "a arte do possível", tem um caráter mítico. Há um fatalismo embutido nesse construto: é como se a ocorrência de erros aniquiladores já estivesse programada.

Veremos que o oportunismo tem suas raízes no enorme receio de cometer um erro. O aproveitamento leviano das oportunidades deve criar provisões contra o surgimento ou a soma de erros. Poderíamos dizer que todos os projetos políticos que não permitem erros correspondem a essa estratégia oportunista e, ao mesmo tempo, violenta.

Oskar Negt/Alexander Kluge

II. EMANCIPAÇÃO E LINGUAGEM POLÍTICA. EXPROPRIAÇÕES, REAPROPRIAÇÕES

1 O problema do desgaste e da desvalorização dos conceitos

A luta pela linguagem política ou, mais especificamente, a *reapropriação* das formas linguísticas e simbólicas expropriadas na execução normal das relações de domínio é de vital importância para os movimentos de emancipação. Pois a multiplicação dos meios vivos de expressão, que têm sua origem nos interesses imediatos dos indivíduos, mas que não se esgotam em sua simples repetição, é condição básica da capacidade argumentativa intelectual e moral das pessoas que decidiram *mudar o seu estado de carência*, mas que não conseguem ver com clareza de que forma seus pequenos passos cotidianos podem se relacionar com perspectivas futuras. Elas têm um senso prático para perceber que antigas palavras e conceitos não mais apreendem sem problemas os fatos a partir dos quais tinham sido cunhados, mas ainda não existem novas orientações simbólicas válidas para a estabilização do mundo exterior. Brecht chama os conceitos [*Begriffen*] de [*Griffen*] alavancas, por meio das quais as coisas e as relações são colocadas em movimento – algo bem semelhante ao comportamento de um artesão, que usa de ferramentas para trabalhar o material e dar-lhe forma adequada às suas finalidades. Se tais *alavancas* desaparecem, os *conceitos* e as *palavras* também perdem seu efeito seguro.

    Se tomamos por medida a objeção de que não se trata aqui de palavras, mas de fatos, a crítica linguística – a discussão sobre conceitos e palavras – parece ser um empreendimento inútil, despropositado, envolvendo especialistas que competem entre si. Mas esse é um engano perigoso. Assim como é pouco provável que se consigam separar as palavras e os conceitos dos fatos que a eles subjazem, também é evidente que a margem de atuação da ação *pública* do indivíduo, e também da coletividade, depende das possibilidades disponíveis no espectro linguístico e simbólico. Os direitos de liberdade e de autodeterminação válidos numa coletividade não são definidos, em última análise, pelo grau em que a frase propagandística, as fórmulas linguísticas deturpadas, a expressão enganosa ricocheteiam na *capacidade de discernimento* de um maior número possível de pessoas. Karl Kraus, esse fanático anatomista da linguagem, cuja crítica linguística estava evidentemente inserida numa crítica social penetrante do ponto de vista moral, formulou com mordacidade sua opinião quanto ao estado de paz do interior da sociedade: "Se a humanidade não formulasse frases, não precisaria de armas".

    A linguagem do biólogo, do jurista, do terapeuta não está a salvo de deformações fraseológicas, mas as linguagens técnicas contêm, via de regra, critérios que servem de orientação para uma comunidade técnica interpretativa, num processo de autoesclarecimento, se ela não for expressamente colocada sob a censura das autoridades. Para a ação política, tais autocorreções no uso da língua são menos precisas e mais livres. Uma *linguagem autenticamente política* seria aquela que tirasse todo o seu conteúdo semântico do movimento de emancipação das necessidades e interesses das pessoas. Uma linguagem política não é uma substância de que os indivíduos, grupos e coletividades têm a posse e podem usar a seu bel-prazer; *ela se forma em meio à discussão e à disputa, à expropriação e à reapropriação*. A reapropriação de uma tal linguagem, o rompimento do estado de estupefação, de mudez, da resistência articulada em protestos impotentes, não ocorre de modo simples e forma com a linguagem do poder e das armas, de que tais protestos querem se libertar, um emaranhado complexo.

Se no sistema de poder o espaço, o tempo, as definições e as palavras são estabelecidos univocamente segundo regras de economia, cujo objetivo é eliminar, na medida do possível, os desperdícios, nos processos coletivos de emancipação os ritmos do tempo e os graus de compressão do espaço são determinados, inversamente, pela pluralidade de sentidos e pelas mudanças rápidas. A *orientação de compreensão*, aquele processo, portanto, no qual cada um dos participantes tem consciência – e a mantém – da diferença entre, de um lado, a arma da crítica, a briga acirrada de palavras, e, de outro, armas como faca, revólver e bombas, tal processo atravessa muitos descaminhos. Trata-se de um tempo qualitativo, que enfraquece a velocidade linear do acúmulo de tempo voltado para o objetivo pontual da tomada de decisão. Uma linguagem política que não estivesse à altura dessa espontaneidade na mudança de tempo, na alteração dos espaços e das formas de relação, transformaria a carência de não poder atingir e captar o movimento próprio do objeto na virtude de uma ordenação segura, de acordo com os critérios mais severos das linguagens técnicas. Quando os processos sociais não podem ser coerentemente compreendidos e a linguagem pública é reduzida ao tipo de expressão própria dos quadros de horários e dos boletins meteorológicos, é possível dispor das definições jurídicas e técnico-militares, bem como de empréstimos da linguagem do sistema de transporte.

Se se quisesse transportar os compassos de tempo da produção técnico-industrial para *processos de aprendizagem coletivos*, a tentativa de racionalização eliminaria os desvios produtivos juntamente com os improdutivos. Espaços e tempos preenchidos qualitativamente, onde pessoas se agrupam a fim de – com sua presença física – demonstrar sua solidariedade e estabelecer uma esfera pública (não importando se se trata do fechamento de uma empresa, de golpes de Estado e ações dementes de um serviço secreto ou de protestos contra o estacionamento de mísseis), enfraquecem as divisões abstratas de espaço do sistema de poder e também as regras definidoras de uma ordem de direito, que atribui um valor maior ao trabalho morto, "falecido", do que ao vivo. O espaço ocupado pelas pessoas resistentes perde seu caráter privado e exclusivo, que reivindica o preço do metro quadrado e o título de posse; ele se torna permeável e publicamente acessível. *Ele adquire novamente a densidade de um lugar político e se reapropria dele.*

Se é verdade o que dizem os teóricos da sociedade de comunicação, vivemos numa era da *linguagem* [*Sprache*]. Mas será que vivemos também numa era do *falar* [*des Sprechens*]? É difícil aceitar que sim. Parece-nos até mesmo que os esforços dispendidos em experimentos científicos dedicados à aquisição de linguagem, às gramáticas e às funções linguísticas estão em relação inversa ao intercâmbio linguístico vivo nas relações concretas da vida. Isso pode ser comparado ao dilema diante do qual Kant se viu. É dele a pergunta: "Vivemos numa era *esclarecida?*" E ele mesmo respondeu: "Não, mas vivemos numa era do esclarecimento". Kant formulou critérios precisos para o *processo de esclarecimento*, da forma como *ele* o compreendia, e os críticos de hoje, que relacionam esses critérios com crenças ingênuas de progresso, com um otimismo científico e com um entusiasmo irrefletido com a tecnologia, no sentido de um domínio irrestrito da natureza, não enxergam o essencial. Kant (e nisso consiste sua afinidade intelectual com os grandes iluministas do século XVIII) vincula o esclarecimento estritamente à *maioridade* [*Mündigkeit*], melhor dizendo, à máxima de superar a menoridade, da qual o próprio indivíduo é culpado, isto é, à autonomia de agir e pensar, e de elevar a princípio o *pensar por conta própria*. Sem a autodeterminação do indivíduo não há esclarecimento. E o esclarecimento, que não garante nenhuma confiança nos direitos políticos de comunicação e nos meios de expressão da linguagem pública sem censura, não tem fundamento que possibilite o agir orientado à compreensão.

Aquilo sobre o que Kant insistia foi mais tarde denunciado na Alemanha como *Aufklaricht*,[1] sob a acusação de se tratar

---

1 Corruptela de *Aufklärung*, empregada em sentido depreciativo. (N. T.)

de algo superficial. Diante da Revolução Francesa e do *Code civile* de Napoleão, o espírito alemão movia-se para a "profundidade". Surgiu, então, aquilo que Thomas Mann chamou de *intimismo* à sombra do poder [*Machtgeschützte Innerlichkeit*], um encapsulamento monádico da razão crítica no espaço interior dos sujeitos e dos lares privados. *Mas a perda da dimensão pública da linguagem vem acompanhada da cristalização das estruturas de privilégios.*

Na batalha pelas palavras e pelos conceitos travada pelo Iluminismo, trata-se do restabelecimento de seus conteúdos semânticos originais. Conceitos cunhados historicamente, nos quais se sedimentaram a vontade própria, a coragem e os sofrimentos dos homens, são peculiares a uma espécie de direito natural. A crítica linguística é, por isso, um elemento fundamental da ação política que tem como motivo propulsor a ampliação da riqueza interior das relações de uma comunidade.[2]

Os pensadores conservadores e os ideólogos do socialismo burocrático entenderam melhor do que a esquerda crítica, linguisticamente consciente, o que as palavras e os conceitos significavam para a estabilidade das ordens de poder.[3] À pergunta sobre qual seria a primeira providência que ele tomaria após a tomada do governo, o filósofo da ordem Confúcio respondeu: "Certamente a retificação das palavras e dos conceitos!" "E por que a sua retificação?" E o mestre respondeu: "Se os conceitos não estão certos, as palavras não concordam; se as palavras não concordam, as obras não se realizam; se as obras não se realizam, a moral e a arte não prosperam; se a moral e a arte não prosperam, as penas não são corretamente aplicadas; se as penas não são corretamente aplicadas, o povo não sabe onde colocar os pés e as mãos".

Aquele que determina sobre a linguagem pública conseguiu criar para si prerrogativas de legitimidade para definir a reali-

---

2 A esse respeito, cf. *"Holzfeuer im hölzernen Ofen". Aufsätze zur politischen Sprachkritik.* Heringer, H. J. (Ed.) Tübingen, 1982, p.3 ss.
3 A esse respeito, cf. Schelsky, H., Macht und Sprache, *Deutsche Zeitung*, 12.4.1974.

dade e não encontra dificuldade em fazer às pessoas afirmações autoritárias para diferenciações seletivas: entre amigo e inimigo, entre realismo e utopia, entre virtudes da ordem e protesto e resistência. Na década passada, políticos experientes como o ex-secretário geral do CDU (União Democrática Cristã da Alemanha), Heiner Geißler, realizaram seus próprios experimentos com a linguagem pública, a fim de conseguir que seus significados se transformassem em seus antônimos. O SPD (Partido Social-Democrata alemão) era suspeito de ser a quinta-coluna de Moscou: um partido que agia a serviço de uma potência inimiga. Os pacifistas do período de Weimar eram suspeitos de terem sido os criadores do nacional-socialismo. E assim por diante. A estratégia é tão eficaz quanto realista. Empregam-se certos temas políticos para colocar o inimigo sob o foco de uma relação de colaboração desprezível. Geißler soube reconhecer perfeitamente o ponto central da questão: "Hoje em dia, para surtirem efeito, as revoluções têm de se apoderar de conceitos, e não de funcionários dos telégrafos e de estações de trem".

Os conflitos pelas transformações de significado dos conceitos, pela valorização desses conceitos, ou por sua depreciação, são processos extremamente complexos e frequentemente opacos, pois a linguagem política é um meio de expressão decisivo para a identidade de movimentos de emancipação. Três mecanismos sutis da mudança de significado de conceitos políticos podem ser identificados atualmente: *a deturpação ou o empobrecimento dos conceitos, o crescimento esmagador da realidade, a privação do reconhecimento público*. Todos os três mecanismos não se manifestam em sua forma pura, mas apresentam sobreposições e não raro se complementam e se reforçam reciprocamente. Não é possível ter uma visão clara das zonas de conflito, pois nenhuma ideia, nenhum conceito-chave deste século sangrento ficou incólume: nem a liberdade nem a democracia, nem a comunidade e o povo, nem o Estado, nem o capitalismo e tampouco o socialismo. Uma vez que todos esses conceitos e ideias perderam sua inocência moral, é constrangedor observar no atual processo de autodesmitificação dos conceitos de resistência, utopia e protesto obstinado que, com o crescimento esmagador da realidade da linguagem política dos vencedores, as possibilidades de expressão dos vencidos são destruídas por um tempo indeterminado.

Após o fim do III Reich ainda havia uma consciência sensível para o fato de que deveria calar sobre o fascismo aquele que não estivesse preparado para falar do capitalismo (Max Horkheimer) – até dentro do próprio CDU predominava o reconhecimento de que o capitalismo havia impulsionado a aventura sangrenta dos nazistas. Os reflexos desse fato, para a língua, foram documentados, sob diferentes aspectos, por dois livros que codeterminam a essência da crítica linguística e o despertar da consciência linguística na esfera pública da sociedade do pós-guerra: *LTI. Die unbewältigte Sprache* (A linguagem não dominada), de Victor Klemperer (publicado em Dresden, em 1946) e *Aus dem Wörterbuch des Unmenschen* (*Do dicionário do desumano*), de D. Sternberger, G. Storz e W. E. Süskind (publicado em 1957).

Essa consciência da necessidade de lidar cautelosa e cuidadosamente com a linguagem política, sugerida por esses livros e pelos debates que se seguiram a eles, sobre a crítica linguística, parece estar completamente esquecida em nossos dias. Conceitos profundamente saturados pela história, pelos quais o mundo se orientava e que eram expressão da imagem que muitas pessoas faziam de si e da sociedade, são postos de lado com muita facilidade, como se fossem sapatos velhos. Como nunca aconteceu antes na história deste século, observamos uma curiosa redistribuição de valores na linguagem política; muitos conceitos, cujo abandono o mundo havia preparado e decidido nas últimas décadas, experimentam subitamente uma forte revalorização e um crescimento real verdadeiramente esmagador: Estado, nação, capital, religião e dinheiro associam-se agora de tal maneira a liberdade, autodeterminação e democracia, como se a linha de sangue desses conceitos nunca tivesse existido no século XX. Ao acréscimo de sentido e esclarecimento dessas palavras dos grupos dominantes corresponde o esvaziamento de conceitos tais como solidariedade, comunidade, economia comunitária, organização social racional. O fato de os vencedores desse gigantesco jogo de linguagem social terem avançado tanto com seus desejos de ocupação pode ser fundamentado, em última análise, pelo fato de a esquerda ter usado muito pouco seus conceitos como alavancas para a transformação das relações, e tê-los preservado muito mais como fórmulas de uma substância sem vida. Quanto mais vazia foi a ortodoxia da conceituação política, tanto mais furiosamente ela agora tende a se separar daqueles que, alimentados por tal material, tinham transformado seus cartéis de citação em bastiões intelectuais de autoimunização. Max Horkheimer descreveu a importância da rápida adoção de conceitos e termos políticos aos quais se atrela a mácula da deturpação e do desgaste. Sob a designação "conceitos deturpados", escreve Horkheimer em suas *Notizen*:

> Um estudioso de prestígio, simpatizante do socialismo, ouviu um ingênuo partidário da humanidade falar numa mesa-redonda científica. Imediatamente ele se inflamou e, irado, repreendeu o surpreso orador, dizendo que o conceito de "humanidade" estaria deturpado e esvaziado de sentido pela pior práxis do capitalismo, que durante décadas o empregou para encobrir seus feitos. Pessoas decentes não mais poderiam empregá-lo de forma séria e já teriam parado de pronunciar tal palavra. Pensei: um erudito radical! Só que – quais caracterizações poderíamos ainda nos servir para designarmos o que é bom? Será que todos eles também não foram deturpados por um uso que tenta encobrir uma práxis abusiva, assim como ocorreu com a expressão "humanidade"? Algumas semanas mais tarde foi publicado um livro desse estudioso sobre a realidade do cristianismo. A princípio fiquei surpreso; depois entendi que ele não tinha rejeitado a palavra, mas a coisa. (p.227)

O dilema descrito por Horkheimer, ou seja, o dilema de ter que lidar, na discussão política, com palavras e conceitos cuja deturpação e desgaste não se podem contestar e nem deixar de reconhecer, é o mesmo dilema diante do qual se encontra hoje toda a esquerda preocupada em desenvolver um novo autoentendimento, inclusive no que respeita à sua orientação simbólica e à sua expressão linguística, desde que esteja pronta a sujeitar o que pensa, e a forma de linguagem que escolheu para isso, ao "mercado de opiniões", para que ele os aproveite da forma que melhor lhe aprouver. A saída para esse dilema não está no gesto radical daquele que esclarece e quer se impor como realista. Um desses realistas diz (variando apenas o tema básico):

Não podemos agir como se a ideia do socialismo pudesse renascer como fênix das cinzas do stalinismo, do socialismo estatal. Com as transformações democráticas ocorridas na Europa central e no Leste europeu, termina a época do stalinismo na Europa. O que começou como utopia termina como pesadelo. (Ralf Fücks, ex-porta-voz da Presidência do Partido Verde. *Frankfurter Rundschau*, 21.9.1990)

Nenhum caminho passa perto de conseguir testar com exatidão e em detalhe o conteúdo semântico e o uso abusivo, o que continua em aberto e o que já está ultrapassado nos conceitos políticos, de conseguir formar uma *capacidade de discernimento*. A seguir, abordaremos problemas da composição histórica interna de conceitos políticos tais como tortura e direitos humanos, revolução e povo. Discutiremos também a importância constitutiva que a capacidade linguística de discernimento tem para uma *cultura política*, que assume uma espécie de responsabilidade coletiva pela preservação da inalterabilidade dos conceitos.

2 Direitos humanos, tortura: censura simbólica e linguística

A *luta* pelos direitos humanos começa com a luta pelo seu *conceito*. Isso porque um instrumento essencial dos dominadores é *expropriar* as pessoas que se tornaram conscientes da sua repressão, e que querem se emancipar, dos meios de expressão de sua linguagem política, na qual estão concentradas, ao mesmo tempo, a recordação de ferimentos sofridos, a memória coletiva e a reivindicação e a promessa de uma vida melhor. Se a confissão de uma sociedade, de que nela existem relações de poder, vale nada menos do que a confissão pública de uma falta de legitimidade de domínio, então essa proibição de existência dos conceitos aplica-se fundamentalmente para todo o espectro de símbolos da questão política em torno do qual se organiza o comportamento e o pensamento críticos.

Numa análise das interpretações da proibição do exercício profissional sob condições sociais completamente diferentes,

Dieter Sterzel falou de uma *proibição da palavra e da terminologia*. Visto que o conteúdo de experiência histórica contido nos conceitos políticos não é intercambiável, importa saber qual desses conceitos — geralmente também carregados emocionalmente — é empregado na discussão. "O liberalismo havia concedido a posse aos judeus, mas não o mando. O sentido dos direitos humanos era prometer a felicidade mesmo na ausência de qualquer tipo de poder."[4] E seria de acrescentar: onde não há linguagem, linguagem política, pois os direitos humanos precisam especialmente daqueles que não têm qualquer poder. Quem fala de direitos humanos não emprega apenas categorias analíticas para a designação de determinadas normas jurídicas: emprega, ao mesmo tempo, conceitos de luta. Por isso eles correm o risco de serem deturpados.

O uso e o abuso constantes de conceitos da linguagem política fortemente carregados de emotividade levou algumas pessoas à decisão de não mais se valerem de tais símbolos desgastados pela "crítica no corpo a corpo". Entre esses conceitos desgastados está o próprio conceito de direitos humanos, depois que, na época da administração Carter, os direitos humanos foram evocados por diversos motivos e, por isso mesmo, sofreram uma depreciação inflacionária. Há pelo menos uma década, palavras igualmente carregadas de conteúdo simbólico, como socialismo, têm esbarrado em críticas cada vez mais severas, pois não mais se poderia falar sem reservas e de forma ingênua sobre o socialismo diante do seu corrompimento evidenciado pela história, de que ninguém duvida. Uma tal exclusão de símbolos, porém, possui sua dialética própria: visto que não nos é fácil inventar, de acordo com regras determinadas, novos conceitos e símbolos capazes de exprimir uma certa substância de relações históricas e anseios de libertação coletiva, a contínua "limpeza" da linguagem volta-se para os próprios usuários da linguagem que, ao final, entram num estado de *atonia* [*Sprachlosigkeit*] *desesperadora*.

---

4 Horkheimer, M., Adorno, T. W., *Dialektik der Aufklärung*, Amsterdam, 1947, p.203.

O fato de o poder de realidade do bloco comunista ter-se esfacelado não tornou mais nítido o terreno no qual se travam as batalhas das palavras e símbolos. Com frequência, parece ter ocorrido o contrário. A separação do mundo em dois blocos trazia nesse sentido vantagens para a autocompreensão da esquerda, que podia testar sua capacidade de julgar na diferenciação objetiva a partir dos dois lados. Agora, por sua própria culpa e por uma imposição objetiva, ela entrou exatamente naquele campo de tensão complicado que, para Hermann Lübbe e outros pensadores conservadores, ainda possui os contornos claros do conflito entre o Oriente e o Ocidente, que sem dúvida dirigiam a capacidade de discernimento:

> A proibição da linguagem política e a perseguição política na linguagem são casos extremos da briga pelas palavras, na qual se trava a batalha pela sua liquidação. Mas há também a luta política da palavra, que tem por objetivo salvar as palavras do inimigo. Aqui, trata-se sempre de se apreenderem as palavras pela sua "significação verdadeira".[5]

Essas frases mostram de forma enfática o campo de tensão no qual se trava a luta *política* pela linguagem. Ela vai da proibição e da perseguição linguística até a salvação, a disputa ponderada pela significação original das palavras. Nelas faz-se referência também aos sistemas sociais correspondentes: de um lado, a pretensão jurídica totalitária do comunismo e do nacional-socialismo (liderados cada um pelos seus ministérios "Orwell" da verdade); de outro, a democracia civil-liberal.

Mas as expropriações e as reapropriações da linguagem política ocorrem de forma bem mais sutil. Se a destruição da linguagem se limita aos casos limítrofes da censura aberta e do degredo, sancionado pelo Estado, de formas de pensamento e de expressão, de palavras e símbolos, então subtraem-se do processo exatamente aqueles *intramundos* da atenção pública, nos quais tem lugar a verdadeira discussão política pela linguagem.

---

5 Lübbe, H., Der Streit um Worte, Sprache und Politik, in *Holzfeuer im hölzernen Ofen*, op. cit., p.63.

As formas atenuadas da perda de linguagem, distorcidas e dissimuladas a ponto de não mais serem reconhecidas, tão distantes da proibição e da liquidação quanto das garras ávidas dos inimigos, são as *transformações típicas da linguagem política, típicas* para as ordens sociais industrialmente desenvolvidas, constituídas sob a forma do Estado social de direito.

Na aparência objetiva da irrelevância, que determina a posição simbólica e prática dos direitos humanos nas zonas de conflitos sociais e políticos na República Federal da Alemanha, atuam dois mecanismos complementares entre si: a *exclusão* e a *integração*. Se, para além da reparação voltada para a linguagem, quisermos recobrar o sentido cultural dos direitos humanos e o tipo de comportamento cotidiano por intermédio dos quais eles se tornam *práticos*, é imprescindível que se descrevam os caminhos opostos da divisão analítica.

Os direitos humanos, que ainda há poucas décadas eram considerados assunto exclusivo das ordens jurídicas internas do Estado e eram procurados em vão em manuais e livros didáticos de direito internacional, que se resumiam exclusivamente a regras do intercâmbio entre os países, foram desmembrados em associações internacionais e servem aqui, em sua forma abstrato-declarativa, como instrumentos de legitimação pragmaticamente manipuláveis para a determinação das relações alternantes amigo-inimigo. Já que um boicote provocado por pressão da opinião pública internacional é o único poder de sanção capaz de lhes assegurar validade, ocorre de antemão uma seleção daqueles artigos da declaração dos direitos humanos que prometem uma atenção espetacular e que consistem, via de regra, nos direitos que asseguram a integridade física: tortura, escravidão, genocídio e, por vezes, a prisão arbitrária e a negação de um pedido de asilo. A *direção* dessas sanções está marcada há décadas – são predominantemente países do Terceiro Mundo e do bloco oriental que se sentam no banco dos réus. Mas são precisamente os casos limítrofes que têm para nós uma importância especial. Nada é eliminado, mas o conteúdo semântico é atingido – os direitos subjetivos de libertação se perdem.

O tipo de direitos humanos a que fazemos alusão, que se referem aos casos limítrofes e que só são aplicáveis às relações deste país mediante uma nova legislação a ser definida com base no grau de evolução social e cultural, pode ser ilustrado com o exemplo da *tortura*. O ofício da tortura, desenvolvido quase à perfeição a partir de preceitos processuais legais extremamente diferenciados na tradição europeia, sobretudo na época da perseguição às bruxas e da Contrarreforma, pela *jurisdição da Inquisição*, que substituiu a ação pública baseada nas constatações de delitos dos assim chamados *tribunais de acusação*, tinham por finalidade forçar confissões através do emprego de atos de violência contra a integridade física. Testemunhas e indícios, que na tradição do direito romano valiam como meios comprobatórios, foram indeferidos como insuficientes, porque se tratava do homem como um todo, de sua alma, de sua maneira de pensar e, ademais, o corpo pertencia mesmo ao diabo. Como antes, a tortura continua sendo relacionada a agressões físicas, à provocação de dor e à mutilação e, em geral, resume-se a isso.

Tomadas como medida as considerações tecidas acima, o discurso da "tortura por isolamento", defendido nas prisões até os dias de hoje por terroristas da Facção do Exército Vermelho, soa como uma pilhéria perto das atrocidades que as pessoas sofreram, e até hoje sofrem, em prisões chilenas ou de outros regimes de terror. Pois os próprios envolvidos, os que falam da "tortura por isolamento", não fundamentam seu protesto nem nos maus tratos físicos nem no terror diretamente psicológico exercido para se forçar uma confissão. Ao contrário, eles usufruem até de um relativo conforto: televisão, livros e instalações agradáveis no interior das celas. Não obstante, o que se ouve falar do tratamento em presídios de segurança máxima aponta para o fato de as pessoas serem ali completamente apartadas dos objetos naturais que possibilitam a ativação de seus sentidos: elas se encontram enclausuradas com os sentidos sociais que desenvolveram, mas não têm o convívio social para satisfazer sua necessidade de ativar esses sentidos, que permanecem inativos por longo tempo, privados de suas áreas vitais de contato [*Lebendigen Berührungsflächen*]. Num grau altamente desenvolvido da socialização dos homens, tal como se observa nos países industrializados do Ocidente, esta total *privação da realidade*, a perda do objeto dos sentidos, pode ser considerada tão lesiva para a integridade do corpo quanto a tortura tradicional e, no fim, pode provocar não apenas a morte social, mas também a morte física.

Portanto, somente através da *ampliação*, da complementação com experiências sociais modificadas é que o conceito político da luta pelos direitos humanos pode ser salvo e preservado do desgaste. O mesmo vale para um outro conceito que atinge diretamente os direitos políticos de comunicação, a capacidade de argumentar e a substância crítica da esfera pública: o conceito de *censura*.

Não há uma única constituição moderna que permita ou mesmo prescreva expressamente a censura; podemos inclusive ler a história da constitucionalização do poder civil exatamente através da *privação pública* da censura. Esse embaraço mostra-se ainda na formulação lapidar do Artigo 5, inciso 1º da Constituição: "Não existe uma censura", o qual, do ponto de vista linguístico, evoca mais o abandono de uma prática do que um princípio constitucional. A formulação remonta à Assembleia Nacional de Frankfurt de 1848. Naquela ocasião, num momento relativamente tardio em relação à abolição da censura de imprensa ocorrida na Inglaterra em 1695, foram garantidos em princípio os *direitos positivos de participação* dos cidadãos numa esfera política e liberal: o direito à liberdade de expressão, de imprensa, de informação e de exercício de atividade artística. *É permitido tudo o que não esteja expressamente proibido*: este é o princípio jurídico básico da história da fundação do Estado de direito e da sociedade civil.

A Corte Constitucional Federal, sem se referir expressamente a esse pano de fundo de experiências acumuladas, confirma o quanto o conteúdo da formulação da Constituição sobre a censura está impregnado da experiência com o fascismo, na medida em que procura defini-lo com precisão: por censura entenda-se, na verdade, a censura *prévia*. De fato, a censura prévia só pode existir quando existem autoridades estatais que atuam como censores, a cuja apreciação devem ser submetidos artigos de jornais, livros e peças de teatro, como ocorreu por exemplo a partir de 1819, em consequência do clima de perseguição decorrente das Resoluções de Karlsbad, com os impressos que tinham uma extensão menor do que vinte folhas impressas (cerca de 320 páginas), e como na época do nacional-socialismo, quando Goebbels estabeleceu diretrizes de censura nas conferências de imprensa do Reich. Mas mesmo nesse caso quase não se pode falar de uma censura prévia em sentido estrito, pois a autocensura dos chefes de redação nazistas funcionava, via de regra, sem qualquer conflito.

O problema da censura em ordens sociais orientadas por um certo padrão de relações civis e democráticas não pode ser compreendido e exaustivamente tratado juridicamente, isto é, na sua relação com o direito e com a violação de direitos. Uma das razões para a abolição da censura estatal e mesmo religiosa (que, conforme mostra o *Index* do pontificado romano, como uma versão da *censura posterior*, tem apenas uma pequena influência mesmo em tempos de mania de perseguição religiosa) pode estar na experiência de que também aqui, conforme viram Hegel e Marx, a *ironia da história* converte tudo em seu oposto: quanto mais os livros são proibidos, violenta e intransigentemente, tanto menor é o perigo de que caiam no esquecimento. O esforço em não permitir que as ideias nele contidas consigam gerar frutos é claramente entendido pela população, para a qual são corriqueiras as experiências de repressão, como indicativo do *conteúdo de verdade* da mensagem proibida. Desde a invenção da impressão tipográfica não se tem conseguido impedir a "liberdade de pena [*Feder*]", que Kant chamou de um direito natural, a única e por isso mesmo irrenunciável "garantia dos direitos do povo", através de atos brutais de violência, através dos meios da censura e de sentenças de morte contra escritores. Em *regimes de repressão*, o livro desencadeia uma força muito especial de sobrevivência e de resistência, muitas vezes mais poderosa do que as pessoas; *em tais épocas, os livros correm bem menos perigo do que os autores*.

Atualmente ocorre exatamente o oposto. Encontram-se em atividade novas formas de censura, extremamente sutis e insidiosas, que poupam o *autor*, mas atingem em cheio os *livros* e outros meios da autoexpressão pública, porque com a clareza do controle diminuem ao mesmo tempo os motivos e os locais de protesto da resistência. Os tipos tradicionais de censura e repressão do discurso e da escrita livres não são, portanto, os que põem em perigo a importância do livro para a formação de uma consciência crítica do indivíduo e para o desenvolvimento da cultura política do cotidiano. Também não o é a concorrência dos meios eletrônicos de comunicação, indubitavelmente mais forte, mas estilizada em "força do destino" pelo lado interessado, que rouba o sentido e a influência do livro. Entre nós, o que questiona a importância do livro para a cultura é o que se poderia chamar de *censura estrutural*. Ela não é o ato de uma instituição isolada, do Estado ou da Igreja, e também não pode mais ser chamada de o censor individual, com nome, endereço e rosto. A censura estrutural é um componente tão intrínseco de uma determinada ordem de poder social que mesmo as pessoas atingidas não conseguem ver com clareza *que* são vítimas da censura. As finas teias dos *controles da realidade* pouco ou quase nada têm a ver com as garras rudes do poder. A função de poder da censura, que outrora foi *publicamente* demonstrada para pessoas e instituições, não é apenas dissimulada como algo vergonhoso ou fraudulento; ela está intimamente acoplada às chamadas leis de proteção que, como se costuma dizer, é preciso conhecer e saber reconhecer, mas que não se podem modificar.

São, sobretudo, *quatro grandes proibições* que caracterizam esse contexto *estrutural* da censura atual: censura como *meio complementar de legitimação*; censura como *proibição de realismo*; censura como *exclusão*; censura como *proibição de linguagem e de símbolos*.[6] Da combinação desses mecanismos de censura, cuja função de poder não se revela com clareza em cada um isoladamente, surge uma compacta *definição de realidade*, que tem por objetivo paralisar estratégias sociais de mudanças, sem que se possam juntar a tais estados, numa relação inequívoca de causa e efeito, classes, grupos e pessoas.

Onde não se consegue a eliminação social da linguagem e dos símbolos, ela é *profilaticamente empobrecida* pela sua neutralização, isolando opiniões que provocam o debate. A cada opinião junta-se uma opinião contrária, até que o ouvinte ou telespectador, perdido no meio de tantas ponderações, deixa tudo como estava

---

6 Para maiores detalhes a esse respeito, cf. Negt, O., Zensur trägt Züge einer Hydra, 3. *Internationales Russell-Tribunal*. Berlin, 1979. v.3.

antes, como o asno de Buridan, que morre de fome entre os dois montes de feno. Quando a linguagem e os símbolos da resistência e da perseverança não mais têm uma esfera pública de manifestação, quando palavras e expressões como classe, exploração, proibição do exercício de uma profissão, violência, mas também sinais da identificação coletiva como as faixas e as palavras de ordem que aparecem nas manifestações, são colocados sob tutela e o mundo circundante passa a ser marcado apenas pelas imagens da estética da mercadoria, nesse momento atingiu-se o estado no qual uma sociedade perdeu o que restava de sua cultura política. *Não está longe o momento de se colocar sob censura o próprio conceito de censura.*

A censura tem os traços de uma hidra. Ela é um instrumento de domínio, que serve para limitar o espectro de símbolos do pensamento e do comportamento possíveis do homem, fragmentar sua própria capacidade de experiência e conseguir, com isso, o controle prático e social sobre suas convicções. Via de regra são atingidas por ela todas as formas da esfera pública de base, na qual começam a aparecer formas coletivas de organização como alternativas para o sistema existente: formas de esfera pública, portanto, capazes de exprimir diretamente interesses vitais e necessidades. Por essa razão, os reais objetos da censura são as *tendências*, não os *fatos*; as *convicções*, não as *ações*. A despolitização (ou privatização) e a repressão de conflitos sociais, que exercem censura, estão atreladas à garantia de lealdade dos cidadãos para com o sistema e a um consenso de toda a sociedade, o qual, atravessando crises crescentes, torna-se cada vez mais, e para todos, sensivelmente *irreal*, e por isso precisa ser produzido de forma repressiva.

Mas a censura mais perigosa e – quando consegue seus objetivos – mais eficaz tem por base as reações de fobia que terminam em autocensura, no receio das consequências das próprias palavras, algo particularmente ameaçador porque com a "interiorização" da própria instância de censura perde-se, fica-se privado da *vantagem* duvidosa de se poder reagir ao objeto material, externamente opressivo, de possíveis discussões.

As formas modernas da censura não são tão fáceis de se combater quanto as antigas. Mas isso não dispensa a resistência a ela.

A luta contra os censores é tão multifacetada quanto a própria censura, e opor resistência a uma definição de realidade que é resultado da observância estrita daquelas quatro proibições de censura indicadas acima não é apenas uma questão moral da solidez de caráter ou da habilidade prática, mas também uma questão do conhecimento, da teoria, da imaginação política, da análise da conjuntura.

Desde tempos imemoriais o homem acalenta o sonho de que um dia a estirpe dos censores acabe para sempre. Alguns levaram isso literalmente a sério. Na época anterior à revolução de março de 1848 formara-se em Baden uma associação "de espírito alemão" formada por jovens mulheres, seu estatuto obrigava os associados a não se casarem – e nem mesmo dançarem – com um censor. Mas as relações se tornaram complicadas demais, a ponto de se acreditar que se poderia desarmar biologicamente a estirpe dos censores ou fazê-la desaparecer através de atos de desprezo social.

A fim de evitar a crescente atonia, ou seja, para que se possa combater a tendência a expropriar radicalmente as pessoas dos meios de produção que lhe são peculiares enquanto seres sociais, a saber, a *capacidade de experimentar e de se orientar*, veiculadas pela linguagem e pelos símbolos, é preciso reivindicar as grandes tradições da insubordinação, é preciso *retomar as tradições críticas da burguesia e do movimento de trabalhadores e insistir sobre seus conteúdos de sentido originais*. Num contexto completamente diferente, Heinrich Albertz, político e pastor protestante, enfatizou esse ponto com veemência num discurso, dizendo que ele sempre havia cedido à tendência de ler e compreender o Novo Testamento com fidelidade à palavra. Se considerarmos o quanto se tem abusado dos valores cristãos (para condenações à fogueira, genocídios coloniais e declarações de hostilidade racistas), podemos reconhecer também nessa insistência um traço de força política que não pode ser separado da continuidade da linguagem e dos símbolos. Precisamos nos reacostumar a entender palavras tais como dignidade, inviolabilidade da pessoa e humanidade naqueles sentidos elementares que lhes atribui a grande filosofia. Kant definira *dignidade* como algo sem preço, como algo próprio de uma pessoa e que é pura e simplesmente impossível de se trocar, de se repetir. Para o filósofo, a pior violação da dignidade era reduzir de forma degradante as pessoas a meios para atingir finalidades de outros ou finalidades diferentes das suas próprias.

A desmitificação da linguagem é um processo que não tem fim – a menos que se considere o *mito* de fatos simples, que não apresentam qualquer tensão entre conceito e realidade, como o objetivo final do autoesclarecimento. Mas isso seria o pesadelo de uma humanidade sem *capacidade de recordação e sem memória*.

3 Metamorfoses no conceito de revolução

Quanto mais perceptível a distância dos acontecimentos do outono de 1989, e quanto mais a *fase heroica*, que precedeu a inesperada queda de um sistema de poder, ameaça se desvanecer e parece isolada e completamente entregue à memória literária, tanto mais intensamente se coloca a questão de saber se se tratou mesmo de uma revolução de que foram testemunhas nossos olhos e ouvidos. Haverá muitas interpretações, e elas não podem ser reduzidas a um denominador comum. Os modelos de revolução social formados ao redor dos acontecimentos revolucionários dos séculos XVIII e XIX já não mais se adaptam à primeira metade do século XX, nem para a Revolução de Outubro nem para a longa marcha dos revolucionários sociais chineses. A Queda da Bastilha e o ataque ao Palácio de Inverno pelo encouraçado *Aurora* já eram, em sua época, conquistas de centros simbólicos de poder, e não rupturas revolucionárias com as relações reais de poder. Marx e Engels, para não falarmos de outros teóricos da revolução, tiveram eles mesmos dificuldades em associar a futura "revolução proletária", que consideravam inevitável, a noções concretas que não estivessem marcadas pelos exemplos de levantes civis e eclosões revolucionárias que eles conheciam.

Mais tarde, em um de seus últimos trabalhos – o prefácio escrito em 1895 para o *Klassenkämpfe in Frankreich* (*Lutas de classe na França*) de Marx – Engels apontou três motivos que, a seu ver, explicavam por que os conceitos de revolução derivados de antigas lutas de classes burguesas estavam ultrapassados. *Em primeiro lugar*, o sistema de poder tinha começado não apenas a reprimir motivos e objetivos revolucionários, mas também a assimilá-los e a integrá-los através de realizações parciais. O "período das revoluções de baixo para cima está acabado; segue-se o período das revoluções de cima para baixo", explicou Engels. *Em segundo lugar*, as forças de autorrenovação e de poder de expansão do capitalismo teriam sido subestimadas; o capitalismo seria mais estável do que tinham suposto as gerações dos revolucionários de 1848. *Em terceiro lugar*, o poder ampliado de ambas as partes – do movimento do proletariado em suas formas social-democratas e sindicais, de um lado, e da máquina estatal da burguesia e das extraordinárias forças de produção do capital, de outro – teria aumentado os riscos de um confronto violento para a sociedade como um todo em níveis que escapavam a qualquer previsão. O levante armado e a luta de barricadas não passariam de meras recordações românticas.

Na busca por uma legitimação política da revolução que fosse além dos interesses do proletariado, Engels incorre na ideia curiosa, mas totalmente preconizadora do século XX, de que a luta pelo restabelecimento da *legalidade* lesada pelo próprio sistema é a condição mais favorável para o pontapé inicial da transformação revolucionária. Em Engels mesmo, portanto, já dissolve-se o conceito-chave de revolução. Os *processos revolucionários* são tão diferenciados quanto os processos da *contrarrevolução*, e a forma pela qual a linguagem política tenta expressar os entrelaçamentos internos, as interferências e as distorções dos fatos subjacentes depende em grande extensão de contextos da experiência histórica. Sempre que empregamos os conceitos revolução e contrarrevolução para a circunstância histórica "alemã", percebemos em seus conteúdos semânticos específicos o fardo herdado de que em solo alemão não houve a experiência de uma revolução realmente bem-sucedida, que se tivesse espelhado *positivamente* na linguagem e na cultura, com símbolos livres do medo em tradições populares.

Desde o grande levante dos camponeses de 1525 houve revoluções *interrompidas* e contrarrevoluções bem-sucedidas, do ponto de vista militar e técnico-administrativo, cujo horror impregnou profundamente a sociedade alemã até os ossos. Visto que a burguesia alemã não conseguiu se libertar por meio de uma ação autoconsciente do poderio feudal e do Estado absolutista, a fim de se constituir como classe *política* autônoma, ela nunca considerou os direitos liberais de liberdade como algo evidente, mas sempre como direitos tutelados pelo Estado. De fato, a burguesia alemã não se emancipou *contra* o Estado, mas *junto com* o Estado. A partir do movimento da Assembleia Nacional reunida na Igreja de São Paulo, que viu suas reivindicações democráticas radicais serem lesadas com a classe trabalhadora surgindo no horizonte como o novo poder, ocorreu a reconciliação [*Versöhnung*] simpática ao Estado entre *bourgeois* e *citoyen*. A expressão e o resultado dessa reconciliação foi o *Staats-Bürger* (cidadão do Estado), uma imprecisão linguística e real, como se quisesse resumir *numa só* palavra "citoyen" e "bourgeois", quando tais conceitos apenas se sustentavam enquanto o seu oposto continuasse vivo nesses contextos históricos. Assim, não se podia formar aqui nenhuma *desconfiança no Estado*, porque a classe dominada, a democracia social e grande parte do movimento de trabalhadores estavam impregnados pela devoção ao Estado da classe dominante. Em vez disso, ficou uma desconfiança fundamental dentro dessa fidelidade da população, que defende seus direitos *contra* o Estado e se organiza abaixo da esfera do Estado, uma característica evidente do processo histórico alemão.

E também depois de 1945, as diferenças claras no desenvolvimento dos dois fragmentos da sociedade alemã aparecem apenas nas formas e nos efeitos concretos, não no princípio de depreciação do "povo".

O "povo", que em outros países ocidentais elevou-se cada vez mais à categoria de soberano dos direitos autoconscientes, manteve na Alemanha a conotação de plebe, de uma massa caótica, facilmente seduzível, cujas energias ficavam melhor reunidas em grilhões de ferro.[7] A ampla defesa dos direitos indivi-

---

7   Os conceitos povo, plebe e proletariado não passaram por um processo de formação conceitual politicamente unívoco e inconfundível. "A palavra

duais, no momento em que ocorre em formas coletivas de auto-organização, via de regra provoca o medo projetado do caos e se associa à ideia de uma revolta. Na Alemanha, portanto, associa-se revolução muito mais a conspirações e insurreições encenadas por líderes do que a processos objetivos característicos de todas as revoluções que se conhecem na história e contra os quais são impotentes os órgãos policiais bem equipados, os serviços secretos e as leis de repressão. A suposição é que uma revolução seja "feita", do mesmo modo como se constrói uma ponte, como se funda uma associação ou como se organiza um golpe de Estado. Portanto, nossa linguagem pública está impregnada de problemas historicamente não resolvidos, pois quanto menos firme uma ordem social, mais enfaticamente as palavras se revestem de tabus; com frequência, até mesmo a prática linguística mágica substitui a *política*.

Onde não há política também não existe uma linguagem política desenvolvida com base no intercâmbio entre o uso criativo e a inflexibilidade das gramáticas. Nesse caso, ela não possui um campo autônomo de autocompreensão, mas representa, isto sim, finalidades estranhas: ela é composta de meras *fórmulas de convicção* ornadas por um debrum de política e *linguagens técnicas*, de que toma emprestada sua legitimação. Isso se torna particularmente evidente no desaparecimento dos *elementos retóricos* dessa linguagem. Os grandes desempenhos retóricos em nossos parlamentos são exceções espetaculares; ou se fala sem qualquer preparo prévio ou com uma loquacidade dissoluta. A retórica política, o tratamento competente e muito instruído,

---

plebe (*Pöbel*) – já no médio alto-alemão tomada como empréstimo ao francês 'poble' (lat. *populus*) – significa a turba, a camada mais inferior, e tem um sentido paralelo, pejorativo. A plebe – este era o povo abaixo de qualquer crédito e situado 'fora das honras do trabalho' (W. H. Riehl). Era a numerosa camada abaixo dos agricultores independentes e dos mestres-artesãos das corporações medievais; era como que uma subclasse, constantemente reprimida: 'ordo plebejus'." Conze, W., Vom "Pöbel" zum "Proletariat" – Sozialgeschichtliche Vorraussetzungen für den Sozialismus in Deutschland, in *Moderne Sozialgeschichte*, Wehler, H. U. (Ed.) Köln, Berlin, 1966. p.113.

portanto, do conteúdo dos temas,[8] dos exemplos históricos de sucesso (ironia, alusões, mudanças prazerosas de argumentação, que surpreendem e desarmam o oponente, como era a linguagem de Cícero, um apaixonado republicano de pensamento aristocrático, nos tempos de crise de César), pressupõe que a linguagem seja reconhecida como importante veículo da imaginação política e do trabalho da comunidade.

Hoje, uma década após acontecimentos que empurraram os *antigos* estados-membros da Federação para a margem de um Estado autoritário policial, é necessária uma lembrança pública do quanto o presente está profundamente ligado à história. O fato de os alemães não possuírem uma marselhesa, mas de se darem por satisfeitos com um hino da Alemanha (composto num jargão que enaltece desmedidamente os alemães e salvo das catástrofes apenas pela música de Haydn) e nele se lembrarem dos momentos mais felizes de sua história, mostrou-se na expressão pouco satisfatória, privada de todo o brilho poético, da Revolução de Leipzig. Tratou-se de uma revolução em sentido literal, mas de uma revolução *alemã*, com todos os elementos refratários que surgem não apenas nas situações excepcionais da revolta. Quem não entende a lógica da intervenção contrarrevolucionária na Alemanha (e essa linguagem é conscientemente escolhida, pois a *coisa* ainda está por vir) não entende nada da história desse país.

> A compreensão disso requer a apresentação de exemplos extraídos de situações concretas.
> É o caso, por exemplo, de Thomas Schmitz-Bender, que em 7 de junho de 1968 foi trazido em audiência ao Tribunal de Primeira Instância de Munique. A causa tinha sido a seguinte: após o término de uma manifestação autorizada pela polícia contra a junta grega, Schmitz-Bender – para quem o manifesto parecia não ter sido suficiente – chamou os participantes para uma manifestação não programada diante do

---

8 A esse respeito, ver *Respublica Literaria*. Topos-Forschung. Eine Dokumentation, Jehn, P. (Ed.) Frankfrut/Main, 1972.

Consulado Geral da Grécia. Junto ao prédio do Consulado, que se encontra na zona proibida da área do Parlamento, foi invocado o dispositivo "114". Trata-se do artigo de resistência da Constituição grega, que não tinha sido abolido pela junta. O elenco de acusações do Tribunal de Munique compreendia conclamações involuntárias como uma manifestação proibida (embora fosse irrefutável o fato de ela apenas não ter sido *expressamente* autorizada), violação da área de circulação restrita do Parlamento, perturbação da ordem pública e danos materiais. A sentença em primeira instância foi a seguinte: oito meses de prisão sem direito a *sursis*; a revisão resultou numa pena de mesma duração, com direito a *sursis*.

No auge das ações terroristas da Facção do Exército Vermelho, quando a lógica da violência de ambos os lados, dos autores dos atentados, que se julgavam revolucionários, e da máquina estatal, reduzia de modo cada vez mais ameaçador as formas de comunicação política, o chefe da BKA (Bundes Kriminalamt – Polícia Federal), Herold, teve uma ideia absolutamente à altura da paranoia coletiva de seus opositores: o "controle informatizado da polícia", que já era praticado mas nunca havia levado a resultados muito promissores, teria de ser aperfeiçoado primeiramente pela alimentação da memória do computador com os dados relativos a toda a população. Só assim, achava Herold, seria possível um combate eficaz e completo do terrorismo.

Testes para aferição da maneira de pensar, proibição de símbolos, fiscalização pública das produções literárias estavam na ordem do dia e determinavam um clima de perseguição, dentro do qual não estavam a salvo nem mesmo autores famosos como Heinrich Böll, Peter Brückner e Jürgen Habermas. E como dentro desse meio nebuloso de obsessão pela ordem a desobediência civil, o porte de cartazes antinucleares, as colagens de Klaus Staecks e os poemas de Erich Frieds situavam-se indistintamente na linha de continuidade do terror e da subversão, foram implantadas zonas-tabu e barreiras de contato contra uma multiplicidade de temas deslocados da consciência pública, a fim de privá-los da esfera pública crítica, que atuava politicamente.

Em Hanover, um professor assistente que, ao se referir em uma de suas aulas expositivas que prometera rastrear "milhares de atos terroristas escolares praticados contra alunos, pais e professores", numa alusão evidente às palavras de Heinrich Zille, de que se pode matar uma pessoa tanto com uma casa quanto com um machado, foi ameaçado com um processo disciplinar.

> Após a leitura de uma tese de doutorado com o capcioso título de List der Gewalt (A astúcia da violência), uma pesquisa fundamental do ponto de vista filosófico e sociológico, da dialética interna de movimentos revolucionários, um professor alemão levantou a objeção de que o trabalho não passava de propaganda política da violência. Ele não podia provar o que dizia numa frase sequer, mas se podia deduzir, com base em suas críticas, que ele ficaria tranquilo se a tese fosse precedida de um esclarecimento pessoal do autor, mais ou menos com o seguinte teor: "Neste trabalho distancio-me expressamente da Revolução Francesa e da Guerra de Independência da Argélia. Dedico-me ao tema da violência com a intenção exclusiva de mostrar as revoluções e os movimentos de insurreição como descaminhos da evolução humana, já que são inevitavelmente associados à violência".
>
> Depois que os movimentos pelos direitos civis em todos os países *não* permitiram que se concretizasse o pesadelo de uma proibição da linguagem e dos símbolos, esses exemplos de uma paranoia antirrevolucionária coletiva soam hoje como difamações construídas, fora de tempo, de uma ordem social que não mais quer saber de nada disso. Não é possível imaginar que isso fosse possível num outro país com a tradição de uma esfera pública democrática e autoconsciente. Mas a *fraqueza intrínseca da esfera pública civil* em solo alemão não é um produto do acaso; ela está intimamente ligada à *construção* específica das relações entre *Estado, revolução e sociedade civil*.

O que ocorreu nas últimas décadas em todo o bloco oriental em termos de revoluções não pode mais ser compreendido com os modelos de tomadas de poder revolucionárias que conhecemos da história, isto é, o ataque decidido a um centro de poder como a tomada da Bastilha ou do Palácio de Inverno. Nos modernos sistemas de poder, os levantes armados não atingiriam seus pontos mais vulneráveis, mas seus baluartes mais fortes. O que se conhecia como processo revolucionário desfaz-se numa multiplicidade de estruturas e formações nucleares obstinadas, que não se agrupam a partir de um conteúdo próprio e ganham contornos para além do motivo da resistência. O meio dentro do qual se trabalha por um objetivo não é o tempo *direcionado, contínuo*; podemos falar de uma *espacialização* do tempo. As grandes praças e ruas cheias de símbolos do Estado, com manifestações dirigidas por comandos centrais e tomadas para fins de aclamação de grupos de liderança vão sendo paulatinamente reconquistadas pela população e separadas do sistema de poder, à medida que se torna mais intrépida a presença do povo em manifestações, a retomada espontânea dos espaços sociais por aqueles a quem eles pertencem.

O *espaço social* repartido pelo sistema de poder, no qual estão previstos onde e como as pessoas podem se movimentar e também quando são proibidas ali qualquer atividade, perde com isso sua estranheza e reúne ações motivadas, que tinham sido dispersas pela organização nuclear, ainda existente, do sistema de comando do Estado. As correntes humanas, as milhares de velas queimando, as fileiras de manifestantes, acontecendo ao mesmo tempo e em ruas e praças parecidas, são, por isso, mais do que ações simbólicas. Elas são formas da efetiva tomada de posse, da reestruturação das percepções e do tato sensorial de um espaço social, de que as experiências cotidianas das pessoas haviam sido privadas. Cada vez menos se poderá explicar o que são as revoluções levando-se em conta ideias e ideais que se tomam por base para elas. A revolução não é um meio para atingir um determinado objetivo, mas um processo no qual as pessoas tentam concretizar suas utopias cotidianas e, assim, adquirem novas experiências no contato umas com outras e com as coisas.

Desse modo, se o conceito de revolução passou por uma tal mudança de significado, não seria melhor deixá-lo de lado para a caracterização de certos processos sociais? Sem sombra de dúvida, as transformações ocorridas nos países do bloco oriental, segundo tradições nacionais e de acordo com a substância das diferentes bases civis, possuem um número surpreendentemente grande de características *comuns* às formas de protesto surgidas no Ocidente a partir de meados dos anos 60, das iniciativas privadas, das ações de resistência contra a construção de usinas nucleares e o estacionamento de armamentos perigosos. Por revolução pode-se entender, portanto, uma soma de iniciativas civis, uma composição que reúne a desobediência civil, mais do que uma ação de classes em sentido antigo. Essa é, ao que tudo indica, a *noção de revolução adequada às sociedades modernas*.

Quando o conceito de revolução surgiu no horizonte do mundo burguês, revolução significava uma alteração profunda das relações sociais de poder, para a qual a participação da população era essencial. Uma simples troca de poder, por exemplo através de um golpe militar ou de uma mudança legal de governo, por mais profunda que pudesse ser, jamais esteve associada à ideia de revolução. No que concerne à participação das massas, milhões de cidadãos da RDA foram incluídos no movimento que culminou com a queda do sistema de poder. Também aqui é possível reconhecer elementos daquelas transformações que a história moderna conhece desde que o conceito e a coisa da revolução foram trazidos do céu para a terra, isto é, desde que o *movimento de rotação dos corpos celestes se transformou em mudanças das relações sociais de poder e de posse*. (De revolutionibus orbium coelestium: este é o título da obra escrita por Copérnico em 1534, que coloca o Sol no centro da teoria planetária). Enquanto os leninistas, que administravam a revolução numa redoma estatal de relações de servidão, estavam ocupados em erigir muros – paralelos aos que já existiam – entre si mesmos e a realidade social, a fim de se armarem de consciência tranquila contra uma contrarrevolução, acontecia exatamente aquilo que para Lenin eram traços característicos de uma revolução. Lenin dizia que

> para uma revolução não basta que as massas exploradas e subjugadas se conscientizem da impossibilidade de continuarem a viver do modo antigo e exijam mudanças; para uma revolução é necessário que o explorador não possa mais continuar vivendo e governando do modo antigo. Somente quando as "camadas inferiores" não *quiserem* mais a antiga ordem e as "camadas superiores" não *puderem mais viver do modo antigo*, só então a revolução pode ser bem-sucedida. Essa verdade pode ser assim expressa em outras palavras: a revolução é impossível sem uma crise geral (que atinja exploradores e explorados).[9]

---

9 Lenin, W. I., *Der "linke Radikalismus", die Kinderkrankheit im Kommunismus*, in *Ausgewählte Werke in zwei Bänden*, Berlin, 1954. p.729. v.II.

A mais jovem das revoluções saiu vitoriosa, ao que parece, e de uma maneira impressionante. Até hoje, jamais houve coisa igual em solo alemão. Sem derramamento de sangue e sem o uso de violência, um povo força a dissolução do aparato de segurança policial e estatal, aparentemente poderoso, que pouco tempo antes ainda tinha lugar e voz em todas as células da sociedade; uma *revolução pacífica,* de estrutura nova, na qual fileiras de pessoas e velas queimando, manifestações de massa repetidas com regularidade e uma opinião pública que se articulava politicamente tornaram inúteis os atos de violência e, podemos dizer, paralisaram o monopólio de poder do Estado com a força da própria dinâmica social e sem uma expressiva "ingerência do inimigo".

Se se trata aqui de uma efetiva revolução democrática, que força a saída de um sistema de poder odiado, por que será que agora vozes cada vez mais altas levantam a acusação de que novamente, como acontece tão frequentemente na história alemã, um *reinício bem-sucedido* do desenvolvimento social estaria sendo interrompido e deturpado? O próprio Lenin é muito cuidadoso ao dar nomes a ideias ou mesmo a teorias que impulsionam uma revolução e possibilitam o seu sucesso. Ele prefere se referir a uma atmosfera de insatisfação da maioria do povo, que não *quer* mais continuar vivendo do modo antigo; que, mesmo sem ter qualquer noção do que o futuro poderá trazer, nega-se a seguir a ordem de domínio estabelecida. Pode ser que os motivos que geram a insatisfação do trabalhador assalariado da fábrica de uma grande cidade sejam completamente diferentes dos motivos do camponês ou mesmo dos intelectuais, que se veem de mãos atadas em seu trabalho. Mas todas as *imagens de mudança através da negação do existente* permanecem *encapsuladas* na forma de mônadas – que para Leibniz, como se sabe, não possuem janelas – durante o tempo em que dura o efeito da aparência objetiva da capacidade de governar das camadas superiores. Somente no momento em que as massas conseguem sentir e reconhecer que os governantes não são mais capazes de realizar nada com seus aparelhos de repressão, com a polícia, os tribunais e a máquina militar, nesse momento é que os motivos isolados, as utopias individuais de uma *outra* vida, de uma vida *melhor,* os interesses e necessidades das pessoas se unem para formar um protesto eficaz.

Isso pode ser qualquer outra coisa, menos um processo místico. Trata-se de uma reestruturação do espaço e do tempo sociais que, em última análise, leva a que interesses, necessidades, ideias e formas de pensar se unam para formar uma mesma tendência de ação. Essa estruturação da percepção por meio da concentração de espaço e tempo foi descrita de forma incisiva por Maurice Merleau-Ponty.[10] A imagem concreta que ele tem diante dos olhos é a Revolução de Outubro. Mas a leitura que ele faz dessa imagem tem um peso cada vez maior para revoluções em sociedades industrializadas. No estado agregado da sociedade fracionada pela divisão de trabalho, no interior da qual não existe qualquer comunicação viva entre os campos de atividade e os diferentes mundos da vida, os sentimentos, interesses e ideias de um trabalhador da indústria, de um diarista, de um camponês e de um intelectual encontram-se quando muito num mal-estar comum diante da situação atual. Somente quando o espaço social começa a se polarizar, porque pessoas de tendências e profissões diferentes constituem um obstáculo comum para seus planos e esperanças, é que se cristalizam motivos de cooperação capazes de se propagar. Merleau-Ponty escreve:

> Não é absolutamente necessário que em algum momento surja a ideia de uma revolução. Por exemplo, *é de duvidar seriamente* se os camponeses russos de 1917 efetuaram expressamente a revolução e a mudança das relações de propriedade. A revolução cresce paulatinamente com o encadeamento diário de objetivos mais ou menos próximos. Não é necessário que cada proletário se veja como proletário, no sentido que um teórico do marxismo atribui à palavra. Basta que diaristas ou arrendatários sintam-se a caminho de um mesmo lugar de reunião, para o qual também marcham os trabalhadores urbanos. Ambos os caminhos conduzem à revolução, diante da qual eles talvez tivessem recuado de medo, se ela lhes tivesse sido descrita ou apresentada. Podemos dizer no máximo que no objetivo de todos os seus passos e projetos está a revolução na forma de um "isto tem de mudar", que cada um expe-

---

10 Merleau-Ponty, M., *Phänomenologie der Wahrnehmung*, in *Phänomenologisch-psychologische Forschungen*, Berlin, 1966. v.7.

rimenta concretamente em suas próprias dificuldades e sob o fundo de seus próprios preconceitos.[11]

Sob tais condições, estão fadadas ao insucesso as ações do governo e da polícia que têm por objetivo se apoderar dos produtores de ideias e dos chefes de grupos. Pois uma situação revolucionária é *expressão de movimentos sociais* nos quais a experiência segura do espaço social e o horizonte da confirmação dos próprios interesses pelos interesses dos outros amplia-se a cada passo que as pessoas dão ao deixarem corajosamente a esfera de sua privacidade. Evidentemente, não é que a situação revolucionária crie alguma coisa completamente nova; em geral, por intermédio dela torna-se manifesto para a esfera pública, ou vem se acrescentar ao conceito, algo que já existia há muito tempo e vinha sendo trabalhado na imaginação. Fatores inconscientes e aspectos já conhecidos, por vezes até mesmo noções arcaicas de satisfação infantil, o desejo por uma convivência social afetuosa, bem como as utopias do caminhar em linha reta e do respeito aos direitos humanos mesclam-se em relações de tempo e de espaço assim condensadas e têm em comum apenas *um* ponto: a negação decidida e obstinada do sistema de poder. Quem procurasse princípios teóricos uniformes, que servissem de plano a tais rupturas, ficaria decepcionado. Não apenas os motivos da ação, as fantasias dos desejos e as utopias formam um suprimento rico e muito individualista de possibilidades, também as ferramentas e os meios de expressão, que se servem de um movimento revolucionário, não são resultados de um julgamento ponderado, mas são criados no próprio processo. Seria um erro querer mistificar tais movimentos bem-sucedidos, transformando-os numa espécie de destino desligado da vontade e da consciência das pessoas envolvidas. Mas também sob um outro aspecto a situação revolucionária tem uma própria lógica prática, que relaciona necessariamente elementos subjetivos e objetivos. Somente a diminuição da pressão sobre a vida permite, como afirma Merleau-Ponty, *uma reestruturação do espaço social*. Somente quando as percepções não

---

11 Merleau-Ponty, M., op. cit., p.505.

se restringem às necessidades imediatas, quando cessa a miséria elementar e os interesses e desejos se tornam os mais variados, surge o campo de ação, surge o espaço para um *novo projeto de vida*. Contudo, também aqui é válido o fato de que o processo revolucionário realmente reestrutura necessidades, interesses e as fantasias dos desejos dos homens, mas não cria outros.

Assim como a revolução produz um novo espaço social de experiência, ela também rompe as velhas relações de tempo, o habitual contínuo de tempo, que subjaz ao conceito burguês de progresso do mesmo modo como ao conceito socialista de progresso da social-democracia ou do bolchevismo. A apropriação do espaço público, sua ocupação prática, é inimaginável sem um momento de *parada do tempo, sem que se parem os relógios*. A esse ponto Walter Benjamin dedicou muita reflexão. Para ele, a revolução é o rompimento brusco de um contínuo de tempo que apresenta um acúmulo de capital e de desenvolvimento tecnológico. Sem interromper o tempo e sua rápida aceleração, não é possível a experiência viva do presente. *A marca de tal experiência não é a falta de ar, mas a retenção do fôlego*. Na revolução de julho na França, conforme afirma Benjamin na 15ª tese histórico-filosófica, acontecera um incidente "no qual essa consciência se manifestou. Terminado o primeiro dia de luta, verificou-se que em vários bairros de Paris, diferentemente uns dos outros e na mesma hora, foram disparados tiros contra os relógios localizados nas torres". O "tempo do agora", carregado em igual medida de questões não resolvidas do passado e de esperanças futuras, é determinante para o presente, que Walter Benjamin não vê apenas *como transição*, mas como algo que *está dentro do tempo* e que foi parado por alguns instantes, que podem parecer muito longos para os envolvidos. Quando se perdem as chances de uma tal parada, ou então quando elas são conscientemente impedidas, desfia-se o conteúdo de verdade de um levante e as pessoas, que haviam acabado de acordar para a autoconsciência e a coragem, veem-se do dia para a noite expostas a uma *nova* estrutura de poder.

O tempo de vida das pessoas, restaurado no processo revolucionário, é um tempo da expansão e da recordação. A mensagem diz sempre que não se pode continuar como antes. Surgem imagens, sonhos diurnos reprimidos, conceitos e exigências pessoais esquecidos e ativam a memória coletiva, na qual vivem predominantemente as *ruínas* da história, não os sonhos. Em tais instantes, fica claro também o quanto a perda de memória é importante para a estabilidade de um sistema de poder. *Tudo o que vive se nutre de recordação, de pesar sobre o que se perdeu, e só o trabalho sobre o que foi esquecido e perdido abre uma livre perspectiva para o futuro.* É nesse sentido que Benjamin define o progresso. O progresso não é outra coisa senão a produção de espaço e de tempo públicos, para trazer de volta à memória os problemas reprimidos do passado e à tona a realidade oculta.

Marx diz que as revoluções são as locomotivas da história universal. Mas talvez tudo seja completamente diferente. Talvez as revoluções sejam as mãos da espécie humana, que viaja neste trem [do progresso], tentando acionar os freios de emergência.[12]

O progresso, assim entendido, acaba com o pesadelo das relações sociais distorcidas e amplia o espectro de tempo e espaço no qual as pessoas começam a gerir seus assuntos espontaneamente e sob sua própria responsabilidade política, tanto na esfera do cotidiano pessoal quanto na da sociedade como um todo. O progresso, que se compromete com o *autoesclarecimento* do esclarecimento, seria a essência de todas as tentativas sérias de entender como questões do presente e do futuro todas as questões do passado que foram dissimuladas, que foram deixadas sem resposta pelo caminho. Seria a atenção dirigida para o que não está concluído e nem plenamente realizado, e não para o que nunca existiu.

---

12 Benjamin, W., *Gesammelte Schriften*, Frankfurt, 1974. p.1232, v.1-3.

III. O ELEMENTO POLÍTICO COMO ESPECIALIDADE E COMO GRAU PARTICULAR DE INTENSIDADE DOS SENTIMENTOS

1 Associação, dissociação, meia-produção

Quase o mesmo ocorre com o uso da expressão esfera pública, que se fixa a certas zonas sociais, mas que numa análise crítica e na perspectiva do valor de uso da experiência para processos de emancipação se desmembra nos conceitos de esfera pública *representativa* e *proletária*. Nesse sentido, o elemento político não pode ser derivado de outros critérios, nem pode ser oposto a outros domínios como um domínio específico, nem pode ser dissolvido no par de opostos político/apolítico, pois numa tal divisão – da mesma forma como se poderia diferenciar, por exemplo, belo e feio, bom e mal, útil e inútil – o elemento apolítico também contém um ponto de vista político. *O conceito de elemento político descreve muito mais o grau de intensidade exterior de uma ligação ou de uma separação, uma repulsão ou uma atração, uma associação ou uma dissociação*: possível em todo e qualquer contexto e atualizável em qualquer característica própria passível de experiência.

Aqui, o elemento político entendido como especialidade – assim como se fala, por exemplo, de políticos profissionais, ciência política, justiça política, escândalo político – pode ser comparado a uma prática de configuração empresarial ou a uma caixa de ferramentas usadas para o beneficiamento de matéria-prima. Nessa configuração e em fases de deformação política, os obstáculos para a retomada da matéria-prima política estão organizados como possibilidades de reformulação. *A política na República Federal Alemã coloca em quase todas as posições uma barreira defensiva contra o que ainda não é política.* Uma dessas barreiras defensivas revela-se no ato de se juntar de imediato a um movimento político surgido espontaneamente a fim de ajustá-lo a velhos moldes. Toma-se posse; uma propriedade política privada é erigida junto ao espírito de resistência surgido fora do molde político.

Inovações na educação infantil que têm por base o direito dos pais, a transferência de um prisioneiro de uma prisão para outra, a ampliação do traçado de uma rua, a proximidade de uma nova tecnologia, o ato de beber leite: eis aqui matérias que por longo tempo não eram vistas como imediatamente políticas. Se os atos do Executivo ou as alterações do meio ambiente provocam lesões sérias nos interesses vitais, surge um *grau de intensidade de defesa* que transforma uma relação cotidiana numa relação política. A política recessiva transforma-se em política dominante; o resultado são as restrições. Naturalmente, continua tendo validade o princípio de que todos os domínios da sociedade contêm matéria-prima política tão logo os sentimentos assumem um grau de intensidade política. Mas é o distúrbio que provoca o grau de intensidade política. *Esse distúrbio põe em ação um mecanismo de defesa contra a imagem de distúrbio e, ao mesmo tempo, uma determinada intensidade dos sentimentos.* A fantasia exerce a crítica prática aos distúrbios insuportáveis à medida que se esquiva delas. Caso ela o faça mais rapidamente do que o tempo necessário para que se processe uma tradução da excitação política em representação política, então o mecanismo de defesa domina a percepção. Nesse caso, nega-se o distúrbio e o resultado não é algo político, mas uma recusa à percepção. Nesse ponto formam--se sempre dois graus de intensidade: o da defesa e o do elemento político. O mesmo se repete quando uma atitude política é expressa mas sofre uma perda de realidade; ela não encontra um objeto, uma forma pública para o seu contato. As energias tornam-se, então, abstratas; tornam-se apolíticas.

Para a determinação do conceito de política, Carl Schmitt examina os conceitos de Estado, guerra e inimigo, e o adjetivo "político".[1] Sua posição foi criticada, porque ele insiste sobre guerra e inimigo como os pontos centrais do momento em que as coisas se complicam e não investiga com a mesma dedicação os conceitos de paz e de amigo.[2]

Em seu livro, Schmitt trata da política de povos inteiros; mas ele também aplica seus conceitos às lutas de classe e às relações *internas* desses povos. Quanto às categorias de seriedade e da "totalidade de homens que lutam"[3] a diferenciação do conceito de inimigo é a mais concreta para povos inteiros; comparadas com ela, as alianças e as relações amistosas entre povos parecem algo muito mais impreciso. Schmitt diz que quando os povos convivem amistosamente, as zonas de contato de tal amizade permanecem muito mais no plano da imaginação. Essa amizade tem algo de intangível (já que um povo não pode, por assim dizer, "conceber" o outro) que não pode ser comparado com o grau de intensidade da luta. Algo parecido ocorre com o significado de guerra – uma coisa determinada, certamente destruidora –, ao passo que o significado de paz não precisa necessariamente ser a paz num sentido determinado, mas pode ser uma paz aparente, uma coexistência, um ignorar ou uma guerra não declarada. Faltam, portanto, às categorias de amigo e de paz o ponto de cristalização específico, as zonas de contato, a precisão, enfim, para que o conceito de política possa ser concretamente definido da mesma forma que os conceitos de inimigo e de guerra.

---

1 Schmitt, C., *Der Begriff des Politischen*, Berlin, 1963.
2 Assim, por exemplo, Brunner, O., *Land und Herrschaft*, 1.ed., 1939; a réplica a isso no prefácio a Carl Schmitt, *Der Begriff des Politischen*, loc. cit, p.14. A propósito, à página 26 da mesma obra lê-se: "A diferença especificamente política ... é a diferença entre amigo e inimigo". De fato, em muitas passagens do livro o inimigo está em primeiro plano.
3 Schmitt, C., op. cit., p.29.

A partir de agora, os exemplos que empregaremos neste livro para a *determinação da matéria-prima e da capacidade de discernimento políticos* partirão menos da relação dos povos entre si e muito mais da estrutura interna de um povo. Será que para os processos antagônicos em nossa sociedade ocorre algo semelhante ao fato de que para os povos a diferenciação exata do inimigo é a mais concreta, é o conceito *mais determinado*?

A resposta a essa pergunta requer, por sua vez, outros discernimentos. Nas relações solidárias, por exemplo nas lutas trabalhistas, observa-se que os envolvidos estão menos preocupados em determinar com precisão o inimigo do que em colocar à disposição suas relações solidárias. Uma atitude de luta fundamenta-se exatamente na determinação de tais relações solidárias. O resultado é, então, o surgimento de uma comunidade reduzida, solidária, que contém em si todos os potenciais de luta, determinados menos pela orientação externa, pautada por uma definição concreta de inimigo, do que por um distúrbio contínuo, que foi se forjando ao longo do tempo e que perpassa todo o contexto material de vida; um distúrbio de que a solidariedade se distingue claramente como não distúrbio. Se observamos o crescimento de forças com base no contexto da solidariedade, temos a impressão de que o material político também nasce da situação concreta de amizade.[4]

---

[4] O texto de Schmitt dispara contra a escamoteação dos conteúdos políticos realizada pela organização pluralista da sociedade. Ele protesta contra os acordos aparentes que, à medida que as relações antagônicas continuam atuando, significam ao mesmo tempo fuga da realidade, ou seja, a exclusão das áreas de atrito que propiciam o surgimento da política; significam, enfim, o enterro da matéria natural da política. Dentro das ordens sociais desenvolvidas do capitalismo liberal, Carl Schmitt vê um processo de constante neutralização da vida, que termina no momento em que as formas da despolitização pluralista entram para a política como um evento meramente técnico (Schmitt, C., op. cit., p.94). Tal constituição técnica de política acumula organizações de aparência, e estas são particularmente ameaçadas pela exposição de conflitos, porque o que era aparente se torna patente. Tais organizações dependem da firme ilusão sobre o conteúdo das resoluções de paz sociais, pois a organização e o antagonismo real jamais se encontram sem que a organização seja remetida à sua real medida.

Se *uma* característica da matéria natural da política é o fato de ela se atualizar na determinação exata do inimigo, então a barreira seguinte é o fato de ela exigir intercâmbio, inter-relação, compreensão coletiva para a sua atualização. Pode-se partir do pressuposto, portanto, de que seria uma característica da matéria natural da política o fato de ela, enquanto elemento isolado, cristalizar-se através de enfermidades, de evasões pessoais, mas não se cristalizar em política enquanto permanece algo isolado. Ela ganha identidade, e essa identidade leva à atualização espontânea de um grau de intensidade política mediante o contato com outras atualizações iguais; por meio de intercâmbio, portanto.

Em relação aos potenciais de matéria-prima política, este último, ou seja, o princípio da atualização, é uma condição tão enraizada nas próprias características que não é possível ocorrer uma alteração de produção. Michael Kohlhaas é a célula de uma rebelião, não de um movimento político. A outra característica, ou limite, isto é, a condição da determinação concreta de um inimigo ou elemento perturbador, a fim de que comecem a se politizar características apolíticas, é um limiar de movimento político exposto a irritações através do polo oposto, antagônico; este, para se prevenir, pode desencadear no lugar errado uma contraofensiva precoce. Esse encadeamento tem seu fundamento no princípio de que *as características humanas apresentam primeiramente a tendência a uma vida satisfatória, à realização da força de trabalho, isto é, as características humanas perseguem interesses produtivos e somente diante de uma intervenção perturbadora tendem a se transformar em características políticas.*[5]

---

5 Quando falamos na determinação do inimigo, estamos adotando a diferenciação estabelecida por Schmitt (op. cit.) entre *inimicus* e *hostis*. *Inimicus* é o não amigo particular, privado, ou seja, aquele de quem pessoalmente não se gosta. *Hostis* é o perturbador, que usa armas para combater meu contexto vital, meu trabalho ou meu povo; é o inimigo público, portanto. Contra este último posso empreender uma guerra; quanto ao primeiro, posso odiá-lo, ou ele a mim. Com o *hostis*, o inimigo público, posso aprender a lutar, independentemente do fato de ele me ser simpático ou não. Ele não conseguiria me desarmar, ainda que eu aprendesse a gostar dele.

Os três domínios nos quais os protestos estudantis tinham seu ponto de partida concreto eram: 1. o confronto com órgãos de segurança num contexto público caracterizado pela visita do Xá e pelo Vietnã; 2. a situação de trabalho nas universidades e escolas; 3. o protesto contra a aceitação impensada de convenções nas relações diretamente pessoais, que até então eram consideradas coisas privadas.

Nos dois primeiros domínios, devido ao fato de as relações com os referentes serem definidas de forma relativamente clara, não há margem para imisção; o antagonismo social, que responde imediatamente ao protesto, trabalha em face de tais imisções. Nas relações, particularmente nas relações da esfera íntima, deixa-se de lado o plano dos sentidos mantido até então, ainda que de forma desorganizada. Desfigura-se o caráter privado das tentativas de chegar a novas formas de vida nas relações. Trata-se aqui tanto de um reflexo que se volta contra a sublimação repressiva quanto de uma atitude conservadora, que tenta preencher com uma maior seriedade as relações, inclusive as relações amorosas recíprocas. Mas trata-se também de uma eliminação eventualmente furiosa de barreiras convencionais – por exemplo, escancarar as portas de uma comunidade, para tornar pública a vida íntima, a socialização de atitudes libidinosas.

Ambas as intenções tendem a transformar numa só identidade a política e o relacionamento, o aspecto público do protesto estudantil e os problemas pessoais; eles têm a tendência, portanto, de transformar em coisa pública uma matéria que até então estava limitada ao âmbito privado e, na maioria das vezes, nas relações a dois. A esfera da líbido, parcialmente abandonada à intimidade, é transposta para o desempenho libidinal de grupos de trabalho ou de protesto. Junto com o resultado, que também é condicionado por perdas frustrantes e por diferentes e rápidas mudanças na direção do protesto, surge um estado no qual as energias libidinais, transferidas das antigas relações privadas, só a muito custo conseguem se ligar a novos objetos relativamente estáveis. Elas oscilam. E tal oscilação, no momento mesmo em que o movimento de protesto estudantil perdeu terreno, o mais tardar em 1969, tem a aparência externa de uma nova ligação.

Uma tal tentativa de evasão, parada a meio caminho de ser concluída, pode ser chamada de uma meia-produção política, conforme está expresso na expressão "começar a politizar". O aspecto crítico de uma tal meia-produção reside no fato de que ela, diferentemente de um meio-produto da produção material de bens, não pode ser apresentada, após algum tempo, como produto acabado e aperfeiçoado. Nesse meio tempo, formam-se os mais fortes afetos e resistências contra o caráter insuportável e contraditório desse estado, os quais obstruem o caminho de volta, o caminho rumo às raízes. *Essa meia-produção política tem o efeito de uma vacina contra a mudança política; no mais, ela atinge também toda e qualquer reforma que ficou a meio caminho de ser concluída*. As energias de emancipação, que constituem o início da rebelião, transformam-se em medos de separação tão logo se verifica uma tal mistura das esferas privada e política, e a esfera privada efetivamente não se transforma em pública e nem em trabalho político. Não se transferem quaisquer possibilidades de satisfação nem quaisquer auxílios contidos no interior das convenções enquanto não se perde nenhuma das possibilidades de conflito sobre as quais se apoiam os medos de separação ligados às convenções; na forma de necessidades de novas ligações, eles são quase completamente integrados – sem os freios naturais que tinham nas relações privadas conservadoras – às relações de grupo, às vezes públicas, às vezes tornadas privadas. *Com isso amplia-se extraordinariamente o grau de vulnerabilidade e de humilhação pessoal*, e a tal ponto que as separações do coletivo frequentemente assumem para si próprias a intensidade da dissolução das relações, inclusive das amorosas. O processo é mortífero, porque todas as perdas em terreno relativamente desprotegido parecem *absolutas*, ao passo que as perdas ligadas à libido, na estrutura das relações ambivalentes convencionais, sempre marcam tanto uma perda quanto um ganho de emancipação.

É evidente que as propriedades de caráter das matérias-primas políticas atuam sobre cada etapa da produção política; se a composição de seu caráter cotidiano é exclusiva ou formada por oscilações, elas também serão assim no grau de intensidade da politização. Numa determinada constelação, numa determinada mistura, essas características básicas radicais são as que ficam como meios-produtos. Numa outra constelação, essas mesmas associações podem entrar de forma absolutamente plena na produção da esfera pública e da política. Outras propriedades não podem ser transformadas em produção política; assim, por exemplo, tendências de fuga e de medo fortemente acumuladas (embora possam parecer poderosas energias de novas ligações: empreender por medo a fuga para frente, rumo ao grupo político), ciúme, formas especiais de encouraçamento do ego, avareza, ódio que se transformou em amor etc.[6]

A concentração é a característica de tais propriedades, que atingem um elevado grau de intensidade mas se comportam hermeticamente. Elas não são *uma* relação elementar sujeito-objeto, mas uma mistura já produzida previamente, ou uma tradução multifacetada que possui numerosas raízes emocionais em diferentes propriedades e que agora parece uma propriedade geral: uma ligação sintética. Elas precisam ser reproduzidas, ou seja,

---

6 Os exemplos descrevem propriedades compostas que, sob determinadas condições, podem operar, elas mesmas, sua separação da mistura ou sua inversão e estabelecer ligações com a política. Os temores em constelações de amor incondicional à verdade resultam no que Bert Brecht conta em *Der verwunderte Sokrates*: uma vitória da sinceridade e, antes disso, uma vitória do senhor grego através da fuga para frente, empreendida por simples medo. Num certo grau de intensidade, o medo intenso pode cegar para o perigo atual, de sorte que o perigo que produz o medo maior é o último a incitar à fuga; e então, pelo menos uma propriedade parcial do medo desenvolveu seu grau de intensidade política. Se eu lesar a capacidade de sentir medo para além do que ela é capaz de suportar, ela se volta e contra-ataca. Essa é uma política do medo. No mesmo sentido, o domínio que se baseia na couraça do ego ou na ofensa ao narcisismo, que em tempos normais aborrece ou dinamita o grupo, tem um grau de intensidade no qual ele também é capaz de se conter. Uma série de talentos políticos naturais organizaram em tal medida essa política de domínio, ou seja, de virar a situação contra o domínio e por razões de domínio, de tencionar particularmente a percepção, que agora se tornaram realistas. Mas isso entra na produção política, nas relações de medida, como sal e pimenta numa comida. Sobre essas meias políticas e políticas de retrocesso, de propriedades herméticas, não se pode fundamentar uma produção política.

seus elementos precisam ser produzidos novamente, porque para nenhuma propriedade pode ser excluída a possibilidade de ela se associar socialmente; para a associação previamente preparada, ao contrário, estão descartadas as possibilidades de combinação.

Fizemos aqui uma simplificação drástica, a fim de poder *discernir* a matéria natural da política, que parece inadequada para a produção política, e as constelações e associações de propriedades, que permanecem como meios-produtos. Sem dúvida existem potenciais da matéria natural da política que tendem à formação de organizações políticas, espontaneamente ou motivados por pequenos estímulos externos. A propósito, é nesse potencial, que vem ao encontro do trabalho político, que se arma o peso principal da prática política. Ele é o que pode ser mobilizado *ad hoc*. Mas, quando falta a esse potencial mobilizado politicamente o peso das propriedades que se neutralizaram em meios-produtos políticos ou reformadores, então já está feita uma escolha e uma exclusão essencial.

As instâncias de domínio podem lidar com a matéria política de forma seletiva, não a política materialista, que tem como objetivo a ampliação da autonomia humana. E tanto menos porque uma política materialista não coloca a questão da organização de forma mecânica, mas precisa da ampla inclusão de todas as propriedades. Vista da perspectiva do eu, a totalidade social não existe apenas para cima, rumo ao conceito longínquo da sociedade conjunta, mas também para baixo, em distâncias iguais, rumo a cada uma das características humanas produzidas historicamente, que repetem necessariamente a totalidade e não possuem uma variedade menos concreta do que aquela. É claro que o efeito amortecedor da educação, da cultura e da organização do ego reduzem naturalmente ambas as complexidades à ilusão do indivíduo enquanto elemento da adaptação privada do homem.

2 Instrumentação política

Entretanto, ao mesmo tempo também fica claro que uma ferramenta política difere de uma ferramenta usada na produção material de bens. Nesse sentido, é evidente a existência de uma enorme variedade de ferramentas, que servem ao tratamento das matérias na indústria, nas ciências, no artesanato, no tratamento do solo; igualmente evidente, porém, é a falta de um tal arsenal diferenciado, adequado às matérias históricas de tratamento inteiramente diferente com as quais lida a política. De outra parte, o uso de uma alavanca, de um martelo ou de uma foice não tem qualquer aplicação mecânica em relação aos objetos no trabalho político. Também as matérias não são talhadas ou concentradas em ferramentas, para que possam ser usadas a qualquer momento. As ferramentas do processo político consistem em propriedades humanas de trabalho que permanecem presentes como trabalho vivo não apenas no *usuário* da ferramenta, mas também na *própria ferramenta*. As ferramentas têm motivos, são compostas de motivos. As ferramentas são concentrações de propriedades materiais, são definidas com base no material. Elas surgem no contexto político, mas não a partir do espírito inventivo e da aplicação técnica. Elas contêm muito mais as propriedades materiais humanas, das quais têm origem, na forma de autorregulação, isto é, identidade do material, ferramenta, aplicação e motivo ou necessidade subjacente.

Sob essa condição pode-se testar o que no trabalho político seriam os instrumentos simples de trabalho como plaina, régua, serra, alicate, o que seria agregado, ou seja, maquinaria política, e o que seria, por exemplo, relações luminosas, espelho, microscópio, telescópio. Se tais ferramentas são prolongamentos ou substitutos de órgãos, então a produção política centrada nas propriedades humanas, nos graus de intensidade de motivos concretos, portanto, precisa considerar a utilidade das ferramentas orgânicas, de que dispõe o homem e seus sentidos, com mais seriedade do que o faz a indústria.

Vazio/conteúdo, epiderme/interior, quente/frio, percepção/estado agregado, sólido/líquido/gasoso, carregar/descarregar, desfazer/fazer, eu/tu/nós, proximidade/distância, em cima/embaixo, contínuo/descontínuo, concentração/dispersão, osmose/circulação, como a modificação de direto/indireto. Aqui, os produtores humanos possuem ferramentas orgânicas para percepção e resposta. *O que corresponderia como capacidade de discernimento, isto é, como instrumentação na política, a essa sensibilidade em parte desenvolvida* in vitro, *ou até mesmo subterrânea?* A maior parte dela precisaria ainda ser produzida. Marx chama a atenção para o seguinte:

> A forma do valor na sua configuração acabada, a forma do dinheiro, é sem conteúdo e muito simples. Não obstante, há mais de dois mil anos o espírito humano tenta em vão sondá-la, enquanto, de outra parte, não chega nem perto da análise de formas complexas e muito mais plenas de conteúdo. Por quê? Porque estudar o corpo formado é mais fácil do que estudar a célula do corpo. Ademais, na análise das formas econômicas, de nada servem o microscópio ou os reagentes químicos. A força de abstração tem de substituir os dois.[7]

Sob o ponto de vista político, o microscópio ou o telescópio são ancoragens de uma abstração na forma de uma exposição oral ou de um livro. Mas a produção política consiste em ações que pressupõem percepção e proximidade, e não em letras. A fixação definitiva em discursos e escritos fecharia as portas àquelas pessoas e àquelas características que não estão habituadas à compreensão de um livro ou às gramáticas dos discursos. Trata-se por isso de provocar a capacidade de representação e de inteligência, no sentido de que a cabeça capaz de abstrair não seja a única e principal ferramenta nas tentativas políticas de configuração.

Oskar Negt/Alexander Kluge

---

[7] Marx K., *Das Kapital*, Berlin, 1955, p.11 ss., v.1 Marx continua: "Para a sociedade burguesa, porém, a célula da economia é a forma de mercadoria do produto do trabalho, ou a forma de valor da mercadoria. Para o inculto, sua análise parece vagar por meras sutilezas. De fato, trata-se aqui de sutilezas, só que da mesma forma como também se trata de sutilezas na anatomia micrológica".

IV. O TRABALHADOR TOTAL, CRIADO PELO CAPITAL COM FORÇA DE REALIDADE, MAS QUE É FALSO

O conceito de trabalhador total aparece, talvez pela primeira vez, em Marx. Mas a representação de um trabalhador total, entendido como essência de todas as atividades produtivas, *no interior* de uma sociedade, que é expressão racional da vida em comunidade, é mais antiga. Ela contém uma espécie de síntese daquelas atividades de que uma sociedade não pode abstrair sem perder sua base de existência. Ela está, por exemplo, na parábola em que Saint-Simon reflete, à guisa de experiência, de um lado, sobre o que significaria para uma sociedade a renúncia às dinastias, a grupos sociais parasitários, a reis e príncipes e, de outro, sobre as possíveis consequências advindas do fato de privar uma sociedade de seus artesãos, de suas classes industriais, de sua inteligência. Empregada já pelos fisiocratas, que distinguiram *classe stérile* de *classe productive*, a diferenciação entre as classe produtivas necessárias à sociedade e os consumidores improdutivos é uma constante em toda a economia política clássica.

Embora possamos constatar esse *protesto do trabalhador total* em quase todas as utopias de Estado, de sorte que é perfeitamente possível encontrar nessas projeções de uma nova sociedade o par categorial produtivo/improdutivo como elemento determinante, verificamos que, com esses conceitos, todas as sociedades tradicionais (com relações de poder pessoais, com classes meramente consumidoras) podem ser criticadas, mas eles não se aplicam, ou não são suficientes, para criticar a ordem social capitalista. A força crítica dessas categorias volta-se sobretudo contra as relações *pré-burguesas*, na medida em que, no interior dessas relações, elas subjazem a uma inversão específica. É que pela primeira vez na história surge a *aparência objetiva, fundamentada no próprio modo de produção*, de que a classe dominante seja a única classe produtiva da sociedade. O capital, enquanto demiurgo do mundo moderno, surge como centro organizador da produção, compreendendo todas as atividades sociais e – podemos dizer – transformando-as em atividades *produtivas*. É bem verdade que o caráter de fetiche da mercadoria, ou seja, o fato de ela "apresentar aos homens as características sociais de seu próprio trabalho sob a forma de características objetivas dos produtos do trabalho, na forma de propriedades sociais naturais dessas coisas",[1] é famoso por suas amplas consequências, mas o mesmo não vale para as formas de inversão expressas no fetiche do capital.

O fetiche do capital subjaz ao fetiche da mercadoria, pois a desapropriação do poder produtivo do trabalhador ocorre no próprio processo de produção. Nesse contexto, nos interessam menos as conexões econômicas, que Marx discute no terceiro volume de *O capital* sob o título de fórmula trinitária, do que as relações específicas que unem a força de trabalho de cada produtor com o trabalho total e o trabalhador total. A esse respeito, Marx diz que "a relação social dos produtores para com o trabalho total parece uma relação social de objetos que existe fora deles";[2] revela-se assim, no fetiche do capital, o modo como ocorre essa inversão fundamental. O capital, à medida que subtrai da força de trabalho socialmente produtiva uma das sínteses que partem dele, institui uma combinação, com poder de realidade, da força de trabalho social. O capital não incorpora apenas o

---

[1] Marx, K., *Das Kapital*, op. cit., p.77, v.1.
[2] Ibidem.

trabalho social, portanto, mas também as combinações sociais da força de trabalho, que se acumulam diante do trabalhador individual sob a forma de poderes sociais.

Nesse contexto, Marx chama o capital de um *ser misterioso*. Medida pela simplicidade das relações, que se revelam no fetiche das mercadorias como a personificação das coisas e a coisificação das pessoas, a capitalização das características sociais de trabalho tem um efeito tão profundo que frequentemente a observação das capacidades produtivas do trabalhador, da perspectiva do capital, parece ser a única a fazer jus à realidade. Marx escreve:

> Mais complicada, porém, e aparentemente mais misteriosa torna-se a relação, à medida que, com o desenvolvimento do modo de produção especificamente capitalista, essas coisas – esses produtos do trabalho, enquanto valores de uso e também valores de troca – não apenas ganham vida e se defrontam com o trabalhador na condição de *capital*, mas também se apresentam à forma social de trabalho como *formas de desenvolvimento do capital* e, por conseguinte, apresentam as forças produtivas do trabalho social, assim desenvolvidas, como *forças produtivas do capital*. Enquanto forças sociais produtivas elas são *capitalizadas* em face do trabalho. De fato, a unidade *comunitária* na cooperação, a combinação na divisão de trabalho, a aplicação das forças naturais e das ciências na *maquinaria* opõem-se ao trabalhador singular como algo *estranho, objetivo, como um dado*. Elas parecem meras formas de existência dos *meios de trabalho dominantes* e que delas são independentes, desde que eles apareçam *objetivamente* e incorporem a visão encarnada no capitalista ou em seus *understrappers* (representantes) e os anseios do ateliê em seu conjunto. As formas sociais de seu próprio trabalho – subjetivo/objetivo – ou a forma de seu próprio trabalho social são relações formadas de modo totalmente independente dos trabalhadores singulares; os trabalhadores, subsumidos no capital, tornam-se elementos dessas formações sociais, e não pertencem a ela. Assim, eles se opõem a elas como *configurações* do próprio capital, como combinações que – diferentemente de seu poder de trabalho isolado – pertencem ao capital, combinações que dele surgem e que a ele estão incorporadas. E isso, por um lado, assume uma forma tanto mais real quanto mais seu próprio poder de trabalho é tão modificado por essas formas que se torna impotente em sua autonomia *fora* desse contexto capitalista; quan-

to mais, portanto, sua capacidade de produção independente é quebrada; por outro lado, com o desenvolvimento inclusive tecnológico da maquinaria, as condições de trabalho surgem como o trabalho dominante e, ao mesmo tempo, o substituem, reprimem, tornam-no supérfluo em suas formas independentes.[3]

Fora do contexto capitalista, o poder social de trabalho dos produtores é impotente, sua capacidade autônoma de produção é quebrada. Embora seja objetivamente a fonte do valor e da mais-valia e, por conseguinte, fonte também do capital – a base substancial da sociedade, portanto –, ele parece, como afirma Marx, subjetiva e objetivamente desprovido de realidade, impotente, como mera função do capital, que representa o verdadeiro sujeito da síntese e da produtividade. O esvaziamento da força de trabalho singular caminha de mãos dadas com a crescente sintetização da força social de trabalho, que não mais existe como algo isolado, mas sim, e cada vez mais, como trabalhador total. O trabalhador total e a sociedade como um grande ateliê são expressão do desdobramento das forças sociais do trabalhador, sem que se lhe possa atribuir, contudo, uma identidade em suas funções sociais. Não o trabalhador singular,

> mas cada vez mais um poder de trabalho socialmente combinado unirá o verdadeiro funcionário do processo coletivo de trabalho ... e toda a máquina produtiva, que participam de forma bastante diferente no processo direto de formação da produção de mercadorias, ou melhor, de produtos, o primeiro com as mãos, o segundo com a cabeça ... o primeiro como gerente, engenheiro, técnico etc., o outro como supervisor, o terceiro como trabalhador manual direto, ou simplesmente como ajudante.[4]

A concepção do trabalhador total é o ponto culminante da economia política do capital, que tanto a partir do desenvolvimento do objeto quanto das categorias que ela emprega leva a um prolongamento que extrapola seus próprios limites. É que,

---

[3] Marx, K., *Resultate des unmittelbaren Produktionsprozesses*, Frankfurt, 1972, p.66.
[4] Ibidem.

se o capital libera forças de trabalho tendencialmente sociais na mesma medida em que as combina entre si, expressa-se aí não apenas uma força crescente do poder do capital, mas também, historicamente, uma debilidade, porque o capital estará cada vez menos em condições de se firmar como único centro produtivo da sociedade. A advertência de Marx contra a tendência de enxergar a forma capitalista da produção como a forma absoluta, como a *forma natural da produção* e, com isso, de trocar, da perspectiva do capital, trabalho produtivo e trabalhador produtivo por trabalho produtivo em geral, significa que o "empobrecimento das forças produtivas individuais do trabalhador", através da "repressão de um mundo de impulsos e disposições produtivos", não implica simultaneamente o fato de o trabalhador total ter sido empobrecido e ter ficado desprovido de realidade. Os potenciais de protesto que se voltam contra essa função unificadora do capital estão indissociavelmente unidos ao desenvolvimento do próprio capital. Mas as forças produtivas humanas, de quem Marx fala no *Rohentwurf*, não ficam absorvidas pela síntese, determinada pelo capital, da força social de trabalho. No que respeita às leis de movimento da força de trabalho mais viva, mais social, Marx localiza o ponto de explosão do sistema no momento em que as forças produtivas sociais gerais – tais como a cooperação, a divisão de trabalho e a ciência, que surgem espontaneamente e que o capitalista tem "de graça" – esbarram na *forma de capital*, cada vez mais estreita, *dos meios de produção*. As realizações produtivas sintéticas do capital, que resultam do esgotamento da sociedade tradicional, pré-industrial, com a polarização das forças sociais em trabalho assalariado e em capital, também se transformam nesse nível em grilhões. Sob a égide do antigo trabalhador total cresce um outro, com outras características e com combinações sociais de um novo tipo. O âmbito objetivo desse trabalhador total está fora do círculo de observação da economia política do capital. É certo que Marx não o formulou de forma assim tão explícita, mas essa formulação é uma consequência lógica da passagem de *Rohentwurf*, na qual ele associa a força explosiva do trabalhador total ao estado mais avançado da aplicação do conhecimento geral da tecnologia e das ciências naturais.

No intercâmbio de trabalho vivo por trabalho morto objetivado surge um grande mal-entendido no momento em que a riqueza social passa a ser cada vez menos resultado do trabalho imediato e cada vez mais consequência do "poder dos agentes que são ativados durante o período de trabalho". A ciência e a tecnologia viabilizam essencialmente o metabolismo de todo o corpo social.

> A verdadeira riqueza manifesta-se ... – e isto revela a grande indústria – na monstruosa desproporção entre o tempo de trabalho empregado e seu produto, assim como na desproporção qualitativa entre o trabalho reduzido a uma pura abstração e a violência do processo de produção que o vigia. No momento em que o homem se comporta muito mais como supervisor e regulador do processo de produção, o trabalho não mais aparece tanto como algo incluído neste processo. (O que vale para a maquinaria, vale também para a combinação das atividades humanas e para o desenvolvimento do intercâmbio humano.) ... Ele [o trabalhador] aparece ao lado do processo de produção, em vez de ser o seu principal agente. Nessa transformação ele não é nem o trabalho imediato, que o próprio homem realiza, nem o seu tempo de trabalho, mas a apropriação de sua própria força produtiva geral, sua compreensão da natureza e o domínio que ele consegue dela por meio de sua existência enquanto corpo social – numa palavra: é o desenvolvimento do indivíduo social, e esse desenvolvimento aparece como o grande pilar de sustentação da produção e da riqueza. O roubo do tempo de trabalho alheio, sobre o qual se baseia a riqueza atual, parece um fundamento miserável diante da base recém-desenvolvida, criada pela grande indústria. No momento em que o trabalho deixa de ser a grande fonte imediata da riqueza, o tempo de trabalho deixa e precisa deixar de ser sua medida e, por conseguinte, o valor de troca (a medida) do valor de uso. ... Com isso desmorona a produção que repousa sobre o valor de troca, e o processo imediato de produção material assume ele mesmo a forma da necessidade e da oposição. ... O capital é ele mesmo a contradição em processo. ... Por um lado, ele dá vida, portanto, a todos os poderes da ciência e da natureza, tais como a combinação e o intercâmbio sociais, a fim de tornar a criação de riqueza (relativamente) independente do tempo de trabalho dispendido. Por outro, ele quer medir essas gigantescas forças sociais, assim criadas, pelo tempo de trabalho, e quer desterrá-las para as fronteiras, que se reivindicam,

a fim de conservar como valor o valor já criado. As forças produtivas e as relações sociais – dois lados diferentes do desenvolvimento do indivíduo social – são vistas pelo capital apenas e tão somente como meios de produzir a partir de sua base tacanha. De fato, porém, elas são as condições materiais que a mandam pelos ares.[5]

Mas se a "existência como corpo social", o "desenvolvimento do indivíduo social, que surge como o grande pilar básico da produção e da riqueza", constituem aquele âmbito objetivo que se desenvolveu paralelamente e, de forma subversiva, também *contrariamente* ao capital, então é necessário investigar os âmbitos de atividade do indivíduo social, assim entendido, fora de sua própria lógica e diferenciar a unidade que lhes é imposta de fora para dentro. Se as forças produtivas e as relações sociais são apenas *lados diversos* do mesmo desenvolvimento do indivíduo social, então é evidente que a verdadeira emancipação do trabalho, o desdobramento multilateral das forças essenciais do homem e a libertação da ciência só podem ser plenamente concluídas numa "república do trabalho", conforme Marx constata em *Bürgerkrieg in Frankreich* (*Guerra civil na França*); igualmente evidente, porém, é o fato de uma nova sociedade não ser uma criação a partir do nada, mas uma liberação indubitavelmente explosiva de força de trabalho socialmente produzida, que já se formou sob condições capitalistas.

Por isso voltamos nossa atenção para aquela *nova combinação do trabalhador total*, sem a qual o próprio capital não poderia constituir uma unidade.

Em *Öffentlichkeit und Erfahrung* (*Esfera pública e experiência*) dissemos que o homem, do ponto de vista da não emancipação, é uma unidade, uma composição, e que – do ponto de vista da emancipação – é uma *falsa* composição, ou seja, as características isoladas se desenvolveram desequilibradamente. O que se disse aqui sobre o homem singular vale, comparativamente, também para o trabalhador total. Do ponto de vista da não emancipação, este trabalhador total existe; ele é composto pela função

---

5 Marx, K., *Grundrisse der Kritik der Politischen Ökonomie* (Rohentwurf 1857-1858), Berlin, 1953, p.592s.

identificante do capital, a qual reduz as múltiplas relações do poder de trabalho, também contraditórias entre si, àquelas propriedade úteis e aplicáveis ao aproveitamento do capital. As capacidades concretas de trabalho, com uma história própria e com múltiplas necessidades, transformam-se na exaustão abstrata de força de trabalho, que possui um valor intrínseco: o acionamento de cérebro, músculos, nervos e órgãos sensoriais. A emancipação determina, portanto, que se dissolva *essa* unidade das capacidades sociais de trabalho e que se liberte das categorias da lógica do capital a realização da força de trabalho, desde que ela exista exclusivamente sob condições do poder de comando do capital.

A princípio, esse passo pode parecer um salto para a irrealidade, porque a superioridade do trabalho morto sobre o trabalho vivo condena à utopia qualquer tentativa de examinar as leis estruturais da força de trabalho vivo. Não obstante, elas são a base objetiva da produção e do intercâmbio sociais, não importando de quais formas de objetivação se trate, seja da ciência fixada pelo capital, seja do trabalho profissional, seja dos tipos de produção intelectual. A dificuldade metodológica no desenvolvimento de uma *economia política da força de trabalho* é a seguinte: uma vez que o capital reduz a força de trabalho a uma exaustão abstrata, o resultado é um objeto de conhecimento mais ou menos unitário; só há *uma* economia política do capital, só *uma* lei de movimento do tipo de produção capitalista. Algo muito diferente ocorre com a economia política da força de trabalho. Como não se trata nesse caso de simples descrições de capacidades ou de leis objetivas de movimento, separadas dos sujeitos, mas sim de *dois* aspectos – o subjetivo e o objetivo simultaneamente –, *cada* relação sujeito/objeto provocada pela exteriorização [*Äußerung*] ou pela alienação [*Entäußerung*] da força social de trabalho possui uma lei de movimento própria. Existe uma economia política do corpo, assim como da inteligência, do aparato físico e dos sentidos. Não se trata, portanto, apenas do que se pode encontrar objetivamente em termos de formas de exteriorização da força de trabalho, mas também do que resta como potencial, do que se adia, do que é reprimido ou do que se volta para objetos que provocam distorções no sujeito. *Somente a reunião dessas leis particulares de movimento resulta no que se pode chamar de economia política da força de trabalho.*

Complemento 1:
As três características básicas do trabalhador total

Há três conceitos diferentes do trabalhador total. 1. O da antiga burguesia, que concebe as classes produtoras descontando as classes meramente consumidoras: *classe productive* e *classe stérile*. Trata-se aqui de um experimento mental crítico, de uma abstração. 2. O trabalhador total formado pelo capital é a única coisa de real que se pode observar plenamente. Nesse contexto, os trabalhadores singulares são "membros de um organismo que trabalha".[6] Surge o trabalho de massa, a cooperação independente da consciência do indivíduo, ou seja, uma nova qualidade de riqueza social, associada ao empobrecimento individual. Ao mesmo tempo, história e finalidade se separam. Não é possível se apropriar desse trabalho total, não se pode dispor desse trabalhador total de uma forma rica do ponto de vista humano. Para o trabalhador total parece totalmente fora de controle tudo aquilo que os participantes singulares tentaram controlar durante toda a sua vida. Nesse sentido, trata-se aqui de uma abstração real, concreta, independente do pensamento. 3. O trabalhador total alternativo, que sempre atua na base do trabalho total empírico, e que não é de modo algum uma abstração, nem da realidade e nem do pensamento. Suas concretizações, porém, ficam ocultas e só podem ser lidas como vestígios.

Encontramo-nos diante desse conceito alternativo de trabalhador total toda vez que pesquisamos as reuniões de forças trabalhadoras que não podem ser produzidas pelo capital, mas das quais ele se serve gratuitamente para viver. Marx comenta tais forças no capítulo 11 de O *capital*: "Cooperação".[7] Ele chama

---
6 Marx, K., *Das Kapital*, p.352, v.1, MEW 23.
7 Ibidem, p.34s.

essas forças de "espíritos da vida", cuja base é "um contato meramente social".[8] A designação é sinônimo de *animal spirits*. Quando ele fala da esfera espacial do trabalho, trata-se da mesma superfície de contato que possibilita a convivência em sociedade.[9] No resultado do trabalho parcial de cada indivíduo entra apenas um fragmento instrumental do que constitui o processo de trabalho, e não todos os espíritos vitais, toda a riqueza das capacidades de trabalho ou toda a socialidade que elas personificam. No trabalho total composto de tais resultados (na forma de uma enorme reunião de mercadorias) entram não apenas o resultado somado, mas também e tacitamente todo o processo. Consegue-se assim que a especialização do trabalho seja empobrecida e o trabalho total enriquecido. Por isso, o "salto qualitativo", que marca a cooperação, o trabalho de massa e o trabalhador total diante de todos os trabalhadores especializados dentro da divisão social do trabalho não é uma troca de matéria, mas a diferença entre meros resultados e o processo como um todo. Capacidade de controle, plenitude dos espíritos vitais e historicidade existem agora *em si*, mas o trabalhador total alienado não pode transformá-las em capacidades de trabalho para si. Esse trabalhador total é, portanto, o falso, porque só consegue lidar de forma confusa com sua riqueza.[10]

---

8 Ibidem, p.345.
9 Ibidem, p.348: "De um lado, a cooperação permite a expansão da esfera espacial do trabalho. ... De outro, ela possibilita ... o estreitamento espacial da área de produção. Esta limitação da esfera espacial do trabalho, ao mesmo tempo em que se expande sua esfera de ação, ... surge do conglomerado de trabalhadores, da reunião de diferentes processos de trabalho e da concentração dos meios de produção". Trata-se, como se pode ver, de uma experiência social táctil; do princípio da proximidade física. Da vida em coletividade surge o contato, ainda que ele seja inversamente experimentado como isolamento individual.
10 Esse aspecto falso do trabalhador total consiste no fato de que ele, quanto mais evolui, mais desloca as fontes originais da riqueza social e chega mesmo a destruí-las. "A produção capitalista somente desenvolve ... a tecnologia e a combinação do processo social de produção, à medida que solapa as fontes de que brota toda a riqueza: a terra e o trabalhador." Marx, *Das Kapital*, p.532, v.1.

Nesse contexto, Marx ataca os apologistas do sistema fabril, quando eles contestam que se poderia comparar a sociedade a uma fábrica. É possível fazê-lo com duas intenções diferentes: para generalizar a verdadeira essência das relações empíricas compulsórias nas fábricas, mas também para representar as alternativas, os potenciais universalistas da capacidade de trabalho. No último caso, a fábrica social em nada se parece com uma fábrica industrial.

> A mesma consciência burguesa que enaltece a divisão manufatureira de trabalho, a anexação vitalícia do trabalhador à execução de um detalhe e a subordinação incondicional do trabalhador especializado ao capital enquanto uma organização do trabalho que aumenta sua força produtiva, denuncia ... também em alto e bom som cada ato de controle e cada ato de regulagem social consciente do processo social de produção como uma intervenção nos direitos invioláveis de propriedade, na liberdade e na "genialidade" autodeterminante do capitalista individual. É muito característico o fato de os apologistas entusiastas do sistema fabril não terem nenhum comentário irritado a tecer contra aquela organização geral do trabalho social que transformasse toda a sociedade numa fábrica.[11]

A *linguagem* mostra como se devem imaginar os vestígios de um trabalho total que não esteja sob o comando do capital. É bem verdade que ela pode, entre outras coisas, assumir ela própria um caráter de mercadoria, mas o capital não é capaz de produzi-la. Trata-se da mesma relação gratuita que se pode verificar no caso da cooperação. A capacidade linguística institui um trabalho total específico. Uma ligação semelhante é a estabelecida pela lógica. Como seus contrapontos podemos citar a *capacidade amorosa*, a injustiça das forças de atração e repulsão, com base nas quais surge, por sua vez, a matéria para o *sentido de justiça*. Os *motivos do conhecimento*, apanhados pelo capital, mas também não passíveis de serem produzidos exclusivamente por ele, têm suas raízes em muitos desses poderes de comando alternativos

---

11 Ibidem, p.374.

(injustiça das necessidades de contato, generalidade do entendimento, capacidade de combinação da linguagem) e produzem *vestígios do trabalho total*. É possível reconhecer tais vestígios em cada profissão e nas relações não profissionais, no momento mesmo em que eles desenvolvem uma forma de circulação. Eles apresentam diferenças flagrantes no grau de intensidade do trabalho total por eles produzido. Tais diferenças têm raízes diferentes. De um modo geral, podemos dizer que o trabalho total só ocorre em pouca medida quando a relação daquele que trabalha para com o objeto é distante e indeterminada.[12] Mas o mesmo parece valer para o caso de uma proximidade excessiva, quando o objeto suga a força de trabalho. Isso vale para afetos, abraços, trabalhos sensíveis, *know-how* especial, emocional. Cada um individualmente desenvolve aqui sua própria versão, seu ritmo pessoal e é difícil imaginar, a princípio, como um trabalho total pode surgir a partir disso que mal podemos expressar. A aparência de um trabalho total se deve ao fato de que, por toda a parte, as formas externas por meio das quais alguém trabalha o solo, atarraxa sutilmente um parafuso ou toma uma criança nos braços parecem muito semelhantes. Essa semelhança externa não leva em conta a fronteira extremamente pessoal da forma de circulação oculta neste *modo* sutil.

A falta da forma de circulação é suprida pelo fato de a produção estandardizada provocar uma mesma ação. "Enquanto existir o Reich alemão, os parafusos serão atarraxados para a direita."

---

[12] Na crença do trabalho, a desagregação em seitas; nas ciências humanas, a particularidade, cada um cria o seu próprio sistema como se ele fosse um início; incluem-se aqui também todos os vestígios que se voltam para o desdobramento multifacetado do potencial humano. A ideia do que os homens poderiam fazer se se suprimisse o trabalho alienado não gera qualquer certeza a partir de si mesma; expressa-se como produção anárquica. As pessoas não querem ser apenas caçadores, pescadores, críticos em união pessoal (estes são exemplos de Marx). Observa-se a falta de objetividade e de formas de circulação nos feriados oficiais, que são curtos demais para iniciar uma vida alternativa, mas que são longos demais para mantê-la como algo provisório (veja o mau humor do domingo).

Se se introduzem por toda a parte roscas com dextrogiras, isso passa a ser uma norma para cada trabalhador especializado, ainda que ele não tome ciência dela por escrito, mas por meio da experiência. O mesmo se aplica quando todos os motores a carburador seguem o mesmo princípio. *Isso não é efeito do trabalho total alternativo, mas do trabalhador total empírico.* No exercício da atividade estão sempre presentes os próprios espíritos vitais, apesar do esquema generalizante; neles se baseiam as extraordinárias diferenças da habilidade individual. O fato de alguns processos mecânicos de trabalho não utilizarem esse potencial não significa que ele não esteja em atividade e que não busque por si só sua expressão.

Sob as condições sociais dadas, a regra básica, portanto, é que a maioria dos vestígios naturais do trabalho total alternativo se produz por si mesma num meio intermediário. Meio intermediário significa uma certa objetividade, mas também a liberdade para dispor sobre proximidade e distância. Assim, engenheiros entre si, físicos do mundo inteiro, astronautas, médicos, policiais e chefes de segurança, técnicos em computação etc. estão tão ligados entre si na condição de trabalhadores especializados compostos, que isso já configuraria o momento do trabalho total, caso tal composição fosse plena o suficiente e conseguisse abranger o que está excluído profissionalmente. O mesmo vale para o valor médio da linguagem dos transportes,[13] para a lógica me-

---

13 Ela pode ser linguagem coloquial ou a linguagem especializada profissional. Há dois tipos de linguagem: a não verbal, isto é, a linguagem que se expressa por sinais (por exemplo a linguagem da tecnologia), e a linguagem conceptual clássica. Na linguagem não verbal do inconsciente tudo é mimético, tudo é representação; na linguagem conceptual ou na linguagem simbólica da tecnologia, cada uma à sua maneira, uma parte da representação está espremida. A linguagem coloquial mantém-se numa linha intermediária entre conceito e representação. Quando emprego metáforas, e esta linguagem é rica em metáforas, digo: "No pé da montanha". Mas isso não está correto nem do ponto de vista do conceito, nem da representação, pois não fica estabelecido linguisticamente a quantos metros ou em que altura da montanho devo procurar o seu pé. A imprecisão não é arbitrariedade, mas condição de uma comunicação rica.

diana e a razão, para a mediação, através de formas de cortesia, entre a atração e a repulsão radicais em si etc.

Por intermédio da especulação *à la baisse*, sobre a qual repousam as características do valor de troca, o meio intermediário é novamente distorcido. A base desse meio, na qual a realização de ligações parece prática e simples, é o lado propício para o trabalho total e a forma de circulação. Os vestígios do trabalho total alternativo, contanto que venham à luz espontaneamente, são um pequeno fragmento das necessidades e das realizações, que existem em si, do trabalho total alternativo.[14]

Complemento 2:
A percepção sintética e o trabalhador total

Na literatura crítica sobre Marx encontrasse expressa em diversas passagens a suposição de que o conceito marxista de trabalhador total – entendido como uma totalidade concreta que não adiciona, mas resume sinteticamente as manifestações sociais de trabalho – exprime uma relação conceptual material tão impregnada de modelos sociais utópicos anteriores (Bacon, Campanella, Robert Owen, Saint-Simon) quanto do idealismo alemão da lógica e da teoria do conhecimento. Na evolução de Kant a Hegel, se tomamos os centros organizadores das relações sujeito-objeto, ou seja, a *unidade sintética da percepção, da ação, do espírito absoluto*, então não parece ser difícil desvendar as forças motrizes neles ativas como processos de trabalho. Somos absolutamente conscientes dos problemas que são inerentes a

---

14 A capacidade voltada para o trabalho total alternativo é autorregulável em seu estado normal, que é radical. Precisamente esse estado não se expressa, mas se concretiza através de uma espécie de buraco de fechadura de seu valor médio, que por natureza ele não aceita. É preciso, portanto, uma maciça atividade de tradução e de atribuição, é preciso uma produção adicional consciente, para que a atividade própria ganhe expressão. Nesse sentido, são vãs as expectativas de que o trabalhador total alternativo se produza de forma autônoma.

toda e qualquer tentativa ideológico-crítica de decifrar as formas da lógica e do conhecimento pelas relações sociais ou de pelo menos ordená-las sociologicamente. Mas essa necessidade não é motivo para tentar vedar claramente a esfera de validade contra a esfera da gênese social e de se apegar a um absolutismo lógico sempre de mesmo tipo. Quando Kant fala da razão como um tribunal e da crítica da razão como a segurança do estado de paz cultural, não se trata aqui de metáforas. Suas frases devem ser literalmente entendidas.

> Podemos considerar a crítica da razão pura o verdadeiro tribunal para todos os conflitos da mesma; pois ela não se concretiza junto com os últimos, no momento em que eles se transformam imediatamente em objetos, mas é acionada para determinar e avaliar em geral a retidão da razão pelos princípios de sua primeira instituição. Sem ela, a razão permanece como que em estado natural e não consegue fazer valer ou assegurar suas afirmações e direitos, senão através da *guerra*. A crítica a isso, que tira todas as decisões das regras básicas de sua própria instituição e de cujo prestígio ninguém pode duvidar, propicia-nos a tranquilidade de um estado legal, dentro do qual não podemos levar adiante nossos litígios, senão através de *processo* ..., assim como Hobbes afirma que o estado natural seria um estado de injustiça e de violência, e que seria preciso abandoná-lo, a fim de se sujeitar à imposição legal que só restringe nossa liberdade ao fato de ela poder conviver com outra liberdade e, justamente por meio disso, com o que é melhor para todos.[15]

Mais claro ainda é o modo como Kant, numa outra passagem, caracteriza as condições de possibilidade para atingir um trabalho intelectual objetivo: o fato de a crítica da razão,

> enquanto mera especulação, servir mais para impedir erros do que para ampliar conhecimentos não lhe ofusca o valor, mas dá-lhe muito mais dignidade e prestígio por intermédio da atividade de censor, que assegura a ordem e a harmonia gerais, e inclusive o

---

15 Kant, I., *Kritik der reinen Vernunft*, Weischedel, W. (Ed.) Darmstadt, 1956, p.639s., v.2.

bem-estar da essência científica comum, cujas transformações corajosas e frutíferas são impedidas de se afastarem de seu objetivo principal, que é a felicidade de todos.[16]

Dois pontos de vista são importantes: o do trabalho intelectual produtivo e o de seu contexto interno, do qual está excluída a especulação inútil. O que surge aqui em termos de unidade sintética remonta à unidade sintética original da percepção enquanto o motivo último de toda a unidade empírica possível.

Kant está preocupado com a síntese da variedade, anterior à síntese empírica, e que é sua condição. A palavra "transcendental" designa exatamente esse elemento pré-empírico, que não é obra do indivíduo, mas que – diferentemente da lógica tradicional – sempre permanece relacionado aos *objetos da experiência possível*. Na busca da "ligação original", da "unidade necessária", Kant fixa a identidade do processo de pensamento e de conhecimento no ponto em que este se realiza como que inconscientemente através dos sujeitos e para além de suas cabeças. A categoria designa o que é necessário e geral no *modo de ligação* da variedade. Enquanto pessoas empíricas, os indivíduos que pensam, reconhecem e agem só podem unir o que uma atividade geral já uniu anteriormente. Por meio dessa ligação não se produz nada de novo; ela ocorre num material dado, que estimula os sentidos.

> Mas a ligação não está nos objetos e não pode, por exemplo, ser tomada emprestada aos objetos pela percepção para, assim, ser apreendida pela primeira vez pelo entendimento; a ligação é apenas uma atividade do entendimento que, por sua vez, nada mais é do que o poder de estabelecer ligações *a priori* e de trazer a variedade das noções dadas à unidade da percepção, cujo princípio é o máximo para todo o conhecimento humano.[17]

Diante do fato de que para Kant, que em sua filosofia formula uma crítica de toda a lógica formal, a síntese original é constituída no modelo lógico da ligação sujeito e predicado, não

---

16 Ibidem, p.708s.
17 Ibidem, p.138.

é de admirar que, para ele, o trabalho entendido como atividade da razão representa a forma de trabalho mais evidentemente legítima. O fato de que o trabalho tem sua importância nesse contexto fica patente nas muitas reformulações dessa forma de atividade original. Não se trata apenas de uma identidade do eu, enquanto ponto de referência funcional para o pensar, julgar, reconhecer; também não se trata do eu no sentido freudiano, que providencia a controlada adaptação à realidade. Trata-se de um eu produtor, mas que só é atividade formal, que transforma o material caótico e desarticulado do mundo objetivo num cosmo de ligações. A ligação é, portanto, o único e verdadeiro *a priori* dessa atividade. Ela é um ato de espontaneidade:

> ... assim, toda ligação – estejamos ou não conscientes dela –, trate-se de uma ligação da diversidade de intuições ou então de alguns conceitos, trate-se ainda, no primeiro caso, de uma intuição sensorial e, no outro, de uma representação não sensorial, toda ligação é, enfim, uma ação do entendimento, a que daríamos a denominação geral de *síntese*, a fim de, com isso, chamarmos a atenção ao mesmo tempo para o fato de que não podemos representar ligações no objeto que já não tenham sido representadas por nós previamente, e para o fato de que, dentre todas as representações, a única *ligação* que não pode ser dada por objetos, mas que só pode ser realizada pelo próprio sujeito, porque ela é um *ato* de sua autoatividade. Percebe-se aqui facilmente que *essa* ação teria de ser originariamente única e de mesmo valor para todas as ligações; percebe-se também que a solução, a *análise*, que parece ser o seu oposto, sempre tem nela o seu pressuposto; pois nos pontos em que o entendimento não estabeleceu nenhuma ligação prévia, neles ela também nada pode resolver, porque isso só poderia ocorrer *através dele*, como elemento da força imaginativa.[18]

À medida que Kant enfatiza o fato de essa atividade de ligação ser originariamente sintética, ele também indica que ela representa um *trabalho geral*, uma combinação da força de trabalho social não criada pelo indivíduo, que se realiza no desgaste geral. Mas, se separarmos o contexto lógico-transcendental da filosofia

---

18 Ibidem, p.135.

de Kant, ou melhor, se ampliarmos esse contexto para o trabalho social, que lhe é subjacente, isso nada mais é do que aquilo que Marx chama de valor: o valor é uma relação social geral por meio da qual se forma um contexto de associação constituído entre todos os objetos da experiência possível.

> O conceito de valor é empregado diversas vezes nos primeiros escritos de Marx, tanto no sentido de mais-valia quanto no de valor que uma pessoa tem para a outra e no de valor que têm em si a natureza ou as forças essenciais humanas. Na precisa teoria do valor exposta em *O capital*, esse horizonte de valores, mais tarde ampliado por Max Weber, transforma-se apenas numa expressão simbólica. Nesse estranhamento [*Entfremdung*] eles passam a ser valores imaginários, porque não têm o poder intrínseco de um contexto de associação.
>
>> Na expressão "valor do trabalho" o conceito de valor não apenas está totalmente apagado como transformado em seu oposto. Trata-se de uma expressão imaginária, como por exemplo "valor da terra". Mas essas expressões imaginárias surgem das próprias relações de produção. São categorias para formas de manifestação de relações essenciais. Que as coisas se apresentam frequentemente invertidas nas manifestações fenomênicas é um fato razoavelmente conhecido de todas as ciências, menos da economia política.[19]
>
> Na nota de rodapé da mesma página, Marx torna-se agressivo. Ele se volta contra o fato de se considerar meramente poético o conceito de valor empregado de modo alternativo. Para ele, isso tornaria impotente a análise. O ataque volta-se para Proudhon. A ele segue-se o ataque a J. B. Say. Naturalmente, seria mais confortável não pensar em nada quando se falasse em valor. Marx cita:
>
>> O que é "valeur" (valor)? Resposta: "Aquilo que uma coisa vale". E o que é "preço"? Resposta: "O valor de uma coisa expresso em moeda". E por que o "trabalho da terra" ... tem um valor? "Porque a ele se atribui um preço." Então valor é o que uma coisa vale e a terra tem um "valor" porque seu valor "é expresso em moe-

---

19 Marx, K., *Das Kapital*, p.562, v.1.

da". Em todo caso, este é um método simples de se entender o porquê e o para quê das coisas.

Evidentemente, Marx também examina a multiplicidade de sentidos do conceito de valor da perspectiva objetivamente orientada do capital. Se no processo de capital e, novamente, na metafísica dos economistas ocorre a inversão de valores, então é preciso que ela seja anulada. Na nota de rodapé de número 26, Marx afirma que não é preciso adequar a linguagem à inversão, mas sim alterar a relação real. Imaginário é, porém, o emprego do conceito de valor fora do contexto capitalista, em duas direções: 1. a categoria não tem, por si só, a força para diferençar uma relação de exploração de uma relação humana; 2. os conceitos de valor, que se baseiam em alguma outra coisa que não na constituição empírico-capitalista, não se diferenciam entre si em termos de onde estão suas forças de associação.

No terceiro volume de O capital,[20] Marx retoma a questão do preço do trabalho e do conceito de valor. Mencionamos que se incluem aqui valores tão diversos quanto o valor da dignidade, do direito de hospitalidade, da disciplina, da autorregulamentação, a evasão de sentimentos, o protesto. Na obra citada, Marx afirma:

> O "preço do trabalho" é algo tão irracional quanto um logaritmo amarelo. Mas, nesse contexto, o economista vulgar se sente absolutamente satisfeito ..., pois precisamente a contradição da fórmula em relação ao conceito de valor o livra da obrigação de entender este último.

Valor e preço do trabalho – assim como valor e preço de uma capacidade vital – são conceitos não econômicos, mas que – precisamente devido à sua resistência – são uma provocação no sentido de tentar entendê-los.

O valor irracional carece de uma relação e precisa se transformar em valor. Por essa razão é errôneo já agora chamar isso de valor, mas também seria igualmente errôneo separar do conceito tais valores imaginários. Eles são muito mais seus espinhos.

---

20 *Das Kapital*, Berlin, 1966, p.826, v.3, MEW, 25.

Se se entende a ciência como trabalho geral, como *general intellect*, então a formulação de Kant para essa forma específica de atividade é precisa:

> O *eu penso* deve *poder* acompanhar todas as minhas representações; ... Portanto, toda a diversidade da intuição tem uma relação necessária com o *eu penso*, no mesmo sujeito em que esta diversidade é encontrada. Mas essa representação é um ato de *espontaneidade*, ou seja, ela não pode ser vista como algo pertencente ao domínio dos sentidos.[21]

Kant não prossegue na investigação daquilo no que consiste essa unidade sintética original da percepção e não procura uma resposta para a questão do sujeito geral, não empírico, que aqui produz a partir da pura espontaneidade. Basicamente, ele considera essa espontaneidade tão dada quanto as doze categorias e o material de representações e conhecimentos possíveis. "E assim, a unidade sintética da percepção é o ponto máximo ao qual é preciso atar todo o uso do entendimento, até mesmo toda a lógica e, segundo ela, a filosofia transcendental. Sim, essa capacidade é o próprio entendimento."[22] Mas qual é a base dessa produção? Quem ou o que é aqui o sujeito da produção, se não podem ser os indivíduos empíricos?

Johann Gottlieb Fichte, o filósofo da Doutrina da Ciência, entende que sua ocupação consiste em colocar o que deve ser examinado de certo modo através de um experimento – em condições de compreender simplesmente o que era originariamente vivo e atuante na produção intelectual sem acréscimo do ponto de vista do filósofo, de *ser espectador* dessa atividade. Fichte radicaliza a virada transcendental à medida que tenta desvendar a base comum da razão teórica e da razão prática. Em Kant desintegram-se o imperativo categórico e o conhecimento; trata-se do acúmulo "casual" de diferentes potenciais num sujeito, o que levou Hegel a falar de um "sacos de gatos d'alma" [*Seelensack*] kantiano. Segundo Fichte, o eu volta-se sobre si

---

21 Kant, op. cit., p.136.
22 Ibidem, p.137, nota.

mesmo, procura reter o que realmente faz, tenta flagrar-se em seu próprio ato. "Assim, a primeira questão seria: Como é o eu para si mesmo? O primeiro postulado: Pensa, constrói o teu conceito tu mesmo; e observa como o fazes."[23] Na capacidade produtiva originariamente sintética, que Fichte descreve no eu, ainda não estão separados um do outro sensibilidade e razão, intuição e pensamento, ação e ato, sujeito e objeto, dever e ser. Essa unidade original não é pensamento, mas atividade.

> Assim, não é de todo insignificante, como pode parecer a alguns, se a filosofia parte de um fato [*Tatsache*], ou de uma ação [*Tathandlung*], (isto é, de pura atividade, que não pressupõe nenhum objeto, mas que o gera ela mesma, e onde o *fazer* [*Handeln*] transforma-se diretamente em *feito* [*Tat*]). Se ela parte do fato, então ela se coloca no mundo do ser e da finitude e lhe será difícil encontrar uma saída rumo ao infinito e ao suprassensível. Se ela parte da ação, ela vai direto ao ponto que une os dois mundos e com base no qual ela pode vislumbrar os dois com um só golpe de vista.[24]

Foi essa frase que levou Lukács a determinar os limites idealistas de Fichte a partir da impossibilidade de desvendar o sujeito verdadeiro da ação [*Tathandlung*], e a concluir que esse sujeito-objeto original não poderia ser outra coisa senão a nova classe, historicamente poderosa, do proletariado. Essa classe é o segredo desvendado da ação, e também, de um certo modo, da unidade sintética original da percepção, defendida por Kant. No curso do desenvolvimento da filosofia clássica, Lukács vê as antinomias da sociedade burguesa impelidas para o ápice de sua formulação conceptual sem que esse pensamento tivesse condições de resolver tais antinomias. A solução permaneceu reservada àquela classe "que estava capacitada para descobrir em si mesma a identidade sujeito-objeto – o sujeito da ação, o "nós" da gênese de sua razão de existir: o proletariado".[25] Lukács fala do

---

23 Fichte, J. G., *Zweite Einleitung in die Wissenschaftslehre*, in *Ausgewählte Werke in 6 Bänden*, Fritz Medicus (Ed.) Darmstadt, 1962, p.42, v.3.
24 Ibidem, p.52.
25 Lukács, G., *Geschichte und Klassenbewußtsein*, Amsterdam, 1967, p.164.

proletariado como de uma substância histórica, mas o modelo para essa identidade de sujeito e objeto ele o tira do duplo caráter da mercadoria chamada força de trabalho. A força de trabalho é a única mercadoria capaz de falar e de pensar.

> Este acréscimo da autoconsciência à estrutura da mercadoria significa, porém, algo diferente – do ponto de vista do princípio e da qualidade – do que se costuma chamar de consciência "sobre" um objeto ... Mesmo quando um antigo escravo, por exemplo, um *instrumentum vocale*, chega a se reconhecer como escravo, isso não significa autorreconhecimento nesse sentido: ele pode com isso chegar simplesmente ao reconhecimento de um objeto que, "por acaso", é ele mesmo ... Mas o autorreconhecimento do trabalhador enquanto mercadoria já é, na prática, um reconhecimento. Isso significa que esse reconhecimento provoca uma alteração objetiva, estrutural no objeto de seu reconhecimento.[26]

Mas como Lukács coloca imediatamente o aspecto do valor de troca da força de trabalho no papel de objeto que une o trabalhador à produção capitalista de mercadorias, e atribui o valor de uso da força de trabalho ao sujeito histórico da mudança social, em nenhum ponto de sua análise ele chega sequer a distinguir entre as formas da manifestação concreta do trabalho e o desgaste geral da força de trabalho que constitui o valor da mercadoria; não chega, portanto, a desenvolver ambos os lados separadamente, para então desdobrar sua dialética sob situações sociais específicas. O proletariado como um todo, assim como as partes, está livre das contradições que perpassam cada proletário singular; Lukács dá um salto do proletário isolado ao proletariado, que ele não hesita em imediatamente valorizar como substância. A dialética do geral e do particular, cuja falta foi um motivo essencial da impossibilidade de solução das antinomias do pensamento burguês, é resolvida em favor da generalidade. Para ele, o sujeito da ação continua obscuro, pois no fundo ele se orienta mais pelo lado da produção, pelo geral, que já está elaborado no mundo objetivo. A noção do trabalhador total, que já aparece em Kant,

---

26 Ibidem, p.185.

Fichte e – se considerarmos a contradição em processo – também em Hegel, está fundamentalmente associada ao problema da síntese, da ligação sintética das atividades intrínsecas a cada sujeito.

Por mais correto que possa ser considerar classe o que se apresenta aqui como realização sintética da produção, uma análise materialista não pode deixar de *desenvolver a variedade de formas, com a qual se deparam os seres vivos isoladamente, a fim de romper o véu tecido pela identidade e pela síntese produzidas pelo capital*. Em contrapartida, se tomamos a contradição entre trabalho concreto e trabalho abstrato contida na mercadoria chamada força de trabalho, o resultado são duas formas de trabalhador total: a primeira caracteriza o trabalhador total combinado de modo falso que possui, porém, um elevado poder de realização; a outra aponta para o contexto concreto do trabalho humano, cuja síntese correta, libertadora, só então precisa ser produzida e sem a qual também no sistema capitalista não pode haver nenhuma produção.

De um lado temos pura atividade; atividade geral, social, para o interior da qual não entra "um átomo sequer de matéria natural".[27] "Todo trabalho é ... dispêndio de força de trabalho humana no sentido fisiológico, e nesta propriedade de trabalho humano, ou de trabalho abstratamente humano, ele constitui o valor da mercadoria."[28] Ou, para citar um exemplo:

> A confecção e a tecelagem [e, poderíamos acrescentar, todas as outras formas de dispêndio da força de trabalho humana – O.N./A.K.], ainda que duas atividades produtivas diferentes do ponto de vista qualitativo, são duas formas produtivas de se dispender cérebro, músculos, nervos, mãos etc. Nesse sentido, são trabalho humano. Trata-se apenas de duas formas diferentes de se gastar força de trabalho humana.[29]

Como esse trabalho é trabalho geral, a objetividade de valor por ele produzida é "puramente social", é uma objetividade de

---

27 Marx, K. *Das Kapital*, p.62, v.1.
28 Ibidem, p.61.
29 Ibidem, p.58s.

valor que "só pode aparecer na relação social de mercadoria para mercadoria".[30] A partir da perspectiva da produção, podemos dizer que essa forma de trabalho geral representa uma unidade original sintética, um universo sensível e suprassensível de atividades, que forma o trabalhador total reunido pelo capital. Trata-se de um eu coletivo entendido como potencial, como pura atividade, cuja unidade – vista da perspectiva dos sujeitos reais – parece não possuir em si nada de empírico.

"Por outro lado", prossegue Marx, "todo trabalho é dispêndio de força de trabalho humana voltado para um objetivo bem determinado, e nessa condição de trabalho concreto, útil, ele produz valores de uso." A unidade sintética nesse nível precisa ser produzida de uma forma diferente daquela da autovalorização do capital. A produção dessa ligação "dá-se" segundo critérios orientados por princípios diferentes. Como no fascismo, essa composição pode ser errônea e levar, ao final, a uma destruição de partes da força de trabalho ou a um desvio de curso rumo a objetivos destrutivos; ou, ao contrário, ela pode ser efetuada conforme a medida dos interesses emancipatórios das pessoas. De modo algum ela pode ser a mesma síntese que resulta das condições, de certa forma transcendentais, do aproveitamento do capital. Some-se a isso o fato de essa forma de combinação do trabalhador total ser diferente de país para país. Um engano objetivo na análise desse trabalhador total reside sem dúvida alguma no fato de as atividades que nele apresentam uma certa tendência, pelo menos do ponto de vista de seu potencial, não poderem ser consideradas exclusivamente à luz dos critérios de sua função produtiva para o capital. *Trata-se de uma distribuição para toda a sociedade das formas de trabalho, às quais também pertenceria, por exemplo, a força de trabalho política, que necessariamente decorre do trabalhador total, desde que ele seja formado pelo capital.* Em outra obra,[31] tratamos em detalhe da questão de saber por que na Alemanha, e não apenas na grande filosofia idealista, o problema da identidade tem essa importância tão abrangente.

---

30 Ibidem, p.62.
31 Negt, O., Kluge, A., *Geschichte und Eigensinn*, Frankfurt/M, 1981, p.541s.

Complemento 3:
O poder do factual – o princípio de realidade na função de esfera pública de produção

O poder do factual pode assumir o lugar das garantias de circulação. Os interesses capitalistas mais avançados não estão interessados numa *parte* do mercado determinado por um valor de preços, mas sim na *tomada de todo o mercado*.[32] Surge uma nova estrutura de capital, em cuja *margem* se mantém a forma tradicional do capitalismo. Se no capitalismo tradicional o único elemento é a mercadoria, nas esferas públicas de produção as *partes combinadas da gigantesca reunião de mercadorias* são as células básicas. Isso inclui a transformação da circulação. A forma tradicional de circulação precisa estar fora de vigência, subordinada como subestrutura. Se um mercado é monopolizado, por exemplo, a aparência da esfera de circulação continua a existir, pelo menos da perspectiva de cada consumidor: ele compra alguma coisa contra uma certa quantia de dinheiro. Mas a totalidade da área de mercado que se encontra no monopólio não está mais livre da circulação. Não haveria dinheiro, a menos que ele fosse de um outro

---

32 Os fenômenos significam, então, que pode haver um aumento de preços mesmo no caso de uma superprodução, dentro da qual deveria haver, de acordo com as leis tradicionais de mercado, uma queda de preços (Baran/Sweezy). Alfred Sohn-Rethel constata no exemplo da Vereinigte Stahlwerke uma decrescente capacidade de adaptação da produção às oscilações de mercado. A partir disso, ele desenvolve um complemento essencial à teoria dos monopólios: a produção decresce quando é ela que determina as infraestruturas e quando assume o caráter de uma esfera pública de produção e passa a ditar normas, ignorando as leis de mercado. Nesse quadro, ela tende mais para a instituição da sociedade de trocas obrigatórias do que para o questionamento das possibilidades de produção nela relacionadas. Decorre daí a tese de Sohn-Rethel, do fascismo do "capital diferenciado". (A esse respeito, ver os artigos de Sohn-Rethel citados nas notas da edição comemorativa *L'invitation au voyage*.) A força de impulso não decorre apenas do interesse do capital de produção ameaçado, mas também da força de impulso dos trabalhadores a ele subordinados.

poder monopolizado, que pudesse comprar uma tal reunião organizada de mercadoria.[33] Quando um monopolista compra outras firmas só porque quer bloquear as patentes asseguradas e os desenvolvimentos para futuras produções, não é portanto a circulação que ele detém, mas a própria produção. É esse o seu interesse. O valor-dinheiro não traduz o valor que esse interesse tem.

O preço para processos de circulação sociais não expressos em moeda, que antes abrangia a categoria da honra, é caracterizado agora pelo rendimento, pela função, pela habilidade.[34] Se encontro reconhecimento, se posso realizar minha força de trabalho ou se sou desclassificado, essas coisas não se medem mais corporativamente. A indiscrição dos lugares pequenos ou o código de honra de uma classe superior são substituídos por um medidor de tempo de trabalho e pelo código da concorrência dentro da profissão. Não importa se possuo características que se voltam para várias direções: se na posição específica em que trabalho ou na posição em que desejo estar na sociedade elas não bastarem ao princípio da realização, sou excluído do processo. E nesse sentido de nada servem a autoavaliação ou o reconhecimento de que posso realizar alguma coisa em outras áreas.

---

33 Em seu livro *Die Zukunft des Marktes*. Ein Essay über die Regulation von Geld und Natur nach dem Scheitern des "real existierenden Sozialismus" (Münster, 1991), Elmar Altvater analisou de forma precisa a dialética interna do mercado moderno, tal como ela se apresenta após a falência do "socialismo realmente existente".

34 O processo, determinado pela honra, que regula o constante reconhecimento mútuo, só pode ser entendido a partir da perda da honra. Quem perde a honra é desclassificado. Nisso reside a determinação do estranho. Não posso medir o valor de câmbio da minha honra através de uma autoavaliação; é a parte da sociedade corporativa, à qual pertenço, que estabelece como um banco os *quanta* do meu comportamento. No *Fausto*, Margarida cai em desonra. Na *Cavalleria rusticana*, Santuzza desencadeia o duelo que será fatal para seu amado. Sem uma estrutura corporativa e sem o modelo permanente original dos nobres unidos entre si por um código de honra, a categoria da honra é vazia. Na tragédia burguesa *Luise Miller*, de Schiller, o pai perdeu sua dignidade, e a filha, sua honra. Para a dignidade deles, é preferível que ela morra a ter que pressionar o amante ou a ser desclassificada.

A categoria da dignidade foi a que menos transformações sofreu. Somente no uso linguístico é que a palavra experimentou um esvaziamento, porque *dignidade* e *comportamento adequado* separam-se nitidamente um do outro na experiência social prática. Duas coisas coexistem: de um lado, um sentimento nítido de que a identidade, o caráter absoluto de um posicionamento, o que há de inalienável numa pessoa exige reconhecimento, sobretudo na ênfase do conceito de Kant; paralelamente a isso, existe a sensação de que a imposição coerente de dignidade pessoal na cadeia de comportamentos relacionados ao rendimento, e que funcionam de forma puramente fática, é algo complicado e renitente. A categoria muda também de sentido. Bertolt Brecht fala da "anciã indigna". Sua dignidade consiste no fato de ela, após décadas de disciplina, após ter criado seus filhos, após ter-se subordinado ao contexto da família, poder agora, na condição de anciã, dispor de sua dignidade. Ela sempre teve que pagar, mas nunca concordou com o preço. Esse é o seu lado inalienável, que o meio entende como conduta indigna.

Ademais, a dignidade sempre teve uma forma histórica, e uma forma que, enquanto houver distinção entre as condições sociais, será sempre a forma de uma dessas condições: a dignidade, portanto, do mendigo, do nobre, do imperador, do cidadão (sob sua máscara burguesa de caráter), ou a dignidade das mulheres numa forma específica de repressão. Na sociedade estruturada de modo não comparativo, a dignidade ou a identidade têm características específicas de classes. Ela se apresenta como comportamento substancial na solidariedade e, nas camadas superiores, como comportamento relativamente privado na forma da ética. Foram motivos da dignidade pessoal que em princípio desencadearam o protesto ético e depois a resistência numa série de pessoas, que organizaram a oposição a Hitler. Também é sempre a dignidade que se defende numa greve, que briga pela porcentagem depois da vírgula. Mas é a partir dessa identidade que se desenvolve a solidariedade. A solidariedade não resulta dos momentos calculistas da luta de negociação.

O local em que são cunhados todos os elementos formais da nova circulação, que se expressa com ou sem dinheiro, não é mais o juramento, mas o *poder factual*. Certos juramentos apenas repetem a obrigatoriedade que a relação real já exerce. Se o Estado presta hoje um juramento, ele também quer se certificar da convicção subjetiva. Mas as relações concretas do serviço público, da justiça (quando uma testemunha é juramentada) ou da esfera militar não dependem muito dessa convicção subjetiva. A declaração não juramentada conduz à pena tanto quanto a juramentada; a margem real de apreciação da autoridade pública é previamente preenchida pelo comportamento uniforme das outras autoridades. A direção do presídio está sob o controle direto dos chefes de segurança, de diretrizes legais e do ministério. O professor é supervisionado pelo inspetor escolar, pelos pais e por seus colegas. Uma relação pessoal, como a que o juramento pressupõe, ao exigir fidelidade absoluta não existe concretamente em lugar algum. O envolvimento em relações fáticas é o que força o caminho, com ou sem juramento, para as relações de poder específicas, ao mesmo tempo em que produz um comportamento uniforme.

Mas se quase todos os conceitos históricos (à exceção do conceito de identidade) mudam de forma tão flagrante sua aura e posição, então são inúteis, pelo menos em princípio, as relações entre as necessidades básicas, que sempre se voltam contra essa nova versão (contra o monopólio, o princípio do rendimento, a recusa à solidariedade, o poder factual), e os protestos históricos contra preço de mercado, honra, perda da dignidade, a problemática do juramento. Por que citar as experiências passadas, se elas quase não alcançam as relações atuais e, de certa forma, têm sua seriedade histórica transformada em piada? Por isso, nosso ponto de partida é o de que o processo histórico sempre deve ser atribuído à raiz das categorias anteriores: *preços de mercado, portanto, enquanto responsáveis pelo enfraquecimento da força do indivíduo, que quer o intercâmbio universal do que é produzido*. Mas ao surgimento da categoria dos preços subjaz a necessidade que todo ser humano tem de se relacionar com o outro em esfera universal, pelo menos através de seus *produtos*. A mesma necessidade de estar em sociedade, porém, é a origem das necessidades que tendem ao estabelecimento da honra, assim como têm aí seu fundamento os protestos contra a cristalização corporativa e contra um código de honra vazio.

A necessidade de intercâmbio só se adensa quando se realiza. O ponto de partida é uma necessidade de associação que vem acompanhada da urgência, que força um intercâmbio. Soma-se a isso a satisfação de desejos infantis manifestos; por exemplo, o desejo de onipotência, do desenvolvimento de características em várias direções. Tudo isso só desenvolve a rica necessidade quando a circulação de dinheiro existe como experiência geral.

Em "Nationalökonomie und Philosophie", Marx cita Mefisto:

> Se posso contar seis garanhões, então a força deles não passa a ser minha? Eu sou o que posso contar..., o que consigo através do dinheiro, ... As características do dinheiro são minhas características e forças essenciais. ... Sou feio, mas posso comprar a mais bela mulher. Então não sou feio, pois o efeito da feiura, sua força assustadora, é anulada pelo dinheiro. Eu, por minha própria constituição, sou aleijado, mas o dinheiro me dá 24 pés: portanto, não sou aleijado; sou um homem mau, desonrado, inescrupuloso, desalmado, mas o dinheiro é venerado e, portanto, também aquele que o possui; o dinheiro é o bem supremo e seu proprietário, portanto, também é bom; aliás, o dinheiro me poupa do esforço de ser desonrado: todos presumem que sou uma pessoa honrada; sou desalmado, mas, se o dinheiro é a verdadeira alma de todas as coisas, como poderia ser desalmado aquele que o possui? Ademais, o dinheiro pode comprar as pessoas mais ricas de espírito e quem tem o poder sobre os mais ricos de espírito não é ele próprio mais rico de espírito do que aqueles sobre quem tem poder? Eu, que através do dinheiro posso tudo o que deseja o coração humano, não possuo todo o poder humano![35]

Se a forma de circulação do *dinheiro* e dos *preços* é a expressão invertida de universalidade e de riqueza humana, qual seria a expressão correta? Em sua teoria sobre o valor do dinheiro, Horst Kurnitzky descreve as razões históricas e por que os homens chegam a produzir a imagem simbólica do dinheiro e por que eles se apegam tão intensivamente a esse simbolismo. A forma de circulação do dinheiro e dos preços só pode ser superada por um outro tipo de garantia capaz de

---

[35] Marx, K., *Die Frühschriften*, Stuttgart, 1971, p.297-8.

atender mais de perto às necessidades do que o dinheiro o faz. Nesse contexto, de nada serve a simples vontade. Trata-se, portanto, de pesquisar o seguinte: o aprofundamento das ricas necessidades que entram na circulação do dinheiro; o comportamento divergente das necessidades que, em relação às formas básicas atuais de necessidades, desenvolveram na história formas de circulação e de intercâmbio sem a participação do dinheiro. Se o dinheiro e a lógica, assim como a honra e o juramento, surgiram como garantias de circulação não monetárias sob condições pré-capitalistas, que universais de troca haveria sob condições socialistas? Em que consistem os desenganos específicos da forma do dinheiro? Nesse contexto, que respostas podem nos dar a história, o presente?

Algumas das necessidades mais importantes – por exemplo, o desejo de receber um abraço ou de ganhar a simpatia das crianças – não podem ser satisfeitas pelo dinheiro senão de forma extremamente limitada, ao contrário do exemplo da compra de seis cavalos ou então de uma pessoa rica de espírito.

Um major deserta e leva para Stalingrado 800 *Reichsmark* em sua mochila. Em janeiro de 1943 ele os oferece ao piloto de um JU 52, que vai deixar Stalingrado, em troca de poder entrar no avião como clandestino e conseguir escapar. O piloto recusa-se a levá-lo. O homem se agarra ao trem de aterrissagem do avião e termina mutilado. As cédulas espalham-se pela neve e ninguém se interessa por elas. Fica caracterizada, assim, a situação em que dinheiro, honra e juramento, que levaram até esse desfecho, são insuficientes como meios de troca para a prestação de serviços. O exemplo é diferente daqueles da doutrina subjetiva de valor, que Marx critica: por exemplo, "meu reino por um cavalo", ou então o exemplo da noção de valor que um copo de água tem no deserto. E se diferencia pelo fato de que, aqui, continua a se tratar de algo como um contexto social intacto. De nada serve confrontar uma teoria do valor do dinheiro ou uma análise da circulação com exemplos nos quais não existe uma relação social qualquer. É contra isso que Marx se volta. Algo completamente diferente ocorre quando, num contexto social intacto, as relações de troca expressas por dinheiro se tornam obsoletas. Por exemplo, um interesse carente de troca é o de se conseguir proteção e manter a relação de reciprocidade contra a Terceira Guerra Mundial, contra a explosão de usinas nucleares ou outras catástrofes sociais. Mas

> não há qualquer segurança capaz de afastar o risco de um desenvolvimento político que leve à guerra. Há, portanto, a necessidade de um dinheiro coletivo, que não se expressa em moedas, mas que une as pessoas para garantir uns aos outros, pelo intercâmbio, sua segurança de importância vital. Na superfície subcutânea existem princípios para tais processos de intercâmbio; mas isso ocorre no momento em que se introduz a crença, quando as seitas – em troca da certeza na salvação – atraem para si força de trabalho e donativos, ou quando o presidente americano, por exemplo, imbuído da noção de um mundo curado e disposto a orar pelo bem, decide sozinho por batalhas eleitorais ou por ações bélicas. No último caso, dedica-se pouco e o eleitor também recebe pouco de volta. Trata-se, porém, da forma invertida de um dinheiro coletivo, cujas formas potencialmente mais precisas não encontradas.
>
> Vamos supor que alguém retorne de Stalingrado com tais experiências e com a firme intenção de que tal coisa jamais vai lhe acontecer outra vez. Pelo resto de sua vida ele vai tentar, junto com outros, realizar sua intenção: trata-se aqui, sem sombra de dúvida, de uma relação de troca capaz de circular, para a qual não há simbolismos abstratos capazes de medir o intercâmbio.
>
> A propósito, o patriotismo, a bandeira e as insígnias, enquanto símbolos abstratos, são um dinheiro coletivo que promete um equivalente, mas que não cumpre sua promessa.

A fidedignidade geral é a raiz de um juramento originariamente feito como relação de fidelidade de cima para baixo e de baixo para cima: *Protego, ergo obligo*.[36] Esta frase é ditada hoje

---

36 A submissão por juramento é a submissão dos vassalos. Mas o senhor feudal, por sua vez, também faz seu juramento. Se o vassalo quebra o juramento, isso é traição. Se o senhor trai o vassalo, ou seja, se não o protege ou se se aproveita dele, trata-se de felonia, que dissolve a relação de vassalagem. Em caso de necessidade, os vassalos matam os felonistas. Vassalo = vassus = valente. Jules Michelet, *Die Hexe*, Leipzig, 1963, reed. Berlin, 1977, p.23: "O vassalo dedica-se, mas se guarda e se reserva o direito de poder retroceder; eu vou mais adiante. A Terra é grande; assim

pelo próprio contexto de realidade. Ela fala de sociedade, de chances de realização, de participação. Numa palavra: fala a factualidade. Não se deve entender isso como promessa de proteção (pois não se trata de uma relação pessoal), mas sim como uma certa ameaça: eu, a realidade enquanto princípio, posso te anular a qualquer hora, na medida em que te excluo. Pobre de ti que, privado da realidade, perderia toda e qualquer proteção. Esse princípio, relacionado ao contexto da produção industrial, também pode se mostrar como ameaça na política das empresas; à medida que elas ameaçam a esfera pública com a perda de empregos, elas pretendem que a manutenção de uma empresa em pleno florescimento represente um tipo de relação de proteção, de sorte que sua falência significaria para os trabalhadores a perda de seu emprego e, com ele, a perda de proteção.

Mas o juramento ao princípio de realidade está mais profundamente enraizado nas pessoas do que na pressão econômica. Na jurisprudência, uma opinião desproposidada é uma opinião errada, ou seja, irreal, não importando o quanto ela possa ser bem fundamentada. Na medicina, o desvio das convenções da prática médica é um delito profissional. Em cada processo de educação o desvio de rituais introduzidos gera medos.

Oskar Negt/Alexander Kluge

---

como qualquer outro, também posso construir minha torre. Quando tiver erigido a antemuralha, saberei proteger o interior". "Mas esta é grande origem, a origem ideal do mundo feudal. O homem da torre aceita seus vassalos, mas lhes diz: 'se quiserdes, podeis ir embora e eu vos ajudarei, se for preciso; e vos ajudarei a ponto de, se vos atolardes no lodo, descer do cavalo para vos ajudar'".

Essa conjura de cima para baixo é rapidamente esquecida já no início da Idade Média. Ela sobrevive durante algum tempo nas monarquias alemãs. Ela vale sempre como um "antigo direito", que tem valor em si, ainda que não valha "para nós". Trata-se, portanto, de algo que existiu realmente na raiz e que não se tornou história. E que não desaparece com ela. A nós nos interessa a continuidade que uma tal raiz do juramento apresenta nas necessidades básicas do homem de hoje na Alemanha, indiferentemente do fato de eles terem consciência dela ou de isto ter consequências empíricas. O que afirmamos, com certeza, é que ela existe.

V. "DESTINO E POLÍTICA"

1 A humanidade como conexão obrigatória

As forças da interpenetração consciente das relações reais (ou também apenas da descrição enigmática), que apontavam para o século XIX em seu início, não se desenvolveram ao longo do século XX (Marx, Engels, Musil, Goethe, Darwin). É de grande relevância o fato de momentos do antigo estado de reflexão poderem ser revividos por reconstrução (Habermas, Foucault, Lévi-Strauss, Horkheimer, Adorno, Benjamin). O material social inconsciente, em contrapartida, multiplicou-se de forma monstruosa no século XX, de sorte que olhamos para dois séculos acoplados um ao outro, o século XIX e o século XX, como para um gigantesco mar de fatos, que as pessoas não absorveram ou que não podem de forma alguma ser absorvidos.

Essa realidade, composta de forças subjetivas e objetivas separadas umas das outras, tem o poder de destruir a vida sobre o nosso planeta: um poder que, antes disso, jamais houve, já que a vítima era sempre uma cidade, uma faixa de terra, uma família, um povo ou uma raça, mas nunca aquele que morava longe do que era atingido.

Via de regra, nos momentos em que um tal poder de destruição foi acumulado, ele foi também exercido. Troia é destruída, os membros da família de Agamenon matam-se uns aos outros; os avisos de nada adiantam: Cassandra é tão pouco ouvida quanto a autora soviética que seis semanas antes da explosão de Chernobyl denuncia e descreve a devastadora dinâmica de grupo em cada fábrica. Na história das sociedades humanas, provavelmente na própria história social do cérebro, do corpo e do espírito, é preciso supor um salto no desenvolvimento, uma transição, contra o qual até agora não encontramos um meio de nos proteger. Não estamos falando de uma constante antropológica, mas de um estado inacabado. O desenvolvimento não é tranquilo, mas se processa de forma rápida, provavelmente *antes* mesmo da fundação das cidades mais antigas e dos sistemas sociais obrigatórios. É preciso ter presente a fase inicial que foi saltada, curar as antigas feridas: criar seu "tempo de agora", voltar a atenção e o tempo para o momento em que se deu o salto.

Aquilo que em Kant e em Schiller constitui a ideia de humanidade, ou seja, o fato de que estimando-a em minha pessoa estou me ligando a todas as pessoas numa relação fraternal, transformou-se hoje em dia, sob as atuais condições de vida, numa *categoria da realidade*. Não se trata mais de um postulado, a que se poderia inclusive renunciar, mas de algo que literalmente marca o nosso cotidiano na forma da dependência mútua, do perigo de toda hora. Não posso simplesmente me declarar parte dessa monstruosidade chamada "humanidade" (no sentido de uma afinidade eletiva). Estou *condenado* a ela. A humanidade transformou-se, passando ao largo dos ideais, numa conexão do destino (*Schicksalszusammenhang*).

A total inadequação dos nossos sentidos de medida da espécie se apresenta diante do que produzimos

Nossos sentidos formaram-se no contato com a realidade objetiva. Marx diz que os cinco sentidos são um produto da história universal e que a indústria é "o livro aberto da psicologia humana". Isso mostra a estreita ligação entre visão, tato, audição, gosto e olfato e os sentidos sociais deles derivados, que têm seus objetos inequívocos. "Não posso sentir o cheiro" do meu odiado inimigo.

Mas de que valem as capacidades de nossos sentidos, quando se trata de algo que podemos chamar aproximadamente de uma conexão do destino? Não somos *objetivos* (*Sachlich*) quando entendemos que nada mais podemos fazer com nossos sentidos, senão usá-los. Nós os utilizamos como se usam as ferramentas. Os órgãos derivados da atividade sensível – pensamento e sentimentos, por exemplo – explicam essas ferramentas. Os sentidos são órgãos da proximidade; o pensamento e os sentimentos, ao contrário, têm a capacidade de vaguear à distância e podem chegar mesmo a inventar objetos.

É preciso imaginar mais uma vez e de forma exata essa capacidade subjetiva única: a possibilidade de preencher espaços com o pensamento, de se apropriar de tempos alheios, de transpor objetos ("realizar experiências no espírito") [*Probehandeln im Geist*]. A noção de que "o mundo não tem força em si para opor resistência ao espírito" nasce de desejos infantis, que são um tanto megalomaníacos. Em sua aula inaugural ministrada em Berlim, em 22 de outubro de 1818, Hegel falou da "coragem da verdade e da crença no poder do espírito" como os pressupostos básicos do estudo superior de filosofia e de um modo de existência humana.

> ... o homem deve honrar-se a si mesmo e respeitar com dignidade o sublime. Seus pensamentos não são amplos o bastante para incluírem a grandeza e o poder do espírito. A essência fechada do universo não tem em si força para opor resistência à coragem do reconhecimento; ela precisa se abrir à coragem, colocar diante de seus olhos sua riqueza e sua profundidade e levá-la ao prazer.[1]

Quase tão generosa quanto o "espírito" é a característica que quase todo mundo possui de exercer poder sobre outros através

---

1 Hegel, G. W. F., *System der Philosophie. Erster Teil: Die Logik*, in *Sämtliche Werke*, Glockner, W. (Ed.) Stuttgart, 1955, p.36, 8v.

dos sentimentos. A percepção da realidade, obtida dessa forma, é um pouco diferente da percepção que se tem das ligações reais de uma "conexão do destino". *Os sentimentos não são objetivos.* Eles não têm força para perceber uma coisa, se ela não designa outra coisa senão a afirmação: você não tem qualquer poder sobre os outros. O sentimento desaparece do lugar em que isso é dito no momento mesmo em que não resta dúvida de que isso é dito.

Também o pensamento não é objetivo, embora o seu ponto de partida seja diferente do ponto de partida do sentimento. O pensamento tenta justamente se abster do exercício de poder sobre o outro. À medida que o pensamento desenvolve sua força universalizada, ele paga o preço da perda de suas ligações a outros órgãos confiáveis e experimenta, assim, um enfraquecimento. O pensamento não é mais "a cabeça da paixão". Ele se comporta "sem ímpeto"; na prática, ele toma emprestados suas energias de outros pontos não controlados. Desse modo, o pensamento se liberta de seu próprio mundo. Ele produz objetividade à medida que dela precisa. A conexão do destino, onde essa realmente existe, não se torna visível através do pensamento.

Um homem caminha na chuva de maio. O que ele não pode saber antes que o locutor de rádio lhe diga é que essa chuva pode envenená-lo, graças à ação de ventos ocasionais. Se ele tiver filhos, vai suspeitar nas próximas semanas da areia das áreas de lazer, dos gramados e do que se come. Mas o nariz, os ouvidos, os olhos e o paladar não percebem o perigo. Ele sabe que o perigo está contido nesses objetos. Seis meses mais tarde, seu sentimento ter-se-á encarregado de enterrar esse conhecimento, sem que ele se dê conta disso. Através do pensamento, ele poderá fazer reviver sua experiência, mas ela estará sensivelmente enfraquecida pelo *desânimo objetivo* que cada lembrança desencadeia nele. A comunidade na qual ele vive e da qual pode retirar, caso os sentidos de nada lhe sirvam, uma última reserva de energia capaz de acionar o pensamento, o sentimento e a capacidade sensorial não tem qualquer influência concreta sobre a região de domínio soviético.

Na Alemanha existe uma particular dificuldade: o capital destinado à energia atômica parece estar separado do restante do capital. A eleição do estado de Niedersachsen, no sota-vento da excitação provocada pela catástrofe radioativa, parece ter sinalizado a falta de consequências políticas desse acidente público ocorrido em Chernobyl. Agora as atividades sensoriais unidas não querem sofrer outra decepção em sua realidade imediata. A probabilidade passa pelo fato de eu, ao reconhecimento de que sou impotente nesse sentido, preferir a ilusão de que ainda tenho alguma influência pelo menos no interior da minha comunidade.

O que descrevemos aqui é uma premissa, e não nossa concepção do poder dos sentidos dos homens. Através de olhares, do que se ouve dizer, da ingenuidade, do prolongamento de mentiras, do ilusionismo, da necessidade de apropriação – todas essas atitudes subjetivas nas quais não se reconhece a virtude de encontrar a verdade –, os grupos humanos, sob condições não objetivas, podem se orientar e se relacionar corretamente em coletividade. Mas eles não fazem isso porque seus sentidos estão atentos às relações transformadas, e sim porque o desenvolvimento, por meio do qual se tornam seres humanos, dura muito tempo. As orientações que se ligam a essas experiências, imagens e ilusões são evidentemente mais estáveis do que a estabilidade que o conhecimento e as informações são capazes de criar. O conhecimento, se não se associa a essas forças intensamente carregadas de libido, como que retrocede para uma consciência produzida social e sinteticamente, a qual, quando muito, poderia ser atualizada por um novo perigo visível. Pelo menos até que o conhecimento se transforme em negação.

2 Formas de relações [*Verkehrsform*], padrões de produção

A impossibilidade de reagir à ameaça com os sentidos humanos, juntamente com o processo obrigatório de socialização numa única humanidade, simplifica algumas das questões.

Existe um *topos* elucidativo: o processo revolucionário de uma sociedade sempre teve por fundamento um novo tipo de produção, que já existia antes dele. Marx também compara a revolução com um parto: algo que já existe, vive e força sua saída para a luz. Chama a atenção o fato de que o ideal socialista aceita a transformação das relações sociais antes que um novo modo de produção se estabeleça dentro da antiga sociedade. Surgem as noções do revolucionário profissional e do revolucionário na profissão. A sociedade burguesa desenvolve as ideias que apontam para além dela com base em relações reais de produção que se organizam em torno da imagem da propriedade privada e de um indivíduo autônomo, liberto da necessidade material, que se sente comprometido com as questões pertinentes à comunidade.

Não importa em que lugar do globo terrestre pessoas com experiência na forma de relação burguesa se encontrem umas com as outras: da sua reunião resultará uma sociedade burguesa. E isso ocorrerá até mesmo numa ilha isolada, como na história de Robinson Crusoé. O modo burguês de produção estende-se da administração britânica em Bengala até os cinturões industriais da Europa. Ele caracteriza o Ocidente selvagem, assim como o mercado negro de julho de 1917, na Rússia. Trata-se de uma *matriz que se multiplica quase automaticamente*. Quando imaginamos esse comportamento de acordo com as condições do mercado transportado para os tempos do Rei Artur, vemos como tudo isso não é assim tão evidente. Ninguém entenderia o sentido do tipo de procedimento capitalista se não fosse permitido, ou se não fosse possível usar o valor como meio de troca, porque entre salteadores ele simplesmente é roubado. O mais velho da família, por exemplo, graças à sua autoridade, atrai para si o valor. As aquisições do tipo de produção burguesa, e sua política, derivam de seu polo oposto, o poder da tribo, o roubo e a pilhagem realizados pelo soberano.

Marx diz que uma sociedade só se coloca tarefas que é capaz de resolver. O que significa isso no século XX? O movimento socialista não pôde (e ainda hoje não pode) recorrer a uma base segura e desenvolvida da produção e do intercâmbio. Desde a Idade Média existe solidariedade, auxílio mútuo, a reivindicação passional por justiça e uma prática cotidiana de produção comum. Mas tudo isso é sinal característico de formas de relação pré-capitalistas e refere-se a círculos estreitos. Sempre que escritores (desde Platão) empregaram esses elementos para o conjunto da sociedade e do Estado, fizeram-no na forma discursiva da utopia.

Em sua prática, os movimentos socialistas do século XX de forma alguma têm por base essas utopias socialistas, e tampouco as experiências solidárias e de cooperação, mais antigas. Com exceção da China, eles se comportam no sentido da dissolução ou da destruição da comunidade solidária e de cooperação, herança da vida em lugarejos, em tempos idos. Em nenhum desses movimentos pode-se reconhecer uma "matriz" própria para a produção e o intercâmbio socialistas. Isso vale sempre para o momento após a revolução. Enquanto se lutar contra o velho sistema de domínio ou contra o domínio estrangeiro, existirá em cada lugar em que há motivo para indignação um modelo transferível de resistência, de troca de experiência, de solidariedade. Para a "produção da reviravolta [Umsturz] social e da libertação", portanto, há um modo de produção que contém certos atributos do socialismo. Se partirmos da motivação expressa em "socialismo ou barbárie", então parece tratar-se de algo irreprimível, algo muito real. Se partirmos do fato de que após a revolução deve-se construir uma sociedade alternativa, então parece tratar-se de uma coisa vazia. Usando uma metáfora: trata-se de um comportamento comparável ao ato de se construírem fábricas e mais fábricas que não fosse além do momento de se fixar a laje. O resultado são ruínas.

Essas fraquezas levaram à busca de uma série de auxílios: empréstimos junto às ciências, volta a uma moralização das relações, formação excessiva de modelos formativos, tentativas penosas de autarquia diante do mercado mundial ("Segundo Mundo", "socialismo em um país", "transformação" ou "reeducação" de pessoas, alcançar e ultrapassar os países capitalistas, estabelecimento do socialismo em países do Terceiro Mundo segundo modelos próprios etc.). Nenhuma dessas tentativas engendrou uma integração duradoura de forças sociais, ou uma produção socialista autóctone.

De outra parte, é evidente que as necessidades de transformação (mesmo as voltadas contra o socialismo estatal, mas também todas as que se voltam indistintamente contra a barbárie, a repressão, a guerra, a injustiça) são elas próprias irreprimíveis. As forças subjacentes às revoluções são algo de real e exercem uma pressão constante. É provável que há tempos já se tenham formado rudimentos de uma forma de relação política *contraposta* ao abuso e de um modo humano de produção, ainda que não nos apercebamos deles no momento. No ponto em que desapareceu o "socialismo realmente existente", mas também nos pontos em que ele nunca existiu, surge uma superfície vazia. Nesse lugar em que algo desapareceu, e também no resto do mundo, distinguem-se continentes subjetivos da "possibilidade objetiva". Assim como no início do século XIX a cabeça dos ocidentais via em terras habitadas apenas por aborígenes continentes "vazios" a serem ocupados, hoje são enormes continentes virgens e desabitados que cobrem a paisagem subjetiva do homem. Nesses continentes não é preciso matar índios e búfalos, a fim de tornar suas terras cultiváveis e hospitaleiras. A força natural do homem desencadeia uma realidade mais rica, capaz de garantir uma maior reciprocidade em meio ao capitalismo e também contra cada um de seus componentes. Essa realidade tem de lidar sempre com mais de *um* capitalismo; são centenas de versões das formas de relações burguesas atuando, e elas pedem isoladamente respostas específicas, lógicas, adequadas, e que reagem isoladamente à negação fortalecida.

3 O direito de hospitalidade e o outro da razão

O conceito de humanidade em Kant tem uma dupla orientação: *de um lado*, é uma ideia obrigatória, inerente à razão, independente de qualquer experiência. *Por outro lado*, Kant fundamenta a necessidade da humanidade com argumentos práticos sobre a vida em comum em sociedade, e o faz à medida que parte de uma concepção concreta do mundo como uma esfera na qual as pessoas não se podem distribuir como num espaço infinito, mas em algum momento forçosamente chocam-se entre si. E porque isso é assim, cumpre tomar medidas que regulem a convivência pacífica entre os homens. O instrumento que Kant vê para isso é o *direito de hospitalidade*. A hospitalidade é o princípio segundo o qual aquele que se aproxima do outro com uma intenção não hostil tem, por sua vez, o direito de ser primeiramente reconhecido como concidadão pacífico. Isso não significa que ele já possua o direito de ser hospedado, de ser aceito dentro da própria casa do outro; mas não se pode ignorá-lo, se é possível "aceitá-lo" sem prejuízo para quem o aceita. O direito de hospitalidade não é um direito imperativo, sancionado por um poder, mas é um direito natural à medida que fere a humanidade aquele que não defende o direito de hospitalidade. A lesão ao direito de hospitalidade não é um delito pessoal, nem o delito de uma família em sentido amplo, ou de um povo. Uma característica da segunda metade do século XX é o fato de que a humanidade real (enquanto uma conexão imperativa) surge de uma maneira completamente diferente através da observação do direito de hospitalidade, seja através da comunidade fraterna ou da associação voluntária. Pela primeira vez na história moderna, surge uma superfície de contato humano que abarca toda a Terra. Essa "globalização" dissolveu o eurocentrismo. Contudo, à semelhança da unidade do Reich de 1870-1871 na Alemanha – que surgiu não através de uma união de eleitores livres, mas "a ferro e sangue" –, a união mundial do século XX baseia-se na relação obrigatória constituída pela moeda, o mercado e o poder. Esse contexto mundial mais *exclui* do que *acolhe*, numa dependência a mais recíproca possível e próxima de todas as relações. *Isso não é um projeto de humanidade no sentido de Kant*. Mas é preciso observar algo que está na base dessa evolução: as ex-colônias e também os países ameaçados pelo colonialismo e pelo eurocentrismo, mas que não se tornaram colônias, obtêm novas fontes a partir da própria existência dos países industrializados desenvolvidos. Nesses países, as técnicas de transformação e as ferramentas ociosas são tratadas como matérias-primas que eles adquirem por um bom preço. Podemos dizer que até a virada do século (e mesmo até 1941) o Japão era ameaçado pelos poderes centrais, mas hoje ele vê o mundo ocidental como uma *matéria-prima passível de colonização*.

Um outro tipo de apropriação é o que mostram aqueles países que, a partir de uma necessidade própria do desenvolvimento, tendem para a autarquia em relação ao mercado mundial. Essas autarquias do desespero são capazes de se apropriar e de aproveitar as técnicas que os países desenvolvidos põem de lado. O que nestes países é sucata, transforma-se para eles em valioso meio propulsor. Aquilo que no exemplo do Japão não precisa mais ser explicado em detalhe também pode significar uma inversão da colonização para outros países. Alguma coisa foi sugada um dia das colônias ou de países dependentes; mais tarde, modificada, volta a surtir efeitos no lugar de onde um dia saiu.

Essa observação encerra algo ambíguo. Podemos reformulá-la do seguinte modo: o papel dos usurpadores, dos que abusam e exploram o outro multiplicou-se. Potências medianas também aprenderam a lidar com eles. Mas também podemos chegar à seguinte formulação: os maquinários fazem uso do direito de hospitalidade de diferentes povos.

Para acompanhar a ideia de humanidade de Kant é preciso ter diante dos olhos os finais de época, as pausas. Aquilo que entendemos hoje por conceito de humanidade surge num tempo em que a limitação de nosso planeta azul torna-se, dia após dia, uma realidade do cotidiano. Nesta época começa a luta pela distribuição deste espaço limitado.

O estaleiro Vulkan em Bremerhaven foi à falência. Trata-se de um estaleiro cuja tradição remonta à época do programa de construção da frota do almirante Tirpitz. Nos períodos de escalada do armamento marítimo ali construíram-se navios de guerra; nos períodos de paz, navios a vapor. Por ocasião da venda em hasta pública, a República Popular da China comprou todas as instalações desse estaleiro modernizado. Elas tinham de ser transportadas e remontadas em Tsing-Tao. Uma parte do pessoal acompanhou as instalações. Em Tsing-Tao funcionam muitas cervejarias, que ali hibernam desde os tempos em que Tsing-Tao era colônia alemã. Teria sido perfeitamente possível que um estaleiro fosse ali construído por engenheiros chineses, ou então na época em que os colonizadores alemães ali estavam instalados. Na época da colonização alemã, sem dúvida nenhuma isso teria acontecido com mão de obra chinesa e supervisão alemã. Agora, importado sob supervisão dos chineses, o estaleiro trabalha em princípio com um pessoal misto. Mas a intenção é assimilar totalmente o estaleiro, após algum tempo de treinamento dos engenheiros e trabalhadores chineses pelo pessoal alemão trazido junto com as instalações.

O estaleiro Vulkan fracassou, porque implantou um programa de modernização que só permite a construção de navios-tanques de alta tonelagem, com no mínimo quinhentos metros de comprimento. Na duplicação dessa capacidade especial, o estaleiro vai à falência. O que os chineses recebem aqui não é a especialidade hipotética, mas a potência-tronco dessa fábrica de navios, que produz navios a vapor e de guerra de diferentes tonelagens, mas de forma alguma petroleiros especiais.

Nesse exemplo revela-se, sob diversos aspectos, um *pensar em proporções*: em primeiro lugar, terminada a Revolução Cultural, quando formularam *seu próprio* programa de modernização, os chineses encomendaram na Europa ocidental instalações de grande porte, já prontas. Tais instalações têm a desvantagem de que não apenas as peças de reposição mas também o pessoal de serviço, devem ser trazidos do exterior. Desde 1980 os chineses têm anulado todos esses grandes projetos altamente desenvolvidos do ponto de vista tecnológico e têm dado sua palavra de comprar a preços módicos as instalações que estão ameaçadas por crise no Ocidente. Em segundo lugar, os chineses estão interessados em que seus próprios técnicos desmontem as instalações, numerem cada parte componente, acondicionem-nas e depois, de forma autônoma, remontem novamente a mercadoria transportada. Entre outras coisas, há a vantagem de que os trabalhadores chineses, em contato direto com o objeto, se familiarizem com a moderna tecnologia. Eles tocam cada uma das partes, remontam-nas artesanalmente e sistematizam os processos de montagem numa sequência sintonizada com o tipo de produção artesanal.

> O tempo que leva para o estaleiro ser instalado no país que ele agora passa a servir não pode ser estendido da mesma forma pelo processo de transferência. Mas os chineses não procedem segundo o princípio de economia nesse processo de transferência, como lhes foi proposto pelos vendedores em quase todos os casos. Estes últimos supõem que seus parceiros no negócio queiram dispor das fábricas no menor espaço de tempo possível, e declaram-se prontos a desmontar as instalações eles mesmos e a transportá-las para a China.
> Finalmente, os chineses partem de um programa variado e de grande aplicação prática para a utilização da tecnologia transferida, que evita a hipertrofia da utilização unilateral, justamente o que leva tais fábricas à crise.[2]

O *pathos* da afirmação de direito na filosofia de Kant manifesta-se energicamente na *ideia de humanidade*. A representação de que a Terra é uma esfera na qual os seres humanos não podem se distribuir por espaços infinitos empresta a tal ideia uma materialidade que qualquer um pode entender. A paz eterna, de que fala Kant, não é apenas uma das respectivas comunidades estatais, mas significa um contexto vital concreto, que abrange todo o globo terrestre. As pessoas não podem evitar de se encontrarem umas com as outras, e como Kant parte em sua doutrina do direito das condições menos favoráveis, ou seja – como ele mesmo diz –, do fato de que "a guerra estaria vedada à natureza humana" e de que a índole maligna da natureza humana, ou seja, sua tendência a infringir regras, precisaria ser levada a sério, seria permitido, em vista de tudo isso, tomar precauções a fim de que as pessoas possam se comportar em comunidades, umas em relação a outras, se não fraterna e amigavelmente, pelo menos segundo leis que elas próprias estabelecessem. *A hospitalidade é um princípio transcendental, sob o qual se dão tais encontros*. E trata-se de um princípio transcendental porque não é preciso esperar pela experiência para saber se os encontros vão

---

[2] A esse respeito, cf. o capítulo Sozialkulturelles Lernen unter gunstigen Bedingungen, in Negt, O., *Modernisierung im Zeichen des Drachen*. China und der europäische Mythos der Moderne, Frankfurt/M, 1988, p.128s.

terminar em assassinato e morte, pois a razão sabe disso antes mesmo de viver a experiência.

A hospitalidade é um direito *fraco*; ele não possui a dureza das leis peremptórias, isto é, daquelas normas cuja validade pode ser obrigada pelo poder do Estado. Mas ele é uma lei que resulta da natureza humana, do direito natural, e pelo fato de atingir a configuração peculiar do gênero humano, possui um *status* mais elevado do que as leis positivas das comunidades existentes no interior do Estado. A noção de humanidade em Kant está carregada de um sentimento de paixão em dois sentidos: ele fala do entusiasmo da afirmação do direito e completa a legalidade com a legislação moral, na qual o imperativo categórico formula uma regra segundo a qual a moralidade representa a humanidade em cada uma das pessoas. Se me comporto de forma contrária à ética, estou lesando *tudo* o que este conceito de humanidade contém de esclarecimento, libertação e emancipação. A legalidade é algo *externo*, cunhado no *comportamento* das pessoas; a moralidade, que se refere à humanidade, produz a *relação entre o mundo e o interior do indivíduo*.

Kant considera uma ilusão a ideia positiva de uma república mundial, porque ela pressuporia um estado de direito válido para o mundo inteiro. Se o direito civil mundial está limitado às condições da hospitalidade geral, então se reconhece *o estranho, o outro da razão europeia*, sem que neste caminho rumo à ampliação da experiência se tenha que temer o olhar invejoso da tomada de posse.

Aquilo que Kant formulou como sendo a ideia de razão, e que modernamente se pode perfeitamente ler como um projeto utópico para explicar as experiências, possui hoje todos os meios para a sua realização. O modo tocante como Kant transforma a imagem esférica da Terra em ponto de fundamentação empírica de uma ideia de razão não desperta em nós, dois séculos depois, senão recordações sentimentais. Quando ele fala da comunidade de povos na Terra *que podem entrar em relação efetiva entre si*, ele quer dizer presença espaçotemporal, contato corporal e atualidade física. O turismo ainda contém vestígios disso. Mas o desenvolvimento das tecnologias de comunicação e de informação baniu da Terra e tornou porosos todos os obstáculos de movimento. A resistência material, que constitui o oposto absoluto da ideia de razão de Kant, transformou-se, como a produção da contemporaneidade dos acontecimentos, *que estabelece entre as pessoas e os povos uma relação efetiva, sem que eles precisem de fato se encontrar uns com os outros, numa realidade fantasmagórica da qual se retirou a força de gravidade terrestre.* Em contrapartida, a substância material, a resistência e a inflexibilidade revelam a dureza do problema não solucionado que a ideia de razão de Kant caracteriza.

Oskar Negt/Alexander Kluge

VI. CHAGAS CHINESAS. SOBRE O SIGNIFICADO POLÍTICO DO LUTO, DA MORTE E DO TEMPO

1 A falta de realidade da *Realpolitik*

A opinião pública mundial, em meados dos anos 70 totalmente fascinada pelas expectativas de como o país comunista mais populoso do mundo encontraria o caminho para a abertura ao Ocidente e para a democratização de suas próprias estruturas sociais, concentrou-se uma década mais tarde na transformação social da União Soviética sob o signo da *glasnost* e da *perestroika*, e hoje, com uma fixação quase maníaca, concentra-se na questão da Alemanha unificada e no Leste europeu. O perigo dessa rápida mudança do centro de atenção preocupa, porque os problemas que surgem não são solucionados e as tarefas que se colocam não são resolvidas por processos políticos de trabalho a longo prazo. A aparência objetiva do desenrolar do curso do mundo tem como consequência muito mais o fato de que o *arsenal de inícios abortados*, de problemas vitais não resolvidos e reprimidos, progride tanto quanto as montanhas de sucata e de lixo do desenvolvimento industrial. Se a *aceleração incondicional* é a lei da eliminação pelo esquecimento, então o contratrabalho só pode ser segurar os aros da engrenagem do tempo de ação e criar tanto espaço quanto possível para o *tempo de reflexão coletivo*, usando para isso cada palavra, cada ação.

Em junho de 1989, por ocasião do massacre da Praça da Paz Celestial, a extensão dos crimes que se cometiam em nome do socialismo e do comunismo era conhecida, mas não suficientemente documentada. O ataque desumano da casta governamental chinesa à Praça Tiananmen punha por terra as análises inspiradas pela esperança num processo social de modernização na China.[1] Alguns céticos já haviam alertado diversas vezes para o fato de que não estava de forma alguma *assegurada* a decisão básica a favor de uma política de modernização orientada para o Estado de direito e fundada numa esfera pública livre de domínio. Mas as análises sobre os imperativos da situação econômica, sobre as características de trabalho de uma cultura da enxada e da horticultura como a da China, sobre *medida e meio da tradição política chinesa*, favoreceram a noção de que seria improvável um retrocesso à prática brutal de repressão da população que, entretanto, se rebelara. Foi um engano.

É evidente que a luta pela sobrevivência dos grupos que brigam por seus privilégios de poder tem como consequência a violência, justamente nos pontos em que os meios do poder ainda se encontram à disposição do aparato do Estado e dos partidos. Como em tais sistemas não ocorre uma *troca digna de poder*, todo aquele que se arrisca a fazer acusações, desprezando por livre e espontânea vontade o poder, na verdade está empenhado em permanecer junto à alavanca de comando até a velhice, ou até que sua condição biológica impossibilite sua locomoção. Até os conhecedores de tais relações se surpreenderam com o fato de o próprio Xiaoping (não sem razão taxado de arquiburocrata por Mao Tse-tung), que no período após a Revolução Cultural incentivou uma política de equilíbrio orgânico das forças de desenvol-

---

[1] Essa esperança numa transformação pacífica da sociedade foi o fator determinante também de meu livro sobre a China. Cf. Negt, O., *Modernisierung im Zeichen des Drachen*. China und der europäische Mythos der Moderne, Frankfurt/M, 1988.

vimento, ter-se envolvido na prática nua e crua da violência. Tal envolvimento, porém, mostra que nessas constelações de poder se deve esperar pouco das boas intenções das pessoas isoladas e revela o quanto são inconsistentes as ações políticas espetaculares, tanto as sangrentas quanto as não sangrentas, diante das estruturas básicas do desenvolvimento de uma sociedade. Sempre se tentou (e essas tentativas sempre fracassaram) interferir com um ato concentrado de violência na "lógica de desenvolvimento" de uma sociedade como a chinesa, que desconhece o progresso linear, o acúmulo de traços de ação, impregnada muito mais por frequentes deslocamentos no tempo e no espaço, a fim de transformar o rumo do desenvolvimento social. Na história moderna, trata-se claramente de uma tendência de pequenos e grandes detentores de poder que, usurpando o sistema, querem elevar a política à categoria mítica do destino.[2]

Nesse ínterim, dois anos e meio após os acontecimentos que abalaram o mundo e que exigiram ameaças de punição aos autores da carnificina de 4 de junho, a situação na China ficou inquietantemente calma. As veementes manifestações de protesto do Ocidente cederam diante da marcha relativamente normal dos negócios com aquele país e com seus grupos de liderança, que em nenhum momento ficou exposta a perturbações mais sérias. Não que esse rápido esquecimento mostrasse o quanto os problemas foram facilmente solucionados; muito mais característico nesse contexto é a absoluta dispersão da atenção numa *sociedade mundial*, que ainda não superou sua estrutura de violência, algo que ela conserva intacto no mais recôndito de si.

---

2 Conta-se que durante o congresso de príncipes de Erfurt, realizado em outubro de 1808, Napoleão – no auge de seu poder e do seu reconhecimento na Europa – concedera uma audiência a muitos cidadãos honorários de Sachsen, entre eles também Goethe. Ele tinha lido *Os sofrimentos do jovem Werther* e começou a falar da falta de atualidade das tragédias. Desse encontro, Goethe registra o seguinte: "Assim, ele passou a falar também sobre as tragédias, que não aprovava. A seu ver, elas fariam parte de uma época mais sombria. 'O que se pretende com o destino agora?' – perguntou ele. 'A política é o destino'".

Por duas vezes nesse curto período de tempo o fantasma do sangrento espetáculo de Tiananmen esteve vagando por sobre nossas cabeças. Em alguns momentos, cujas consequências ninguém pôde avaliar exatamente, foram possíveis interferências em processos de transformação social, de cuja impossibilidade de retrocesso só se pôde ter certeza mais tarde. A primeira vez foi quando o Estado do Partido Socialista Unificado da República Democrática Alemã (*Sozialistische Einheitspartei Deutschlands* – SED), abandonado por seus aliados e fortemente acossado pela população, viu-se diante da escolha *entre arriscar o cumprimento da tarefa do sistema de poder ou usar a ação militar*. O fato de a "solução chinesa" – assim como a lembrança da bem-sucedida repressão dos movimentos populares democráticos em junho de 1953 na RDA, em 1956 na Hungria e em 1968 na Tchecoslováquia – ter sido seriamente considerada pelos burocratas do Partido Socialista Unificado (conforme Egon Krenz declarou publicamente no verão de 1989) é tão indiscutível quanto o fato de que ela, independentemente das vontades políticas e das convicções dos detentores do poder em Berlim oriental, não pode mais ser praticada. *A repetição do ataque maciço de violência não era mais possível, nem mesmo como farsa*.

Na segunda vez, a "solução chinesa" esteve muito mais próxima de se tornar realidade: 3.500 tanques, mais do que o Exército Vermelho precisara para tomar Berlim em 1945, foram convocados pelo "comitê de emergência" que em 17 de agosto de 1991 declarou deposto o líder Gorbatchov para garantir o direito bélico e o estado de exceção declarado por meio ano. A demonstração de violência foi gigantesca, mas não teve sucesso: houve paralisia e ruptura do desejo de resistência da população, utilização e aplicação prática dos sentimentos de decepção em consequência da *glasnost* e da *perestroika*. Três dias depois, chegava ao fim o espetáculo dos golpistas, um amontoado confuso de generais, economistas e burocratas de partidos insatisfeitos.

Para a descrição da *ausência de realidade* dessa forma de *Realpolitik*, que se apoia no poder dos militares, na perícia dos burocratas e no refinamento tático dos políticos, Hegel e Marx formularam duas expressões célebres, fórmulas situacionais condensadas, que mostram repetições curiosas, distorções, contrassensos e efeitos contrários em processos históricos.

A "ironia da história", a primeira dessas expressões cunhadas por eles, consiste no fato de que os líderes e os partidos que surgem com programas e planos políticos e que se consideram eles mesmos os sujeitos das transformações geralmente acabam fazendo o contrário do que pretendiam. O que os golpistas soviéticos de agosto de 1991 não pretendiam aconteceu: irreversibilidade das transformações sociais introduzidas por Gorbatchov. Com o *slogan* da "ordem" todos os problemas importantes seriam "solucionados" pela força: recusa às reivindicações por autonomia dos nacionalistas, desmantelamento dos movimentos pelos direitos civis, restrições às comunidades religiosas que se renovavam etc. Depois de três dias, o que se conseguiu foi a aceleração da luta pela independência dos povos, o fortalecimento da consciência democrática das pessoas, a dissolução daquela organização que desde fins dos anos 20 havia sido o centro de todos os crimes cometidos naquele país: o partido bolchevista cunhado pelo espírito stalinista.

A "repetição" de acontecimentos, uma experiência histórica *déjà-vu*, é a segunda expressão. No início de *Achtzehnten Brumaire des Louis Bonapartes* (*O Dezoito Brumário de Luís Bonaparte*), Marx diz: "Hegel observa em uma de suas obras que todos os fatos e personagens de grande importância da história do mundo ocorrem, por assim dizer, duas vezes. Ele esqueceu-se de acrescentar: a primeira vez como tragédia, a segunda, como farsa". Mas essa observação não está completa. Marx se esquece daquela "repetição" em que situações trágicas como que reaparecem, só que para uma transformação, como sinais da fantasia organizativa da resistência, da coragem da população, do uso intrépido de formas simbólicas de expressão.

Boris Ieltsin, o presidente russo que nesse ínterim se tornara um crítico acirrado dos crimes da KGB e do Partido Comunista, estando em meio à multidão que cercava o prédio do Parlamento a fim de evitar que ele fosse tomado, subiu num tanque para dizer aos presentes, com simplicidade e clareza, que os golpistas eram criminosos de Estado, que precisara desistir, e que Gorbatchov deveria reassumir a presidência da URSS. Em 1917, quando veio a Petrogrado, Lenin também subira num veículo militar para proclamar as suas chamadas "Teses de abril": A paz agora mesmo! Toda a terra aos camponeses! Todo o poder aos sovietes! Outra clara "repetição" dos acontecimentos de Moscou: a situação de Praga em 1968, no mesmo dia 21, só que exatamente 23 anos antes. Quando os tanques dos stalinistas unidos do bloco oriental invadiram um "país irmão socialista", como eles mesmos o chamavam, a resistência da população não foi suficiente para evitar a repressão sangrenta. Houve mortos e feridos. O funeral de Jan Pallach, que ateara fogo ao próprio corpo em Wenzelsplatz, Praga, em protesto contra as forças de ocupação, foi expressão da verdadeira substância política desses acontecimentos: sentimentos e fantasias que continuavam a ser nutridos e trabalhados sob o peso do "socialismo realmente existente", até o ponto em que esse sistema acabou em nada. Um escritor dissidente na condição de presidente de um Estado certamente não era exatamente o que os praticantes stalinistas da *Realpolitik* do bloco oriental haviam estabelecido como meta de suas intervenções.

2 A confrontação sensível com a morte

O massacre da Praça Tiananmen, assim como tantos outros atos de violência na história, desfigurou, fez retroceder e inverteu o curso do desenvolvimento social em muitos momentos. Mas essa ação militar não conseguiu criar uma alternativa que transformasse de forma convincente a vida cotidiana das pessoas. Isso porque é absolutamente impossível manter um processo de modernização *que não associe cada passo da racionalização dos métodos de produção e dos estilos de vida com a ampliação dos direitos democráticos de decisão das pessoas*. A reivindicação, já levantada na fase final da Revolução Cultural por dissidentes isolados, segundo a qual as quatro modernizações (na ciência/tecnologia, na agricultura, no aparato militar e na indústria) somente ganhariam uma configuração substancial quando se aceitasse que o *processo de democratização* do Estado de direito é o começo e o fim da mudança social, nada perdeu em importância e atualidade. A luta pela *quinta modernização*, ou seja, pela democratização da sociedade chinesa, foi interrompida pelo banho de sangue na Praça da Paz Celestial. Mas é claro que isso não para por aí. O fato de a cúpula dirigente um ano mais tarde ter de fechar esta praça-símbolo para manifestações em memória dos mortos revela o medo profundo da camarilha dominante de ter um destino semelhante ao de Ceausescu.

Os mortos são um caso particular – e também político. Aqueles que conheceram os crimes do stalinismo, seja por intermédio dos relatos de testemunhas oculares, seja por intermédio de descrições, podem bem imaginar o que aconteceu ali. Com muitas outras pessoas, porém, acontece algo parecido com o que se deu com Hannah Arendt: num discurso após a guerra, ela confessou que de fato há muito tempo tinha uma *noção* do que era um campo de concentração, mas um resto de dúvida ficara com ela até o dia em que os aliados invadiram os campos de concentração e os relatos de montanhas de ossos, óculos pisados e dentes de ouro ganharam a autenticidade de imagens públicas.

O que ocorre hoje é um encontro físico semelhante com a morte relacionada a crimes históricos violentos: os locais de extermínio de crianças na Romênia; as valas comuns de Katyn, repletas de oficiais poloneses executados como prisioneiros de guerra, que ingenuamente correram para os braços das tropas soviéticas porque seu próprio governo havia dado a sua palavra de que a União Soviética não era um país inimigo; as valas na RDA, que ocultam restos mortais de pessoas que morreram de fome, ou então que foram torturadas até a morte, algumas das quais talvez com alguma participação em crimes de guerra nazistas, mas a maioria constituída de insubordinados, pessoas que não queriam se submeter e que foram mortas no mesmo solo em que, em parte, já os nazistas haviam exercido seu ofício assassino. *Agora, o socialismo também tem seus gólgotas.* E, como na China, as mortes não redimidas e os mortos não reconciliados transformaram-se em ameaça para a classe dominante; transformaram-se em monumentos em memória dos crimes que frequentemente foram cometidos contra as pessoas que por toda a sua vida confiaram nas ideias que, num ato de abuso de poder, foram usadas como pretexto para a legitimação de seu próprio extermínio.

Dois anos e meio já se passaram desde o susto que veio da China; os líderes chineses precisam impedir sua própria população de chegar à Praça da Paz Celestial para a homenagem aos mortos, que quinze anos antes pusera fim à Revolução Cultural. *O perigo vem dos mortos*. Até mesmo a coroa de flores para Hu Yaobang, o secretário geral que apoiou a versão democrática da modernização, precisou ser retirada pela polícia e pelo exército. Tão profundo é o medo dos detentores do poder.

3 Repressão e imperativo de repetição

O que aconteceu diante dos olhos da opinião pública mundial na Praça da Paz Celestial em Pequim deixou de ser algo longínquo e estranho à nossa sociedade, pois o círculo de uma unidade forçada do mundo fecha-se cada vez mais. Também seria incorreto emprestar ao protesto contra os aparatos militares selvagens na Ásia, África ou América Latina, para quem vidas humanas são indiferentes, o tom europeu da arrogância humanitária. Depois de Auschwitz e de Hiroshima, uma das condições da civilidade é manter viva a memória de seus próprios crimes coletivos, e não achar que se está por cima das barbaridades cometidas por outros.

Mas não se trata apenas da defesa de padrões morais. Certamente ela é de grande importância para a convivência das pessoas e dos povos. Mas a rápida moralização de fatos sociais e históricos nada esclarece sobre as estruturas que a eles subjazem. O caso da China nos diz respeito (e isso também em nada muda o dispêndio de tempo de uma opinião pública mundial voltada para o oportunismo) na medida em que estamos preparados para opor resistência, dentro de nossa própria sociedade, à eliminação dos que pensam diferentemente, ao retorno da repressão, ao repúdio à realidade. Na Alemanha, a violência pode se manifestar de forma sutil, mediata e secretamente; mas em cada ato de *repúdio* e *repressão* atua um potencial sociopsicológico que gera violência.

Extrapolaríamos em muito o âmbito deste trabalho se tentássemos explicar em detalhe por que o ato de violência cometido em Pequim contra pessoas de todas as camadas sociais que protestavam pacificamente contradiz frontalmente a tradição chinesa da "longa marcha". Pode ser que os mais velhos, que exercem o poder até hoje, tenham tido medo de uma nova Revolução Cultural, e por isso reagiram em pânico. A possibilidade de esse medo aparecer já é talvez um dos motivos pelos quais se respondeu com violência a manifestações de massa pacíficas. Curiosas inversões estão em jogo aqui: esses homens mais velhos, que a experiência não conseguiu transformar em mais inteligentes, sobreviventes das revoluções culturais de 1966 e de 1976, no decorrer das quais a maioria deles havia sido humilhada, torturada e presa, repetem literalmente em outros o que lhes tinha sido feito um dia. Em certa passagem, Ernst Bloch observou que a história não se repete; mas nos pontos em que alguma coisa não se transformou em *história*, ali sim ela se repete sem parar. É difícil pensar uma constatação mais horripilante de um conhecimento filosófico.

Os crimes da Revolução Cultural foram *abafados* [*verdrängt*], exatamente como na União Soviética, sobretudo na era Brejnev, o stalinismo foi *abafado* [*Verdrängte*]. Esta é a primeira condição para que ocorram as repetições. É consternador observar como *o que foi reprimido* consegue abrir um caminho, secretamente, até mesmo na inversão radical das intenções dos autores. As humilhações, combinadas com a exortação do Estado às denúncias (de sorte que, por exemplo, as irmãs traem seu irmão, lesando assim, de maneira fundamental, um "direito natural chinês"), são tão parecidas com as imagens que chegaram a público durante a Revolução Cultural que isso só pode ser obra de uma repetição (chapéus ponteagudos de papel branco como símbolo de humilhação) – mas de uma repetição que possivelmente não é percebida sequer por aqueles que a realizam. Rituais arcaicos de castigos, de expulsão da sociedade e de execução são apresentados dia e noite para um público de milhões de espectadores que só na década da modernização chegou a ter aparelhos de TV. Quando a repressão a um povo assume uma tal atualidade, inconsciente e onipresente, via de regra está conectada a ela um perigoso repúdio da realidade.

O repúdio da realidade consiste no fato de que a prática de dissimulação só pode ser assegurada na medida em que ela recusa a prova dos experimentos concretos da situação, com a qual é confrontada. *O uso da violência é um ato de simplificação e de produção de relações claras.* Assim veem os dominantes. Na realidade, porém, começa um processo novo, complicado e excêntrico, de dispersão das energias da sociedade. Deng Xiaoping vai entrar para a história como "o modernizador das execuções com um tiro na nuca"; ele, que *antes* do sangrento junho de 1989 tivera boas chances de se alinhar ao lado dos grandes estadistas do século XX. (O fato de Helmut Schmidt, segundo consta, ter-lhe atestado essa importância na primavera de 1990 é, porém, um sinal de confusão de gosto político.)

4 Rituais de luto coletivos e esfera pública

Os *rituais de luto coletivos* decretados pelo Estado ficaram à luz da esfera pública. Enquanto eles forem um atestado de poder, todos os regimes autoritários do mundo vão usar e abusar deles. Os nazistas eram mestres do luto ordenado. De um modo geral, o luto coletivo proíbe as críticas àqueles que representam a paz e a ordem. Mas não é por acaso que nas duas últimas décadas *dois* rituais de luto coincidem com o início de desenvolvimentos sociais decisivos na China: 1. Quando Chou En-lai morreu, inúmeras pessoas reuniram-se na Praça da Paz Celestial para homenagear um homem que gozava de grande prestígio junto ao povo. Mas à cerimônia fúnebre não tardaram a se mesclar palavras de crítica contra os governantes, contra o chamado "bando dos quatro". Do luto coletivo o povo criou uma *vontade crítica própria*, que anunciava o fim da Revolução Cultural. 2. O luto coletivo pela morte do secretário geral do partido, Hu Yaobang, levou muitas pessoas em maio de 1989 à maior praça de Pequim, a Praça Tiananmen. E também dessa vez surgiu do luto uma manifestação política por mais democracia, pela ampliação do espaço de participação pública, pela autodeterminação política.

A China não é o único país em que os rituais de luto organizado às vezes fogem ao controle dos dominantes e – sobretudo quando estão em jogo torturas, execuções, humilhações públicas etc. – provocam sentimentos discrepantes no público. A história europeia também tem seus exemplos. A repressão da morte pública parece ter sido mais bem-sucedida do que a repressão do luto público. Mais de quatro séculos são passados desde que Damiens, que assassinara seu pai, teve que sofrer uma morte por execução que se estendeu por vários dias, diante de toda a opinião pública. Todas as formas de tortura inventadas até então pelo cérebro humano tiveram de ser aplicadas. Cavalos puxaram-lhe os membros, quebraram-lhe braços e pernas. Mas Damiens amaldiçoou Deus e os padres até o golpe de misericórdia. O povo os amaldiçoava junto com ele, mas também resmungava sua insatisfação. Os diretores desse espetáculo de morte pública não eram capazes de determinar se aquela *intimidação intencionada* era maior do que a compaixão pela vítima e a aversão aos algozes, que agiam com ares de nobreza e de bênção religiosa.

Mais tarde as execuções foram banidas para o pátio interno das fortalezas e das prisões. Elas só se transformavam em eventos públicos quando se tratava de sentenças de execução de tribunais de revolução. Com a crescente autoconsciência da burguesia, a morte desaparece da ordem do dia da sociedade. Ela é privatizada, assim como os cemitérios são empurrados do centro das cidades e povoados para a periferia, onde passam a ser guetos.

À medida que cresce a expectativa de vida das pessoas, a morte transforma-se num escândalo também para seu mundo afetivo e para sua consciência. *Para a ávida economia de tempo da sociedade burguesa, que segue a racionalidade instrumental como regra predominante, tudo o que não exprime uma funcionalidade salutar é inútil.* Os loucos, outrora membros naturais da vida da cidade ou do povoado, são trancafiados em sanatórios; os pobres e miseráveis são recolhidos das ruas. Por detrás dos muros cada vez mais sólidos de uma sociedade que se pretende esclarecida, por detrás do desenvolvimento e da prosperidade econômica, esconde-se aquilo que questiona sua existência e seu brilho.

Na sociedade pré-capitalista, vida e morte fazem parte do contexto conjunto da existência em sociedade. São acontecimentos que mantêm seu poder verbal de expressão. A morte está ligada de muitas formas ao nascimento. Quando o nascimento representa um risco de vida para mãe e filho, é preciso lidar com a morte de modo necessariamente diferente do que numa sociedade em que a morte via de regra não está diretamente associada ao nascimento. Assim, é absolutamente ambíguo o que as eliminações e as repressões da morte provocam. Não se pode formar um mundo afetivo de pesar sobre a morte de uma criança enquanto a *infância* não é tida como uma *época especial*. A infância nesse sentido significa a eliminação da vida social dos adultos e a supressão de relações vitais entre as gerações. Em meados do século passado, quando Friedrich Rückert perdeu seus dois filhos num intervalo de três anos, seu desespero foi tamanho que ele escreveu milhares de poemas infantis. Só uma pequena parte deles foi publicada. Antes disso, jamais alguém tratara de forma comparável a questão da morte de uma criança. Mesmo o "Erlkönig" [*Elfo-rei*] de Goethe não mostra a vastidão e a profundidade de sentimentos dos poemas de Rückert, posteriormente musicados por Gustav Mahler. O surgimento da infância é o motivo pelo qual as crianças perderam sua condição social natural de vida e de aprendizado, foram submetidas a um tipo especial de educação, mas também se tornaram destinatárias do luto e do sentimento de perda.

5 Matar não é tabu. Tabu é a morte

Na nossa sociedade, *matar* não é um tabu. Tabu é a *morte*. Os meios de comunicação se alimentam da curiosidade das pessoas em relação às catástrofes. É como se as pessoas, para eliminar o medo da morte, para erguer barreiras contra a consciência do mais aquém e da finitude desta vida, tivessem que ver todos os dias como a vida é arriscada e sem valor. O *prazer da vida está sujeito a censuras públicas muito mais rigorosas do que o prazer da violência, da tortura e da matança.*

Mas por que Norbert Elias pode falar da "solidão do moribundo em nossa época", quando hoje em dia morrer está entre os acontecimentos cotidianos da representação e nos meios de comunicação é mais uma vez sugestivamente duplicado?

A morte é, sem dúvida, a declaração de um fim que não se prolonga nem mesmo nas partes reconhecíveis do mundo das coisas. A observação de Hegel na *Grande lógica*, de que o não ser do finito seria o ser do absoluto, é para nós, numa época pós-metafísica, difícil de ser compreendida. Ela tem hoje traços de infâmia. Onde a vida sofre a pressão do tempo, não há tempo para se ocupar da morte. A inquietação interior de se aproveitar o tempo é, ela mesma, um elemento mortal, um elemento do *tornar-se objeto*. Mas, na medida em que em vida se reprime a morte, também a vida é ignorada na morte, é posta de lado.

Com isso não se faz alusão a qualquer esperança de uma vida *após* a morte. Trata-se muito mais do poder de reconhecer uma morte digna como componente da vida. *A eliminação da repressão à morte começa com a remodelação da vida.* Quando as pessoas não têm momentos de ociosidade na vida, relações de tempo, portanto, que possibilitem pontos de descanso e fantasias despropositadas, então o ato de morrer e a morte transformam-se para elas num fim opaco, que nada possui da plenitude da vida. Nessas condições, as palavras "Ele morre de medo da morte" têm um elevado conteúdo de verdade.

Mas tudo o que sabemos até agora sobre a relação das pessoas com a morte e com o luto faz parte de um passado remoto. Hoje, a humanidade inteira está sob uma ameaça de morte que jamais existiu. É certo que houve períodos de genocídios, de catástrofes naturais, de pestes. Mas, hoje, aquilo que é *objetivamente* possível é totalmente novo. Chegamos ao ponto de, com meios de destruição produzidos por nós mesmos, podermos exterminar toda a vida da Terra por um tempo indeterminado.

Estudos sobre a população que foi diretamente atingida em Harrisburg pelo acidente nuclear mostraram que a presença de tais instalações perigosas leva a uma profunda repressão do risco de vida. Quem se confronta diretamente com essas máquinas gigantes, capazes de trazer morte e destruição, precisa reprimir e renegar de forma mais radical a possibilidade de ocorrerem acidentes. Por essa razão, as pessoas que moram longe de Harrisburg e que, por isso mesmo, talvez sejam só indiretamente ameaçadas se preocupam mais intensamente com os perigos que possam advir do reator nuclear do que as que precisam conviver com a morte todos os dias. Não se pode conviver com a morte todos os dias e, não obstante, é preciso ter consciência da própria morte, para que se proteja a vida. *Sim, a repressão e a negação da realidade são, elas mesmas, momentos que aumentam efetivamente o perigo de morte.* Se se ergue um muro entre a realidade social e as próprias necessidades e interesses, a sensibilidade das pessoas se embota; elas passam a ser parte do mundo das coisas e ordenam-se segundo leis de uma mecânica inconsciente e que oculta em si o perigo do acidente.

Marx encontrou palavras precisas para esta relação entre o trabalho vivo e o mundo objetivo, no qual ganha corpo em larga medida a inteligência produtiva do homem. Ele fala do trabalho vivo em oposição ao trabalho morto, ao trabalho "que morreu". No trabalho que morreu acumula-se o mundo objetivo, que degrada o homem à condição de apêndice de sua lógica. Para romper a lei dos objetos é preciso usar o conhecimento *do que* é constituído o mundo objetivo. Isoladamente, pouco se pode fazer para se desligar do fascínio mítico dessa autolegalidade. Por essa razão, a relação com a morte em nossa sociedade não é uma relação meramente individual.

É certo que somente a morte do indivíduo é algo que não se repete, assim como também o é sua vida. Mas, como as pessoas crescem em sociedade e tudo o que trazem em si em termos de capacidades, necessidades e tipos de atividades dos sentidos é o resultado de um processo de formação social, somente na condição de seres isolados, forçosamente privatizados, é que podem abstrair da resistência solitária à sua finitude, a seu fim.

Muitos conflitos do indivíduo singular estão subordinados aos mandamentos da vergonha e do constrangimento. A doença é um momento da morte social, e aquele que a confessa publicamente deixa claro que ele se torna cada vez menos útil aos outros. Assim, a incapacidade de se entender dignamente com a morte reflete também a incapacidade de reconhecer o outro em sua alteridade e a renúncia ao hábito de julgar o outro com base em critérios utilitários. A morte é o final definitivo de toda a utilidade; somente as casas funerárias e os felizardos herdeiros tiram proveito dela. Diferentemente do que ocorria ainda na era do mito, os mortos não mais possuem *direitos próprios* contra os vivos, no sentido de que enredam os vivos em teias de culpa e os confundem numa vida cheia de fantasmas. Antígona perde a vida, mas com sua *persistência* coloca inúmeros temas de resistência contra uma razão estatal hostil aos homens que sobreviveram milênios ao infeliz Creonte. Na época desmistificada em que vivemos, as Erínias, ou deusas da vingança que reclamam o assassinato e perseguem os vivos, não passam de resquícios de memória da literatura. Só pode partir para a vingança aquele que é capaz de organizar seus interesses e de expressá-los solidamente. Portanto, a repressão da morte tem suas bases precisamente no fato de que os homens estão perturbados em sua capacidade de recordação. *É a perda coletiva da memória que dá aos mortos entre os vivos, um amplo e crescente campo de ação.*

 Aquele que se tornou culpado, que participou de crimes ou desviou os olhos quando eles foram cometidos, desenvolve uma capacidade diferenciada de negação da realidade e de repressão. Quanto mais próximo o indivíduo estiver do crime, tanto mais energias consome o bloqueio da defesa. Culpa e defesa trabalham de mãos dadas; e quanto mais pessoas estiverem envolvidas em crimes coletivos, tanto mais nitidamente clamam os principais autores pela discriminação por culpa coletiva, que no fim acaba transformando vítimas em culpados.

 O fato de os alemães depois de 1945 terem começado a reconstruir com extrema diligência as cidades destruídas no mesmo lugar em que elas se encontravam encaixa-se perfeitamente nesses mecanismos sociopsicológicos de *culpa* e *defesa*. É certo que eles tinham consciência de que haviam participado ativamente do sistema de terror que lhes trouxera a desgraça que viviam então. Mas eles não se deram o tempo de refletir sobre o seu objeto amado, o *Führer*, que acabavam de perder; não se deram o tempo de se libertar dele através de um processo de pesar. Somente um tal processo público de pesar, de luto, poderia ter trazido um esclarecimento sobre a situação em que se encontravam seus sentimentos; somente isso poderia ter tornado reconhecíveis e em condições de serem enfrentados o morto e o mortal com que eles tinham se identificado emocionalmente.

O ato de apagar da memória a sua própria participação em crimes coletivos gera a obrigatoriedade da repetição. Para Freud, o instinto de morte [*Todestrieb*], a quem ele – talvez pressagiando inconscientemente as experiências amargas da história – somente atribui uma função mais precisa em suas últimas obras, *a força de Tanatos*, portanto, está intimamente ligada à obrigatoriedade da repetição, ao consumo da categoria do novo, do que está aberto para a frente. O retorno do reprimido é a cifra para isso.

A obrigatoriedade da repetição expressa-se tanto na obsessão dos regimes autoritários pela ordem como na loucura dos indivíduos pela produtividade [*Leistung*] e pela ordem. Onde esse mecanismo de ordem ganha espaço, o tempo de memória está sujeito à lei da economia, da rapidez do tempo. Contudo, se se encurta o tempo por critérios de maior rapidez na produção, os indivíduos perdem sua capacidade de se abandonar às relações complicadas e cuidadosas de um mundo afetivo desenvolvido. Eles se tornam incapazes de concederem ao poder de sentir um âmbito especial em suas vidas. *Entretanto, os indivíduos que conseguem estabelecer uma ligação entre o mundo afetivo do outro e o seu próprio mundo afetivo criam ligações cuja separação possibilita o trabalho de luto, de pesar*. A rigidez dos afetos e a couraça do caráter, que correspondem ao princípio do rendimento [*Leistung*], são condições para a repetição de catástrofes que, por sua vez, por meio do empobrecimento difundido dos afetos, são integradas à vida normal de modo a não mais abalarem o indivíduo.

Que pobreza afetiva não se expressa no modo como a mídia vê catástrofes como a de Ramstein, por exemplo, quando as pessoas que veem seus semelhantes ardendo como tochas da infelicidade voltam-se para os seus afazeres cotidianos sem qualquer consternação ou irritação! *Aqui* começam a capacidade de luto e uma relação digna com a morte. Elas pressupõem tempo. As pessoas precisam se dar tempo de criar possibilidades de expressão para a excitação de seus próprios impulsos e para a sua própria consternação.

Talvez as chances para uma superação do mito de Tanatos não sejam tão ruins hoje em dia. Se a redução da jornada de trabalho contribuir para que o tempo disponível, conseguido à custa da estúpida economia de trabalho, beneficie a capacidade de recordação e o tempo emocional gasto para se digerir uma separação, então o resultado poderia ser algo comparável ao ócio da Antiguidade grega. O ócio é uma forma pública de dispor do tempo. Onde não há ócio, também não há pesar, não há luto. Somente quando for possível que as pessoas e as coisas em que pensamos com nosso sentimento exijam um trabalho de relações, quando soubermos reclamar sua perda, terá se transformado junto com nosso comportamento em relação à morte também nosso comportamento em relação ao luto e ao tempo de vida.

Oskar Negt

VII. GUERRA DO GOLFO E POLÍTICA. CAPACIDADE DE ABSTRAÇÃO DA VIOLÊNCIA CONCRETA/IMAGENS IDEOLÓGICAS COM ELEVADO TEOR AFETIVO/CONTRA A LÓGICA MILITAR E BÉLICA

1

Não se deveria ter permitido que essa guerra fosse iniciada. O fato de ela ter sido iniciada, planejada politicamente e preparada militarmente a longo prazo, isto é, que ela não tenha "eclodido", como se costuma dizer quando surgem complicações bélicas, é o erro original, o equívoco fatal, que confunde nossos sentimentos e nossos pensamentos. E uma vez tendo dado o início, enganaram-nos sugerindo que, *além* de manifestações de vontade, dirigidas passo a passo no sentido da *lógica de guerra*, não seriam possíveis decisões *morais legítimas*.

As mentiras e hipocrisias sobre essa guerra, a fraude em torno de sua realidade, não têm fim. As notícias que ocasionalmente eram filtradas pela censura, perfeitamente organizada como sempre, superavam de longe todas as fantasias em que o telespectador, enganado conscientemente pelas desinformações, poderia forçosamente pensar. Novas armas teriam sido testadas, diziam, armas novas, armas de precisão, que poderiam poupar vítimas inúteis. Mas com que consequências? O que significa exatamente dizer que a Guerra do Golfo foi um teste de armas em alvo vivo?

Num trabalho de assessoria de empresa internacional, o jornalista militar americano Michael Klare revela uma série de armamentos usados na Guerra do Golfo: foguetes Tomahawk, bombas dirigidas a laser, novas bombas de estilhaço e os assim chamados *full-air-explosives* (FAE). As bombas de estilhaço são compostas por uma mistura de combustíveis muito voláteis (etileno, butano, propano etc.) e de um detonador. Essa nuvem de fácil combustão explode sobre o alvo. Devido a seu efeito arrasador, as armas do tipo FAE foram comparadas a minibombas atômicas: a pressão no centro da nuvem corresponde a 100 kg por centímetro quadrado; a onda de pressão se expande a uma velocidade seis vezes maior do que a do som; o calor desenvolvido e a resultante falta de oxigênio destroem qualquer vida humana em um amplo raio. A força aérea americana jogou essas bombas de 15 mil libras, designadas pela sigla BLU-82/B, sobre posições iraquianas.

Também bombas de fragmentação (*Charter bomb units*) foram utilizadas. Um desses modelos é composto de 202 pequenas bombas no formato de baterias de faroletes. As minibombas contêm cargas *diferentes*, para provocar um "efeito combinado": explosivos contra tanques; combustíveis e lascas de metal afiadas como lâminas contra pessoas. Sobre uma divisão iraquiana despencou uma tempestade, como soubemos agora, de 2,5 milhões de minibombas, disparadas a partir de trezentos lançadores de foguetes.[1]

Na mídia apareciam ocasionalmente centenas de campos petrolíferos kuaitianos ardendo em chamas, como símbolos fantasmagóricos dessa guerra. Mas seus verdadeiros horrores, provocados por ferramentas assassinas de precisão, aparecem timidamente perante a opinião pública, como se cada informação implicasse traição, fazendo com que a pesquisa estatística e as dúvidas sobre se foram cem mil ou trezentos mil os mortos pareçam quase secundárias. Diante dessa guerra, travada numa das regiões mais pobres da Terra, uma guerra "com o mais alto custo diário da história" (o *Financial Times* estimou este custo entre

---

1 Simonitsch, P., Der Golfkrieg war ein Waffentest am lebenden Objekt, *Frankfurter Rundschau*, 10.6.1991.

quinhentos milhões e um bilhão de dólares por dia), diante, ainda, dos mortos e mutilados, das devastações e do acúmulo de novos problemas, mais uma vez se revela a prepotência e a arrogância cínica das sociedades ricas. No início dessa guerra, contemporâneos céticos perguntaram qual seria sua justificativa, seus objetivos, suas consequências desejadas ou não e quais os problemas que ela poderia resolver. Essas perguntas continuam sem resposta até hoje e nem mesmo estão no foco da atenção pública. Cumpre portanto não deixar cair no esquecimento esse *ato de Realpolitik* e não passar sem maiores reflexões para os assuntos políticos do dia a dia. Pois ele é um desafio para as relações de medida da *capacidade política de discernimento*.

2

Quem, desde o início, dirigiu sua atenção para a inevitabilidade da lógica militar e de guerra não pode deixar de tomar um *partido claro*. A firmeza com que essa guerra foi justificada e valorizada moralmente em relação a *uma* das partes preconizou, em uma situação confusa, a dispensa do princípio da diferenciação. Também entre as esquerdas esqueceu-se algo que ainda no início dos anos 80 parecia ser uma convicção sustentada pelo *conhecimento: o fato de a guerra não poder ser, em circunstância alguma, um meio político justificado pela razão*. Pessoas sensatas e que enfrentam a pressão das circunstâncias com ceticismo têm dificuldade em entender por que alguns, que antes haviam protestado corajosamente contra o emprego de mísseis do tipo Pershing ou Cruise, concordavam agora com sua utilização ou, pelo menos, viam-na com compreensão. Alguns deles, que gozaram de elevado prestígio como críticos engajados da lógica militar, não eram mais reconhecíveis na afoiteza de tomar partido e de falar em favor de uma *guerra justa* (não apenas *justificada*).[2]

---

2 É evidente que isso não vale, em mesmo grau, para os intelectuais americanos de esquerda. "A guerra do Golfo revelou, nos Estados Unidos,

Parece que tinham varrido de suas cabeças aquilo em que uma vez pensaram e que defenderam com veemência: o fato de que se deve distinguir entre *povos* e *governos;* de que hoje, diante do grande potencial de destruição dos armamentos, o emprego de violência militar deve levar em consideração, mais do que nunca, a lei da *relatividade dos meios*; o fato, enfim, de que não é necessariamente *antiamericano* aquele que levanta objeções contra as guerras planejadas por estrategistas militares e governos americanos.

Será que a Guerra do Vietnã foi porventura uma guerra *justa?* O movimento contra a guerra, que contribuiu *também* para seu fim, foi por acaso uma campanha de difamação saturada de ressentimentos antiamericanos, conduzida por pacifistas confusos e "quinta-colunas" do vietcongue? Será que de repente tornou-se *verdadeiro* aquilo de que antes se duvidava com razão, isto é, o fato de os Estados Unidos lutarem, sempre e em qualquer situação, pela liberdade dos povos, pela inviolabilidade da soberania dos Estados? Quando foi que os Estados Unidos intervieram e empregaram sua força militar para derrubar ditadores como Pinochet, Marcos e Somoza, entre outros, que mergulhavam seus próprios povos na guerra? Perguntas e mais perguntas. E é necessário colocá-las para comprovar, diante das ameaças de destruição de Saddam Hussein e de seu ataque brutal contra um pequeno país, também a credibilidade política das outras partes envolvidas no conflito.

É muito estranho que também Wolf Biermann, em geral muito atento quando se trata de falsas evidências e hipocrisias, tenha participado ativamente do jogo das atribuições morais, jogado de acordo com as regras da lógica militar e de guerra. Embora a imensa coleção de exemplos extraídos de seus próprios textos não permita reconhecer em momento algum quais problemas essa guerra deveria resolver, o que o levou a se pronunciar a

---

constelações políticas diferentes das da Europa. Os intelectuais de esquerda, por exemplo, eram *contrários à guerra*, com muito poucas exceções, que não surpreenderam." Heider, U., *Frankfurter Rundschau*, 14.9.1991.

favor dela (*Die Zeit*, 1.2.1991) tem a ver, provavelmente, com a desesperada tentativa de fugir do emaranhado adicional de culpa, causada por fabricantes sem escrúpulos e exportadores de técnicas assassinas,[3] por intermédio da *clara demonstração de solidariedade ao povo judeu*. Isso é compreensível e merece todo o respeito. Mas não atinge o conflito do Golfo: *o motivo dessa guerra não foi a ameaça de extermínio de Israel, mas a ocupação e a consequente necessidade de libertação do Kuait*. Se Israel fosse o motivo dessa guerra, ela deveria ter sido iniciada muito tempo antes, isto é, quando Saddam se armou com o auxílio dos países industriais e passou a testar as armas assassinas contra curdos e iranianos, diante dos olhos da opinião pública mundial. Os gestos de desprezo com que Biermann atribui ingenuidade e cegueira ao movimento pacifista diante da realidade são tão insensatos quanto suas analogias com o III Reich.

Vejo no noticiário as imagens de demonstrações pela paz diante de bases aéreas americanas. A maioria das palavras de ordem são antiamericanas, como se os Estados Unidos fossem o agressor. Charmosas mantas palestinas, e nenhuma palavra para Israel. Parece que estamos no funeral errado. As lágrimas escorrem de olhos humanos e caem sobre couro de crocodilo. Pior, o movimento pacifista não conseguiu impedir o armamento do Iraque por firmas alemãs. Mas agora quer impedir a destruição das fábricas e dos foguetes com os quais Saddam e Cia. querem destruir Israel. (Wolf Biermann)

Utilizar a própria biografia, Hitler e o III Reich para colocar sob um mesmo denominador o desembarque das tropas aliadas na Normandia, a luta cheia de sacrifícios contra os nazistas e a mobilização de tropas americanas no Golfo é algo que oferece talvez um panorama das convicções, mas não um panorama das relações históricas. As imagens de *amigo e de inimigo*, desenvolvidas e consolidadas durante decênios, desapareceram. Sobre-

---

3 Uma descrição exata, documentada com nomes e endereços dos "exportadores da morte" de Hans Leyendecker e Richard Richelmann, tinha aparecido em novembro de 1990 (Göttingen, Editora Steidl).

tudo na esquerda está largamente difundido o desejo de obter padrões seguros de pensamento e comportamento, de se distanciar do rodamoinho provocado pelo desmoronamento das utopias e dos valores. Isso não deve ter como consequência, porém, que se fechem os olhos diante de *ambivalências*, contradições e tensões existentes no objeto da discussão. Se se chega ao ponto de aceitar que somente *univocidades* podem ser moralmente justificadas, então a superação da Guerra Fria não valeu a pena; então a *divisão do mundo* em bons e maus, santos e criminosos continua a existir; então o novo maniqueísmo, que fez com que ainda Reagan se referisse à União Soviética como o "reino do mal", não foi realmente derrubado; então a consciência do laicismo, da divisão estrita entre religião e Estado, da liberação da política dos jargões missionários foi esgotada. As máscaras de religião, atrás das quais se esconderam as partes durante a Guerra do Golfo (orações públicas, o palavrório sobre cruzadas e guerras santas) são sintomas de *declarações de inimizade dentro do próprio Estado*.

Não deveríamos ter orgulho do fato de que os intelectuais alemães não estão mais tão dispostos a proferir discursos de guerra, como fez Georg Simmel na Primeira Guerra Mundial e já antes dele Fichte, que foi seguido por muitos intelectuais menores com idêntica emoção patriótica? O que fez com que uma inteligência como Enzensberger sacrificasse sua capacidade de diferenciação tantas vezes comprovada a uma grosseira *antropologia da divisão da humanidade*: de um lado *os inimigos da humanidade* e do outro, provavelmente, *os amigos da humanidade*? E é claro que contra os inimigos da humanidade nada melhor do que a guerra:

> Nenhuma política, por mais inteligente e sensata que for, pode enfrentar tal inimigo. No fim ele acaba tendo sempre aquilo que quer: a guerra. O seu triunfo reside no fato de que ele consegue tomar o mundo todo como refém, inclusive seus partidários. Ao morrer ele tem ainda a satisfação de ter levado milhões à morte antes dele.[4]

---

4 Enzensberger, H. M., *Der Spiegel*, 4.2.1991.

Como os *inimigos da humanidade* – ainda de acordo com a antropologia grosseira de Enzensberger – sempre ressuscitam, e como a política nada pode fazer contra eles, a guerra é, infelizmente, também o destino dos amantes da paz. As "reencarnações" de Hitler são inevitáveis; o próprio fim do mundo é provavelmente inevitável. Enzensberger faz a Guerra do Golfo, com suas brutais constelações de conflitos de interesse, mergulhar numa atmosfera de crepúsculo dos deuses. Simplificações no raciocínio favorecem, no entanto, uma prática pouco saudável. Por que Enzensberger e outros "belicistas" engajados, como eles mesmos se denominavam, silenciam agora que a guerra terminou? Agora que a "reencarnação" de Hitler ainda está viva, foi poupada pelos aliados e permanece no poder? E nenhum dos problemas explosivos dessa região – seja a questão dos curdos ou dos palestinos, seja o direito à existência de Israel – foi amenizado.

3

Todos que se manifestam sobre a Guerra do Golfo têm de achar uma resposta plausível à pergunta sobre como impedir de outra forma, que não pela linguagem das armas, a ação de um tirano que se atreve a declarar nula a soberania de outros países e ameaça de extinção povos inteiros. Não existe provavelmente uma regra válida para todas as constelações históricas similares. Com relação à situação no Golfo e aos objetivos mencionados na resolução 660 da ONU, deve ser observado o seguinte: a ocupação do Kuait foi antecedida, como se torna cada vez mais evidente, por rivalidades árabes, um negócio sujo com Saddam Hussein, que estava disposto ao derramamento de sangue contra o fundamentalismo xiita dos aiatolás iranianos, mas exigia, em troca, uma indenização das partes interessadas na especulação petrolífera. Para estas a guerra Irã-Iraque não teve um fim satisfatório. A conta *não* foi *zerada*. Até o dia 2 de agosto a mídia ainda falou detalhadamente sobre isso; quando a guerra começou, o assunto não foi mais mencionado.

Talvez exista um ato fraudulento no início da ocupação do Kuait. *Talvez*. Possivelmente uma discussão *entre árabes*, com mediação da ONU, teria tido boas chances de resolver esse conflito *particular* como caso isolado.

O presidente americano Carter, que se preocupou especialmente com a preservação dos direitos humanos, considerou a região do Golfo uma "artéria vital" para os interesses do Ocidente. A alusão econômica aí contida é fácil de entender: enquanto a estrutura econômica das nações industrializadas depender do petróleo, essa fonte de energia será de fato uma artéria vital. Mas será possível imaginar que nações altamente civilizadas aceitem centenas de milhares de mortos, a destruição de cidades e terras produtivas para manter estável o *preço do petróleo*? A supressão do fornecimento desse elixir vital das sociedades modernas não era de temer. Vamos supor que os poços petrolíferos do Kuait tivessem ficado em poder de Saddam Hussein. Que outra coisa ele poderia fazer a não ser vender o petróleo às nações industrializadas do Ocidente, talvez a preços mais elevados e em condições extorsivas? Mas extorsões desse tipo são uma prática comum das companhias petrolíferas e, pelo que sabemos, nem por isso foram travadas guerras. Mesmo Saddam Hussein, com toda a sua onipotência, não pode levar as pessoas que residem em sua zona de influência a beber o petróleo procedente dos poços kuaitianos; o óleo precisa ser exportado para que o retorno, mais ou menos favorável, se concretize. Mas não se trata de uma questão de vida ou morte.

Desde que existe a resolução 660 da ONU, portanto desde agosto de 1990, ninguém mais duvida que nas culturas árabes o *comércio* – e não a fixação geral dos preços – é elemento *constitutivo* do dia a dia, ou seja, é elemento característico de *toda e qualquer* relação de troca; nessas culturas não se conhecem preços fixos. Em sua origem, a oferta de Saddam Hussein também foi um negócio: eu ofereço a vocês a retirada do Kuait, desde que vocês me concedam o prestígio de ter colocado novamente na ordem do dia a questão palestina. Isso pode ser discutível do ponto de vista moral. Mas será que algum político importante do Ocidente percebeu, ainda que intuitivamente, a estrutura dessa oferta comercial e julgou-a digna de ser analisada? Se fosse desejada uma solução pacífica, deveria ter-se atendido a esses sinais formulados na mentalidade árabe. Mas toda diplomacia produzida desde agosto de 1990 pelos EUA e pelas potências ocidentais pode ser reduzida à seguinte fórmula: *nós* determinamos *quando* e *onde* a soberania de um Estado é ferida e quando é necessária uma expedição de guerra sancionada pela ONU. Mais precisamente: *nós,* o governo dos Estados Unidos, determinamos isso. Depois que a União Soviética perdeu sua importância, nós somos os únicos que podemos colocar rédeas em pequenos Estados rebeldes.

A Guerra do Golfo, que não teria acontecido dessa forma sob as antigas tensões Ocidente-Oriente, é o primeiro conflito mundial sob a égide da dominância de interesses americanos. Isso não preconiza nada de bom. A "Pax Americana", ponto final do encerrado conflito Oriente-Ocidente, é claramente dirigida para um interesse próprio. Justamente na Guerra do Golfo, a ONU, enquanto órgão central de uma nova ordem internacional de paz, teria tido uma oportunidade de conseguir respeito junto aos povos, *pressionando de forma não belicista* o Iraque, um país extremamente dependente da exportação, para que se retirasse do Kuait. E tudo isso seguindo uma *lógica de paz,* única base legítima para a existência dessa organização mundial; com uma *ação de longo prazo, portanto, com a mobilização da sabedoria e da astúcia políticas.* Um embargo e boicote político limitado a seis meses, desrespeitado por todos os países participantes, e de previsível inutilidade, não pode de forma alguma servir como argumento para considerar a guerra a única alternativa realista; nada de sério foi tentado. Se é fato o que o presidente Bush declarou em seu discurso sobre a situação da nação em 30 de janeiro de 1991 – "Está em jogo não apenas um pequeno país, mas uma grande ideia: uma nova ordem mundial" –, então esta "grande ideia" foi baseada em uma guerra na qual dificilmente se podem depositar esperanças de uma ordem mundial justa e pacífica. A credibilidade e o prestígio da ONU foram prejudicados por longo tempo porque uma grande potência, que mantém *um terço de sua população na miséria e na pobreza,* conseguiu instrumentalizar a ONU no sentido de enviar a uma das regiões mais pobres do mundo uma expedição de punição exemplar, a fim de impor de uma vez por todas, com os instrumentos do poder militar das nações desenvolvidas, uma ordem mundial formulada de acordo com as regras do capitalismo americano.

4

Raras vezes no passado o início de uma guerra foi tão amplamente legitimado por Estados soberanos e por seus representantes em uma organização mundial – nem a Liga das Nações, em sua história até hoje, e nem a ONU mobilizou um consenso tão amplo em uma ação militar dirigida contra um Estado considerado *agressor*. Assim, tanto mais curioso é o fato de este enorme consenso ter-se esgotado depois de apenas quatro semanas.

Não surpreende a ninguém que Saddam Hussein tenha aproveitado a mídia para prosseguir com sua política nos prelúdios da Guerra do Golfo, como já havia ocorrido na guerra Iraque-Irã. Para os regimes autoritários e totalitários, *censura* e *mídia* são sempre duas faces de uma mesma moeda; são os principais meios de se assegurar o poder. Não se trata, porém, de um delito por razões de Estado quando conquistas importantes da esfera pública da sociedade civil, como a livre divulgação de informações e o reconhecimento da capacidade de julgamento do cidadão, são colocadas fora de ação e quando notícias são manipuladas de forma fraudulenta, ou então são suprimidas; quando, enfim, notícias de jornais e de filmes são censurados. O Estado, duvidando da capacidade crítica do povo soberano, permitiu que os militares escapassem das restrições políticas, ou liberou-os das mesmas, e permitiu que eles organizassem a censura. Nunca antes, nem na invasão de Granada, nem durante o conflito do Canal do Panamá, nem na Guerra da Coreia e nem na do Vietnã, o noticiário foi conduzido e censurado no próprio local, de uma forma típica de *sociedades fechadas*.

Se se disse dos príncipes e dos reis fugidos da Revolução Francesa e de Napoleão que não tinham aprendido *nada* e esquecido *tudo*, dos militares americanos se pode dizer que não aprenderam *nada* e esqueceram *tudo*. Pois o trauma do Vietnã nos

Estados Unidos tem dois aspectos: para os militares ele se apresenta de uma forma; para a maioria da população, de outra. Para os generais, para os quais a derrota no Vietnã continuou uma ferida aberta, deve ter sido um sonho desiderativo libertar-se das obrigações políticas impostas pelas emoções da população e valorizar a lógica militar em conflitos. É compreensível, portanto, que os militares, quando os esforços diplomáticos para obrigar as tropas iraquianas a sair do Kuait fracassaram, condicionassem qualquer ação militar no conflito à não interferência em sua ação das *críticas da opinião pública* ou da *política do Congresso* ou do *presidente*. Isto explica a assustadora forma como esta guerra transcorreu: a *subordinação* indiscriminada da *política à lógica dos usos das armas*.

Os sistemas de armamentos da Guerra Fria, cuja função estratégica era sinalizar ao adversário a supremacia do potencial de destruição para não ser preciso seu uso, tinham *em comum acordo* uma espécie de *racionalidade*, o pressuposto da sábia avaliação dos meios e fins. Todas as três caraterísticas da estratégia do pós-guerra, "Roll-Back" (na era Dulles), a *intimidação* e, finalmente, pactos de segurança mútua, resultaram numa percepção bilateral que obedecia à máxima de revelar e não esconder os próprios estoques de armamentos. As fases iniciais da Guerra do Golfo foram provas dessa estratégia de repressão e intimidação. Somente quando o regime autoritário de Saddam Hussein não reagiu, mas apostou na expansão do fundamentalismo antiamericano, que incluía a destruição do Estado judaico, a opção militar tornou-se a estratégia dominante. Outras possibilidades para a solução do conflito não foram tratadas com metade da energia e imaginação como o foi o mitificado, fatídico e inevitável uso das armas.

O que há de fatal nessa lógica militar é ela estar sujeita à obrigação de eficácia absoluta; suas promessas de uma solução "limpa" são tão elevadas que ela gera automaticamente uma rede universal de mentiras em torno das operações fracassadas, das próprias perdas, dos mortos e das outras baixas no adversário. Os *degraus da escalada* são certamente diversos dos da Guerra do Vietnã, mas *a lógica da escalada* é a mesma. No caso da Guerra do Vietnã, a ação começa com o envio de conselheiros, um pequeno contingente de tropas de terra que não atua diretamente e, finalmente, soldados em número cada vez maior, bombardeios no Vietnã do Norte etc. No Golfo, a ação se inicia com uma armada de navios de guerra e aviões, instalação da supremacia aérea, introdução de tropas terrestres. Guerra na selva e guerra no deserto são duas coisas diferentes – dizem os militares. E assim como na Guerra do Vietnã, eles precisavam caracterizar toda escalada como algo absolutamente *necessário*, mas *que poria fim* à guerra. Agora eles tiveram a *sua* guerra, mas os resultados são altamente ambivalentes e não satisfazem a ninguém.

Começar uma consideração retrospectiva da guerra pode parecer a muitos um sentimento antiamericano. Mas não é o caso. Não importa se chineses, russos ou qualquer outro povo ou Estado provoca uma guerra dessas; em todo caso, e sob qualquer condição, as guerras que desencadeiam de forma incontrolável, e às vezes não pretendida, tendências de escalada que podem tornar a Terra inabitável, que limitam as chances de viver das gerações futuras, são *moralmente insuportáveis e politicamente burras*. Quem brinca com tais estratégias como se fossem instrumentos cirúrgicos de precisão, meios locais para resultados limitados, merece o desterro político. É um jogador.

A Guerra do Golfo não pode ser julgada, a não ser por uma reflexão sóbria. Desde que as guerras existem, elas seguem os axiomas da técnica de assassinato mais desenvolvida. Assim, podemos falar com razão que as batalhas de César há dois mil anos têm mais em comum com a Segunda Guerra Mundial do que a Guerra do Golfo com uma guerra atômica. *Protótipos da guerra tecnológica são os campos de concentração, os bombardeios em massa, Hiroshima e o acidente máximo numa usina nuclear. Esses protótipos destróem a ideia do que a guerra foi um dia.* Quando a Segunda Guerra terminou, ainda se podia reconhecer de algum modo onde havia ocorrido destruições e o que tinha sido destruído. Mas o que caracterizou Hiroshima foi o símbolo de um gigantesco forno no qual seres humanos, aço, madeira, concreto foram reduzidos a cinzas ao mesmo tempo. Aqui não é mais possível falar de guerra, mas sim de *genocídio*.

É evidente o que se modificou internamente no conceito de guerra sob as modernas condições da técnica assassina. Mesmo assim, é sempre bom refletir novamente sobre o tema. A essência da guerra tradicional, tal como existiu na Europa até o fim da Segunda Guerra Mundial e como existe ainda hoje nos países do Terceiro Mundo, foi formulada pelo filósofo militar prussiano Clausewitz, em sua obra clássica *Vom Kriege* (*Da guerra*), com base nas derrotas de Napoleão na Rússia e nos conceitos da dialética de Hegel. Perguntado se a guerra é uma arte ou uma ciência, Clausewitz respondeu que ela deve ser comparada ao *comércio*. Comércio pressupõe, porém, dois parceiros dotados de vontade e consciência, que podem tomar decisões próprias, mesmo que isso seja apenas a submissão ao vencedor. "A guerra é, portanto, um ato de violência exercido para obrigar o adversário a atender nosso desejo ... Para alcançar esse fim com segurança, devemos tornar o adversário indefeso, e isto é, em princípio, o próprio objetivo da ação bélica."[5]

Assim, não é objetivo da guerra dizimar fisicamente o adversário, seus exércitos ou até mesmo sua população, mas sim quebrar sua *vontade, os motivos para resistência*. Simples ameaças não são suficientes se a guerra pretende abalar os motivos do adversário; é preciso estar disposto a atacar, em caso de necessidade. Clausewitz fala expressamente do *ataque*, isto é, *da continuação da política com meios bélicos*; ele não fala de defesa, de repelir um atacante. Se as considerações políticas levaram a um ponto em que existem previsões favoráveis quanto a uma ação bélica bem-sucedida, a tensão entre política e guerra é deste modo superada. Se a política se orienta para o "caso sério" [*Ernstfall*], ela perde credibilidade ao desistir da guerra. No fim, política e diplomacia abandonam os interesses e os motivos que as envolviam, e os adversários encontram-se frente a frente para provar ao outro a seriedade de suas intenções bélicas. Essa foi a finalidade do Encontro de Genebra entre os ministros do Exterior iraquiano e americano.

Uma única vez na história dos conflitos Oriente-Ocidente a decisão de arriscar uma guerra foi digna de crédito: foi quando

---

5 Clausewitz, C. V., *Vom Kriege* (texto integral a partir da 1ª edição, 1832-34), Frankfurt/M, Berlin, Wien, 1980, p.17.

Khruschov quis instalar mísseis em Cuba, bem na porta dos Estados Unidos. Os russos recuaram. Em nenhum outro caso de flagrante rompimento da soberania, seja durante a brutal repressão do movimento democrático na Tchecoslováquia em 1968, seja no Afeganistão, e nem mesmo durante o bloqueio dos acessos a Berlim, as potências ocidentais estiveram dispostas a arriscar a guerra moderna em face do ato de agressão de uma grande potência. Em vez disso, usaram o rompimento de relações diplomáticas, os embargos comerciais e outras restrições. Se tomarmos hoje o *seu* interesse por base, verificaremos mais tarde que *essa* política, que ameaçava tanto quanto possível com a guerra mas usava de muita *fantasia organizativa* e muita *cautela* para evitar que ela eclodisse acidentalmente, ou devido a descuidos políticos, era a única política certa; ela poupou sofrimentos infinitos aos seres humanos da Europa central. Quando o princípio de Clausewitz, segundo o qual a guerra é a política conduzida com outros meios, não encontra mais aplicação devido a consequências imprevisíveis, a guerra também perde seu significado como demonstração de poder, de imposição da *própria vontade* ao adversário. Quando os motivos dessa vontade não são conhecidos ou não são reconhecidos pelo adversário, quando, portanto, não existe o reconhecimento mútuo das vontades soberanas, mesmo a mais enérgica ameaça de guerra só conduz ao endurecimento da vontade de resistir. *A luta pelo enfraquecimento dos motivos do adversário e a consideração de seus conflitos sociais internos no trato político pressupõem um hábito estratégico da consciência e do comportamento que não deixa de considerar nenhuma possibilidade de intromissão nos assuntos internos do adversário.*

O que se havia formado em decênios durante o conflito Oriente-Ocidente em matéria de técnicas eficientes de paralisação mútua da vontade de agressão foi consumido em pouquíssimo espaço de tempo durante a Guerra do Golfo. Isso é tanto mais digno de nota se considerarmos que os responsáveis pela política de cada país estavam preocupados, em situações explosivas, em *não deixar nenhuma decisão central aos militares*. É difícil entender como esse limiar de segurança, garantia da paz, foi desconsiderado; hoje podemos apenas fazer suposições.

5

Poderíamos compreender o violento ataque militar contra um agressor que se atrevesse a querer reduzir um pequeno Estado vizinho a uma mera província do seu próprio território se com isso ficasse demonstrado, de forma exemplar, que um sistema militarmente impotente, mas interiormente democrático e socialmente estruturado como Estado de direito, necessita da defesa da comunidade internacional. Disso resultaria sem dúvida um *motivo* muito *forte* para obrigar o agressor a abandonar o território ocupado e, caso necessário, desalojá-lo à força, sem complicadas negociações e táticas astuciosas. Sabemos, porém, que durante a guerra brutal entre Irã e Iraque as famílias dominantes do Kuait e da Arábia Saudita forneciam dinheiro a Saddam Hussein. Em troca, ele deveria livrá-los do fundamentalismo xiita que ameaçava seus próprios regimes autoritários. Eles se enganaram quando tentaram fazer do ditador o instrumento de seus interesses de dominação. E, no que se refere à *estrutura das organizações sociais*, à interdição dos seres humanos, à pouca participação da maior parte da população nos ricos frutos da extração petrolífera, esses regimes estão tão distantes de uma *legitimação democrática, do Estado de direito e de direitos públicos de comunicação* quanto os regimes de Pinochet, Noriega, Diem, Thieu. Os governantes do Kuait, que olham seu país como propriedade familiar e o administram como propriedade estatal, de cujos rendimentos os súditos participam por condescendência dos príncipes, e não por direito, e que usufruíam de um gigantesco fundo de investimentos (o Kuwait Investment Office, com sede em Londres e uma disponibilidade de cem bilhões de dólares), mesmo após a libertação do país, não estavam dispostos a dividir o poder com a incipiente oposição democrática. Nesta oposição manifestaram-se pela primeira vez vozes que atribuíram ao avarento grupo de príncipes a culpa pela miséria atual. Diz-se do presidente do Kuwait Investment Office (KIO), o ministro das finanças xeique Ali:

> Como ministro ele foi responsável pelos baixos preços que provocaram a ira dos iraquianos e forneceram o pretexto para

fomentar a crise. Sem simpatizarem com Saddam Hussein, os kuaitianos em geral responsabilizaram a posição intransigente da família Sabah diante das exigências financeiras dos iraquianos pela miséria atual; ao triunvirato do KIO pertenciam, além disso, o presidente do Banco Central, xeique Salem, e um outro primo do Emir, xeique Mohamed.[6]

Para evitar malentendidos: mesmo nessas condições de domínio, a soberania do Estado não pode depender de quaisquer vizinhos; quando muito ela poderia ser limitada ou suprimida por acordos ou tratados supranacionais. Não há dúvida de que a ocupação do Kuait pelos iraquianos foi um *ato brutal de agressão* contra uma estrutura estatal autônoma, membro da ONU e que, portanto, tem direito a ser defendida nas suas aspirações de soberania. Assim mesmo é preciso ter em mente que aqui *não* se trata de uma luta entre *ditadura* e *democracia*, de uma delimitação clara entre justiça e injustiça na relação dos respectivos detentores do poder com seus povos. O próprio povo não é menos indiferente para Saddam Hussein do que o é para a malta dos Sabah, que domina o Kuait, ou para os seis mil príncipes com os quais o rei Fahd da Arábia Saudita divide a riqueza excedente, conforme o costume beduíno.

Os estados criados artificialmente, que só podem controlar com muito custo as rivalidades tribais sob a superfície de uma ordem imposta por estranhos, têm *dentro de si* uma dinâmica difícil de avaliar para pessoas de fora. O olhar eurocêntrico parece estar inteiramente focalizado sobre as formações estatais do período colonial, e só poucos europeus estão dispostos a seguir os traços da grande tradição da cultura árabe, que se estendeu até a Europa, e se entrosar com a consciência árabe-islâmica. Assim, erros ancorados no colonialismo são repetidos em condições pós--coloniais. Em vez de se tentar compreender a cultura árabe, fala-se há decênios somente na retórica da violência, no terrorismo e, mais recentemente, no lucrativo tráfico de armas.

---

6 Kuwaits Herrscherhaus: Alles soll werden, wie es war, *Süddeutsche Zeitung*, 26-27.1.1991.

As formações estatais árabes são notoriamente tão diferentes que nenhuma se assemelha à outra: algumas constroem um exército fortemente armado contra inimigos internos e externos, e outras estão congeladas pelo medo de um tal exército. O exército da Arábia Saudita – sessenta mil homens para uma população de sete milhões, uma Guarda Nacional e uma espécie de milícia constituída em bases tribais – não poderia fazer frente a um ataque do Iraque. Nem por isso, porém, a sociedade saudita é uma *sociedade civil*, e nem o seu território está suficientemente definido. É possível, portanto, que seja correto o que Ingolf Ahlers supõe, isto é, que nessas estruturas estatais baseadas em roubos ocasionais de território e em esquemas coloniais poderia surgir uma dinâmica peculiar de reorganização de toda a região do Golfo: "Formação de novas fronteiras e movimentos de refugiados como expressão de gigantescas reorganizações territoriais étnicas vão se colocar na ordem do dia – por isso o Kuait é apenas um quebra-cabeças no mosaico étnico da Ásia oriental". Essa avaliação é partilhada por outros conhecedores da situação:

> O tão frágil Estado tribal dos sauditas teria desmoronado provavelmente poucos anos após sua constituição em 1932, como tantas outras formações tribais, se os americanos não tivessem descoberto em março de 1938 em Daran as primeiras grandes jazidas de petróleo, onde hoje concentraram suas tropas. As crescentes receitas em petrodólares sempre deram à família reinante mais meios de comprar fidelidade de acordo com a velha tradição, de distribuir cargos, de permitir à população participar da riqueza crescente.[7]

Não menos frágil é o território do Kuait. Sua integridade territorial nunca foi totalmente reconhecida desde a queda do império otomano em 1918 e da criação de novos territórios pelo poder colonial britânico. Em junho de 1961, quando o Kuait obteve sua soberania política, Abdul Karem Kassem, então chefe de Estado do Iraque, declarou que o Kuait era uma parte do Iraque. E só o envio de tropas britânicas impediu a invasão iraquiana naquela época.

---

7 Cf. *Süddeutsche Zeitung*, 24.1.1991.

6

Nada na Guerra do Golfo tem uma relação de medida humana, muito menos *a própria guerra*. Quando Saddam Hussein foi proclamado um monstro, foi-lhe atribuído um poder que ele jamais teria adquirido por si no mundo árabe. É este o papel que a *generalização* da guerra lhe concedeu. Este é um dos poucos aspectos em que ele poderia ser comparado a Hitler: uma mentalidade de *Bunker, cujas fantasias de vitória* não tinham fim e expandiram os limites da guerra.

A mitificação de Saddam Hussein em um ser que é fruto do inferno, em uma reencarnação de Hitler, é *também* uma forma de liberar do emaranhado de culpas aqueles Estados, com sistema e governante idênticos, que com a resolução da ONU concederam uma carta branca a essa guerra. Foram eles que, pela tolerância, por uma política exterior raivosa, por calculismo político e por se eximirem de responsabilidade, colaboraram para criar os pressupostos estratégicos militares e técnicos que permitiram ao regime de Hussein operar com o nível atual da técnica assassina. Os soviéticos forneceram mísseis Scud com um alcance insuficiente para atingir sensivelmente Israel. Entretanto, a engenharia alemã e a perspectiva de um negócio rentável resolveram o problema, provavelmente com a complacência das autoridades; técnicos estrangeiros construíram *Bunkers* resistentes a ações militares convencionais; foram fornecidas armas pagas com dólares do petróleo. Empresas sérias, que foram e continuam sendo acobertadas por partidos sérios, participaram de negócios repulsivos. Esse é um ponto onde todas as analogias com Hitler são falsas. Diferentemente de Hitler, Saddam Hussein – com as proporções gigantescas que ele próprio se atribui – é uma criatura dos poderes que agora o combatem. Quanto mais intenso o emaranhado de culpas, mais fortes são os desejos de reprimir e de castigar. Certamente não foram só os alemães que participaram desse negócio sujo; mas a história os atinge mais implacavelmente do que às outras nações.

7

Quem cedeu uma vez à *lógica militar* não encontra outra saída a não ser apostar na vitória ou na derrota e justificar passo a passo o emprego inescrupuloso e desmedido dos instrumentos de destruição. Mas será que podemos estar certos de que *após* o atual enfraquecimento (em vez da planejada destruição) o aparato de destruição de Saddam Hussein ameaçará Israel menos do que antes? Não poderia ser também que a *ferida infligida* exemplarmente ao Iraque, mas no fundo a *todo o mundo árabe*, vai arder mais na *zona cinzenta* dos sentimentos feridos, da raiva e da rebelião impotente, do que a *questão palestina*, para a qual poucos no mundo, inclusive Israel, apresentaram uma solução humana? Não seria possível que a diminuição da hostilidade entre cada país árabe (por exemplo, Egito, Jordânia e Síria) e Israel, arduamente conseguida nos últimos decênios, fosse ameaçada pelo fato de esses *povos* subscreverem um pan--arabismo militante? A maneira decidida com que os lógicos militares marcam a política é mostrada pela afoiteza com a qual recentemente políticos ocidentais dão dinheiro e armas a potentados árabes, que têm tão pouca amizade a seus povos quanto Saddam aos iraquianos e que certamente não têm a fama de serem amigos de Israel.

A Guerra do Golfo teria custado em torno de um bilhão de dólares por dia somente para manter a maquinaria, sem falar das vítimas humanas e da destruição. Será que essa soma não teria sido mais bem empregada para solucionar a *causa* dos conflitos no Oriente próximo, os problemas sociais de milhões de pessoas vivendo na miséria e em campos de refugiados? Não teria ela sido melhor empregada para financiar programas de educação, para buscar uma compensação entre a riqueza de poucos e a necessidade de muitos? *Uma das consequências da guerra pode ser reconhecida agora e ela obscurecerá os próximos decênios: milhões de pessoas estão em fuga, sem casas, sem assistência médica adequada, comprimidos em novos redutos de miséria e em campos de refugiados.* Diante de uma possível reorganização das regiões do Oriente próximo, sob condições sociais extremas e talvez sob uma islamização mais radical do que os fundamentalistas xiitas jamais sonharam, como pode ser garantida a existência de Israel como Estado convivendo pacificamente com o mundo árabe circundante? Na carta das Nações Unidas de 26 de junho de 1945 lê-se: "Nós, os povos das Nações Unidas, [estamos] firmemente decididos a poupar as futuras gerações do flagelo da guerra, que por duas vezes no decorrer de nossas vidas trouxe sofrimentos indescritíveis à humanidade". Essa lógica de paz se distingue também da lógica militar e de guerra pelo fato de a *estrutura da ação e discussão estar determinada qualitativamente*. Ela necessita de um longo intervalo para diferenciação. Também isso a Guerra do Golfo demonstrou. Sua lição decisiva é a de que tudo deve ser feito no nosso século para evitar a guerra, até mesmo suas "ações preliminares". Para isso é necessária uma política que não esteja presa a esquemas nacionais de pensamento e que tenha os olhos voltados para o futuro.

Oskar Negt

VIII. A LEITURA DO TEXTO DAS RELAÇÕES REAIS. A QUESTÃO CRUCIAL DE SABER SE ENTENDEMOS AS CIFRAS DO NOSSO SÉCULO

1

Nosso século dura poucos anos mais. Em princípio será apenas uma mudança no calendário. As grandes instituições bancárias, as empresas industriais, as centrais de armamento lidam com essa data de forma absolutamente natural, e seus planos transpõem as fronteiras do século XXI. Nada mais natural, então, do que ter diante dos olhos, nessa oportunidade, a imensa quantidade de experiência do século XX. E o que fica claro é que não possuímos nenhum esquema para lidar com essa quantidade de experiência, seja nos sentimentos, seja na teoria, seja no modo e na forma como acumulamos e classificamos nossa experiência de vida.

Formas de assimilação da experiência

O século XX mal chegou a produzir instrumentos para essa assimilação. Ele confia plenamente no arsenal do século XIX, na reassimilação desse arsenal. Os meios e as opções apontadas no século XVIII foram tratados com descaso. As formas de assimilação da experiência provenientes do século XIX são, por sua vez, usadas seletiva e ecleticamente: de um lado para produção de *panoramas gerais*, de outro para produção de *ilusões e imagens*. Nenhuma delas corresponde àquilo que em livros se chama *ler*: a decifração [*Entziffern*] do texto. Trata-se, antes, de uma técnica de recusa; não se traduz, mas se produz um substituto. A leitura de um texto escrito pelas condições reais é recusada e em seu lugar é colocada uma imagem da realidade que é familiar – este é o mecanismo básico da assimilação. Os textos de H. D. Müller em *Der Kopf in der Schlinge* (*A cabeça na armadilha* – Frankfurt, 1985) acompanham esse ritmo de assimilação, sempre igual, em três campos diferentes da experiência: o armamento das esquadras, que precedeu a Primeira e Segunda Guerras Mundiais, o debate sobre as greves gerais e os processos de decisão da política nuclear americana, que levaram ao fracasso as negociações de Genebra de 1983. No resumo desses três blocos da realidade, todos pertencentes ao século XX, mas completamente isolados uns dos outros, reside uma informação específica. Não ocorrem processos de aprendizagem, isso parece absolutamente garantido; nem após o desenlace fatal algo de objetivo é aprendido, porque o modo de assimilação familiar é mantido. Ao mesmo tempo, essa observação não me deprime, pois reconheço no detalhe, em todos os três campos da experiência, a inutilidade do movimento da história. As saídas estão portanto ocultas no desenvolvimento negativo. A lógica imanente da fatalidade desenvolve seu poder destruidor sempre dentro de cada bloco da realidade, o que fica claro quando transpomos os limites desses campos.

Curiosamente, existe pouco intercâmbio entre os blocos. Todas as realidades em conjunto não mostram nenhuma necessidade, nenhuma fatalidade, mas a absoluta ausência de assimilação. Os textos de H. D. Müller, que revivem esta experiência, significam para mim: aprender a ler.

Em relação a 1918, Robert Musil teceu o seguinte comentário: "As utopias podem de repente se tornar realidade? Sim. Veja o fim da guerra. Um outro mundo quase se tornou realidade. Não foi uma necessidade que ele não se tenha realizado".[1]

2

A cifra de 1914

Na virada do século não se podia saber o que se pretendia dos seres humanos neste século. Por um ato governamental de Guilherme II, o ano de transição para o século XX é adiantado em um ano: foi um Ano Novo cheio de frases de efeito, otimista, com muitas piadas masculinas (começou o ano "00", o ano de banheiro público), sem senso para a história, continuação do século XIX com velhos métodos. Às escondidas, porém, foram criados alguns dos pressupostos para a eclosão da guerra de 1914, e em dezembro de 1918 a cifra que caracterizou o século nas latitudes da Alemanha foi sentido por todos nesse país como um abalo. Poderíamos interpretar como consequência da catástrofe de 1914 tudo o que aconteceu até 1945, tudo o que se seguiu em termos de repressão da experiência histórica – sempre falando da Alemanha –, inclusive a submissão voluntária às duas potências mundiais.

---

[1] O mesmo sentimento aparece em Harry Conde Kessler, *Tagebücher 1918--1937*. Na terça-feira, 14 de janeiro de 1919, lê-se: "O pior seria se toda essa devastação e sofrimento não fossem o prenúncio do nascimento de uma nova época, porque não haveria nada de novo para nascer, se não nos restasse outra saída senão remendar o que já existe." "A pergunta é se já existem novas ondas de sentimentos e ideias de tal potência e profundidade que, se pudessem agir livremente, mudariam a realidade, ou se na falta de ganhos materiais pela guerra estamos imaginando um falso paraíso. Da resposta a essa pergunta depende se o "Spartacus" tinha ou não o direito ao seu lado". Isso foi escrito no dia anterior à morte de Rosa Luxemburg.

As linhas do processo de aprendizagem e as linhas dos fatos seguem trilhas diferentes

Se supomos que ao longo das linhas de abalo da experiência de um país ocorrem processos de aprendizagem, em vez de repressão ou reinterpretação, mesmo assim o objeto desaparece da linha desses processos de aprendizagem. O acontecimento de 1914 ainda pode ser amplamente interpretado de forma eurocêntrica. Até aí podíamos falar de uma guerra *mundial*; já para a Segunda Guerra a participação do mundo é pouco clara. De fato, um grande número de nações declara guerra umas às outras, mas a destruição concreta no solo da União Soviética, na Alemanha, na França, na Itália ou na Inglaterra não pode ser comparada a movimentos contemporâneos na Índia ou no Brasil. No que concerne ao mundo como um todo houve ainda outros processos além da guerra europeia. O texto se fragmenta ainda mais se delimitamos a perspectiva com mais precisão: a história da internacionalização do movimento operário desde 1914, a história dos EUA, a história do continente russo, a história da Europa central, a história das formas de assimilação da experiência, a história dos sentimentos, da teoria, das armas, da interpretação e assim por diante. Vamos encontrar textos divergentes para cada uma dessas perspectivas. Isso corresponde às linearidades com que se organiza a massa de fatos no mundo: eles se organizam sem levar em conta os processos de aprendizagem. Reside aqui uma parte da razão pela qual os seres humanos se recusam a se ocupar com a perspectiva e a medida da objetividade. Simpatia e objetividade são duas coisas diferentes.

A leitura crítica [*Nachlesen*] da experiência começa portanto com uma postura bem contraditória: a experiência de *todo* o planeta permanece sempre para nós uma experiência *mediata*; ela não está relacionada ao modo e a forma pelo qual produzimos experiência. Quando se trata de decidir se vamos renegar algo ou atentar para alguma coisa, estamos conectados a um material limitado, "irreal". Nesse sentido, os fatos de nossa infância, assim como as cifras do século que foi povoado por nós e nossos antepassados imediatos, são o "material real-irreal" que lemos por ora.

Aprender com os erros

É menos absurdo do que parece: aprendemos, diga-se de passagem, também com nossos erros. O importante é colocar os erros lado a lado. Desse contato resulta uma terceira coisa: é o que chamamos de experiência. Vou me concentrar, portanto, sobre a decifração da cifra de 1914. Isso só é possível se desvio o olhar por um momento do desmembramento do mundo eurocêntrico. Não atuo, porém, de forma mais iludida do que todo aquele que se ocupa com conceitos tais como guerra, pré-guerra, rearmamento, crise mundial, coisa que alguém só pode fazer se deixar de lado sua pouca importância na República Federal Alemã e a pouca importância da República Federal no mundo. Mas sem esse "erro" necessário ele não pode pensar nem sentir algo interligado, e nem ler. Ao contrário, com base nessa ilusão a pessoa é confrontada com a distância que deve haver entre sua história anterior e as experiências de um cidadão da Califórnia, por exemplo: que influências podem ter sobre ele ou seus antepassados as guerras europeias? No que se refere à quantidade de experiência, a perplexidade será maior na União Soviética, mas os mecanismos de repressão das gerações seguintes em relação à dos pais será tão grande como no caso alemão. Isso não depende dos testemunhos, mas das perguntas. Toda fronteira, toda confrontação de experiências diferentes, que não podem ser reunidas, dá origem a tais perguntas. Nesse ponto têm o mesmo significado expressões tais como *perceber, estar atento, perguntar, ler*.

Capacidade de discernimento em grande quantidade

A nova intransparência [*Unübersichtlichkeit*], assim caracterizada por Jürgen Habermas, contém um desafio. Aparentemente, as relações verdadeiras que se tornaram quase inteligíveis furtam-

-se à leitura e ao reconhecimento usando a nova instransparência com um capuz mágico. A resposta a isso não pode ser a transparência. Pelo menos ela não pode ser chamada assim, se pretende produzir ordem por eliminação, de acordo com o programa específico de assimilação do século XIX. Dessa forma são produzidos romances do transparente, *imagens*. Mas estes foram desde sempre os meios de trabalho da nova intransparência. A ordem transparente é o predicado da sobrevivência de planos que querem hibernar nas instituições. Funcionários de nível técnico como Richard Perle, Richard Burt, Robert McFarlane, Fred Ikée entendem dessa *regulamentação da linguagem* da nova intransparência. Os fatores econômicos que impelem para a frente são de fato *descentralizados* (em oposição ao poder do Estado e à formação de grupos empresariais). Tudo que já foi produzido nas sociedades e que ficou abandonado (espaços modificados, máquinas, armas, planos – trabalho morto), tudo isso que se junta e se acumula na cabeça das pessoas *exerce o poder de fato*. Segundo os conceitos clássicos, as possibilidades de decisão não estão, portanto, na generalidade, mas no particular e no individual. A resposta a isso significa: *capacidade de discernimento em grande quantidade*. Em contrapartida, a ordem, o tornar transparente só trazem sempre a redistribuição: uma reorientação que oculta as conexões. Simplificar, ordenar não são atividades analíticas. "All truly discovery is analytic" (E. A. Poe).

3

Os acontecimentos de agosto de 1914 cindiram por longo tempo, no plano internacional, o movimento operário. No mundo, as grandes constelações (como edifícios públicos, programas, instituições) estão ainda hoje fragmentadas como o foram após 1914. Os textos de H. D. Müller dirigem a atenção, com fortes efeitos de distanciamento [*Verfremclungseffekt*], para os processos políticos decisórios *de então*. Primeiro: se olharmos a cisão do movimento operário e o futuro enfraquecimento da reflexão para todo o século (isso independentemente das paralisações dos movimentos operários), veremos que as decisões importantes foram tomadas em parte por funcionários da área técnica, politicamente não classificáveis. Não existe uma ligação real com a força de trabalho industrial, com a reflexão teórica, com os prejudicados, mas sim um *paralelismo* total. Uns têm poder em um ponto que não é detectado pela opinião pública crítica, outros provocam a crítica pública, enfraquecem aqueles, outros ainda vivem sua vida, defendem seus negócios, deixam-se governar, e assim por diante.

> Nos nossos sentidos, nos nossos cérebros, existe embutido um mecanismo que tenta introduzir ordem em nossas percepções. Nesse ponto, ele registra que a *direita política*, suportada por funcionários qualificados, colocou todos os fatores pelos quais a *esquerda política* teve que se cindir, se bem que isso não tenha sido forçado somente pelas condições econômicas. Diante de tais contrastes, tais recusas, fala-se muitas vezes de dialética, de "astúcia da razão"; mas então deve-se falar também da "astúcia da irrazão". Astúcia da história ou da dialética são, porém, acontecimentos raros. Eles existem ou bem abaixo da atividade sensível do homem inteiro (nos momentos microestruturais que percorrem os seres humanos por meio de um movimento transversal à sua personalidade) ou bem acima da vida do indivíduo (em grandes processos como a fundação da zona do Ruhr, da industrialização). Ao contrário, o que se pode observar em 1914 são *danos causados por terceiros*. Outros, que nada têm a ver comigo, causam danos que me atingem e alteram meu destino. Estes danos revelam falta de coesão social, um indício de que uma sociedade adota caminhos paralelos, e que nada evolui para um todo. As categorias de leitura são indiferença, falta de atenção, atrito, causalidades que atropelam, falta de momento adequado, "perfídia do objeto", falta de solidariedade, inércia.

Administração do período pré-guerra

Digna de nota é a duração do período de pré-guerra, que antecedeu agosto de 1914. Em 1911 (22 de julho), a guerra quase eclode. O decorrente processo de percepção e aprendizagem tem dois aspectos: a esquadra britânica rearmada mostrou-se inútil quando o canhoneiro alemão *Panther* foi enviado para a frente da cidade marroquina de Agadir, pelo governo do Reich. Os grandes navios de guerra britânicos estavam espalhados pelo mundo; o armamento pesado mostrou-se inútil. O Reich alemão, por outro lado, não tinha pronta nenhuma sugestão prática para aproveitar em qualquer direção a momentânea vantagem política mundial. A resposta a essa súbita crise, de ambos os lados, não foi um choque, mas um redirecionamento dos planos, de modo que os programas de rearmamento da esquadra se estenderam até 1924.

No Reich alemão o rearmamento contínuo é consequência do Oktroi (golpe de Estado) de Bismarck, na Prússia. Dessa época em diante se prosseguiu com o rearmamento. Mas esse rearmamento só adquire uma nova dinâmica na virada do século, quando o chamado cerco ao Reich alemão e a ação recíproca de todos contra todos na fase que precedeu a guerra tornaram os rearmamentos abstratos. Era da máquina + corrida do rearmamento = rearmamento das esquadras. O gigantismo dos exércitos terrestres, dos canhões, da cavalaria já haviam atingido seus limites nas guerras napoleônicas. Uma administração sem limites do período pré-guerra só era possível até então com os ídolos tipo navio de guerra e morteiros, justamente *porque* com eles, em último caso, não se pode brincar. Todas as outras megalomanias fracassam, pois já durante as manobras se percebe que para conquistar um pedaço de terra o ser vivo precisa pisar nele. Isso limita a maquinaria. Para que ferro, máquinas e a escalada da hostilidade possam desdobrar-se abstratamente, é preciso trocar de elemento; a água – e hoje o céu ou o espaço sideral – permitem, supostamente, esse voo livre da abstração.

Mas as forças que precederam o período pré-guerra de 1914 não foram somente de natureza material. A provocação concreta não partiu da Royal Navy que desfilava em Spithead e nem da frota de guerra alemã; elas só foram capazes de paralisar todas as propostas para evitar a eclosão da guerra. O motivo interno da guerra, o sustentáculo da administração pré-guerra é, na Alemanha, uma *comunidade politicamente amorfa*. Em parte ela é industrializada, em parte estritamente agrária; a política era tão centralizada que o chanceler do Reich, Bismarck, podia controlá-la de sua propriedade rural (ainda que a política tenha em seu interior um elemento explosivo que contradiz todo e qualquer controle). Mas agora esse chanceler não ocupa seu posto há decênios; o príncipe von Bülow, apelidado de "língua de prata" por causa de sua fala macia, fraseológica empolada, assumiu o papel do chanceler (como um ator). Não devemos pensar que a política em outros países europeus dessa época (Inglaterra, Rússia, França, Áustria) fosse menos amorfa. Mas ela carece de forma por outras razões. Em todos esses países, forças foram mobilizadas e depois abandonadas. Agora elas são administradas. São forças que surgiram separadamente mas sabem golpear em conjunto.

O poder efetivo do acúmulo de coisas

Essas malhas de causalidades separadas, se atropelando e se acumulando, só permitem um controle em escala muito reduzida. A amorfia está justamente nessa desunião, nessa quase danificação (semidemolição). Sempre que se tenta controlar tais condições, este controle tem lugar no terceiro e quarto escalões da administração. À medida que ele ocorre, tem o caráter de intriga, privacidade, tecnicidade, estupidez. Essa "administração do período pré-guerra" tem algo de um jogo de salão; as correspondências nos textos de H. D. Müller e Talbott, no que se refere à hierarquia dos EUA, são espantosas. No que se refere a 1914, os destinos foram *realmente* determinados para muitas gerações.[2]

---

2 O abalo provocado pela Primeira Guerra Mundial (e também o abalo sofrido pela leviandade com que se a iniciou) leva a uma cifra contrária, isto é, a da seriedade, do esforço analítico, do desnudamento da personalidade clássica de suas frases. Nesse sentido leia-se aqui *Der Mann*

A eclosão da guerra se dá por si mesma

Decisões sobre a eclosão da guerra propriamente dita são raramente tomadas. A eclosão da guerra se dá por si mesma, com base em planos de mobilização e planos ferroviários, compromissos de alianças, falta de perspectivas, fraquezas, falta de tempo. O que poderíamos chamar de *estopim* antecede em algum tempo a eclosão da guerra: o incentivo da Áustria, país aliado, de arriscar a guerra com a Sérvia com suporte alemão. O embaixador austríaco senta-se à mesa em Berlim para almoçar com o Kaiser alemão e tem em mente uma pergunta nesse sentido, cuja formulação ainda não foi decidida pelo ministério austríaco. Antes do almoço, o Kaiser diz ao embaixador que ele, Kaiser, não pensa em dar declarações políticas. O chanceler não está presente (viajou). Mas durante o almoço o Kaiser entra num estado de euforia. Durante a sobremesa, ele expressa opiniões que o embaixador não relaciona com as restrições formuladas anteriormente e que transmite para Viena. Lá a notícia é interpretada como um compromisso de ajuda e fidelidade, assim como H. D. Müller relata as interpretações posteriores de declarações do presidente Reagan. Em 1914 ainda era necessária a aprovação do chanceler. Sabe-se que o Kaiser, o embaixador austríaco e o chanceler se encontraram para uma conversa a três em Potsdam. O Kaiser tinha a impressão de nada ter decidido. O chanceler do reino tinha a impressão que o Kaiser tinha decidido, mas que nada havia de perigoso nessa decisão. O embaixador interpretou essa postura de seus interlocutores como uma *anuência* e informou o que entendeu a Viena.

---

ohne Eigenschaften (*O homem sem qualidades*) de Robert Musil, os *Tagebücher* (*Diários*) de Harry Graf Kessler e *Die Tagebücher, Aufsätze, Dokumente* (*Diários, ensaios e documentos*) de Kurt Riezler. Riezler foi assessor pessoal de Bethmann Hollweg no gabinete do chanceler do Reich, por ocasião da eclosão da guerra. Ver também o texto de Riezler, *Die Erforderung des Unmöglichen. Prologomena zu einer Theorie der Politik und zu anderen Themen* (*A reivindicação do impossível. Prolegômenos para uma teoria da política e de outros temas*), Berlin, 1912. Esses são os textos a que Musil respondeu, provavelmente sem conhecê-los, até o ponto em que a linguagem pode atingir.

Vou agora deixar de lado a escaramuça administrativa entre a embaixada alemã em Londres, que lutava por uma conferência de paz, e a embaixada alemã em Viena, que retardava tecnicamente informações para acirrar o ataque à Sérvia – tudo isso são processos não públicos do funcionalismo, os quais também não estavam previstos na construção anárquica do Reich (muito parecida com o regime amorfo dos presidentes americanos). Aqueles que estavam destinados a decidir não tomaram praticamente nenhuma decisão (ou tomaram mais tarde, quando não havia praticamente mais nada a salvar, a decisão de continuar); aqueles que não eram competentes para nenhuma decisão soberana relativa ao início da guerra conseguiram-na com cooperação não expressa, e sem saber uns dos outros. Um tal mecanismo, que resultou na morte de muitas pessoas (pessoas que não só morreram inutilmente como tiveram uma morte que não combinava com elas), é o maior desafio à reflexão, ao sentimento reflexivo. Para que servem os sentimentos, para que serve pensar, para que somos dotados da capacidade de viver experiências, se aceitamos esses mecanismos? Precisamos aprender a ler esse mecanismo, a desenvolver defesas contra ele.[3]

4
A imagem da guerra paralisa

Os navios de guerra que deveriam aumentar o risco de a Inglaterra entrar numa guerra entre o Reich e a França, de modo a mantê-la neutra, foram uma *imagem*. Eram lindas caixas de ferro que, atirando, podiam ser registrados por pintores da marinha. Uma esquadra alemã desfilando diante da costa chinesa, nos mares do sul, diante das Ilhas Falkland, é um retrato sensual

---

3 A esse respeito, v. Ruloff, D., *Wie Kriege beginnen* (*Como começam as guerras*), Münch, 1985. O texto traz uma tipologia completa das eclosões de guerra de nosso século, com referências até à Revolução Francesa.

e direto do poder. Nos políticos ingleses essa imagem não provocou praticamente nenhuma reação. Era uma imagem para confundir as cabeças no próprio país.

É difícil transmitir que a guerra, que lacera vidas humanas, derruba nações, elimina toda relação efetiva da história que se opõe a ela, alimenta com imagens seu núcleo interior. Tais imagens são seu alimento. Já no período pré-guerra emana da fatalidade da guerra uma paralisia: como ela é considerada inevitável, torna-se inevitável.

Os textos de H. D. Müller permitem supor que a cifra do século XX se esconde na relação radicalmente modificada entre a guerra e a capacidade de destruição acumulada, que é ordenada de forma descentralizada e intransparente. Em outras palavras, a quantidade de trabalho morto não obedece a nenhum controle do trabalho vivo. As coisas experimentam a revolta. Mas as coisas têm seus agentes nos aparatos de dominação, pois aí se apoiam carreiras de funcionários, de modo que isso que é planejado também sucede. A maneira mais fácil de fazer com que as previsões se realizem é prever apenas aquilo que corresponde à marcha das coisas: anti-Cassandra.

Cassandra resiste

Cassandra resiste ao ofuscamento [*Verbledung*]. Ela prevê a desgraça, mas devido à recusa de seu povo de olhar a desgraça futura nos olhos, não é ouvida. Mas ela não desiste. Como o destino é irreconciliável, cuja profetisa ou agente ela é, não se mostra somente em Troia, mas também no destino do vencedor Agamenon, que a recebe como troféu de guerra: ele morre após a volta ao lar, traído por sua esposa. A configuração do futuro cabe depois às lutas de vingança de Electra e de Orestes.

Para que ocorra o desfecho trágico, o ofuscamento abrange os anseios humanos imediatos e, ao mesmo tempo, o provável desenrolar dos fatos. Os mesmos fatos podem no entanto se organizar também de forma muito improvável de outra maneira, e os anseios poderiam realizar-se não como catástrofe, se houvesse para alguns indivíduos a possibilidade de reintegração ao todo (na comunidade dos anseios). Nessa situação, é indiferente se uma profetisa possui ou não capacidades; provavelmente todos os seres possuem a capacidade de prever ou pressentir o futuro. A decisão facciosa se refere antes de mais nada a uma relação *burocrática* ou *autônoma* com o próprio destino. Nesse contexto, burocrático significa o seguinte: eu aposto na mera probabilidade, no domínio dos fatos que me são conhecidos (suprimo, portanto, aqueles que não conheço); meu anseio mais forte, a ilusão mais forte, suprime meus demais sentimentos. A atitude antiburocrática se comporta aqui de forma antirrealista: sem minha anuência, o destino não pode se apossar de mim; eu mesmo sou uma parte do futuro e, como falo comigo mesmo quando profetizo, posso prevê-lo; não me deixo paralisar pela *imagem* do inevitável.[4]

A forma de falar como cúmplice da guerra

As imagens com as quais a guerra ganha a fidelidade das massas (ou com as quais a resistência é dispersada, desencorajada, paralisada) resultam primeiro de uma curiosidade da língua, que não representa nem conceitualmente, e nem intuitivamente. Quando digo "ao pé da montanha", isso não quer dizer nem que se trata de um pé e nem fica claro onde está o ponto aproximado que quero indicar. Chamamos isso de *metáfora*. "A Coreia do Norte é um punhal apontado para a barriga do Japão", "Aviador

---

[4] Não basta estar do lado certo. Se sou adversário da guerra mas acredito no destino, pertenço ao partido burocrático. A prepotência que reside no orgulho de terem acontecido as coisas que eu previ é um golpe administrativo. No *Tagebuch (Diário)* de Musil lemos: "Não podemos nos retirar como se tivéssemos acordado justamente de uma embriaguez, quando milhões de pessoas perderam seus próximos ou suas vidas. Isso deve causar uma ruptura no povo, um desses acontecimentos reprimidos que se vingam como histeria. Esse é o grande crime ideológico dos independentes e pacifistas. Eles são aproveitadores morais da guerra. Devem a um acidente do acaso a preponderância de sua visão".

rápido, aviador lento" são, por exemplo, metáforas. A palavra *guerra* contém também uma tal metáfora. Um míssil aproxima-se de uma fragata. Entre a percepção da aproximação e a explosão do navio decorrem sete segundos, nos quais ninguém (em circunstâncias concretas) pode se render ou assumir uma atitude, seja ela de coragem ou de covardia. Essa situação não pode ser traduzida pela mesma palavra com que Clausewitz designou "as formas ampliadas do combate a dois". É errado chamar de *guerra* algo que permite uma submissão, algo que nem sequer permite dar atenção a um tal desejo, quando a definição clássica de guerra parte da submissão do adversário, da submissão de sua *vontade*. Precisamos primeiro criar novas expressões para as diferentes relações fundamentais reunidas nas expressões usuais, como guerra, período pré-guerra, crise, violência, violência estrutural. No que respeita à capacidade de ler, isso corresponderia às formas básicas da articulação: uma palavra, uma sentença, um parágrafo, a gramática e assim por diante.

> Compare-se a formulação clássica para o que é guerra em Clausewitz com a definição de guerra por Singer & Small.[5] Em Clausewitz, a característica diferenciadora está do lado subjetivo, ou seja, na *intenção* de submeter uma *vontade* alheia. E isso pressupõe que o adversário seja um ser vivo, com vontade própria. Esse ser vivo é o motor da articulação. Posso analisar a medonha desordem porque reconheço nela o trabalho vivo. De acordo com essa formulação clássica, não existe fatalidade que se furte completamente ao conhecimento, nenhuma necessidade para a qual não exista uma necessidade contrária. Completamente diferente é a definição de guerra de Singer & Small, que pode ser considerada a que prevalece. Guerra é aqui toda disputa da qual participa "um membro do sistema de Estados da época e onde o limiar das mil vítimas é atin-

---

5 Singer, J. D., Small, M., *The Wages of War 1916-1965. A Statistical Handbook*, New York, 1971; Clausewitz, *Vom Kriege*, op. cit., p.191: "A guerra é, portanto, um ato de violência, para obrigar o adversário a se submeter à nossa vontade".

gido ou ultrapassado pelos combatentes". Disso fazem parte subdefinições que explicam o que é uma unidade nacional (população acima de meio milhão e reconhecimento diplomático por, no mínimo, três grandes potências). Uma definição desse tipo exclui a parte do trabalho vivo. Com isso se ganham linhas de separação burocráticas adicionais – assim, por exemplo, é possível separar uma guerra civil de uma guerra entre duas nações com sensíveis consequências para o *status* dos combatentes, o que seria impossível de acordo com a definição de Clausewitz ("por causa do elemento explosivo da guerra"). Com essa finalidade são colocados lado a lado fatos estáticos quantitativos, tais como a contagem de vítimas. O chefe do quartel-general alemão, von Schlieffen, já havia usado esse critério do número de mortos para estabelecer a diferença entre uma escaramuça, um combate e uma batalha. O mundo próprio, em seu conjunto, das doutrinas de armamento trabalha dessa maneira quantitativo-burocrática. Pela forma do discurso que exclui a participação do trabalho vivo, podemos verificar de maneira mais confiável do que pelos conteúdos ou pela pertinência social, se estamos diante de um administrador burocrático da guerra ou de um incrédulo *do destino*. Para o partido deste último não existe um substituto para a definição clássica da guerra justamente *porque* é inútil como definição, pois se presta a fins analíticos e, portanto, à dissolução dos limites rígidos.

5

As palavras-chave abstração, divisão do trabalho e concorrência

Nessas três categorias destacadas por H. D. Müller não se trata apenas do grupo que em toda sociedade capitalista produz divisão do trabalho, concorrência e abstração de valor. Sozinhas, tais categorias seriam suficientes para gerar crise e guerra como seus subprodutos. No que se refere aos preparativos de guerra, um outro aspecto dessas categorias se destaca: Clausewitz descreve o *caminho para a abstração* no parágrafo sobre as *três ações recíprocas* ou os *três extremos*.

Ele parte da constatação de que existem dois tipos de guerra que só historicamente têm o mesmo nome. Um tipo se preocupa com a submissão do adversário, que se quer forçar a *qualquer forma de paz*; o outro tipo só queria fazer "algumas conquistas nos limites do reino", para fazê-las valer como meio de troca na paz (isto é, uma paz *determinada*). Por que, pergunta Clausewitz, esses dois tipos de guerra, que utilizam acúmulos completamente diferentes de meios e de fins, confluem na história da guerra a ponto de terem o mesmo nome? Em geral, diz Clausewitz, as guerras de extermínio são provocadas por uma guerra que "apenas pretendia fazer algumas conquistas nos limites do reino". Para Clausewitz, a guerra que coloca a seu serviço todas as capacidades só não pode uma coisa: limitar-se, manter fronteiras.[6]

---

6 Isso reduz o significado da sentença segundo a qual a guerra nada mais é "do que a continuação da política do Estado com outros meios", o que em geral é omitido nas citações. Essa frase (*Vom Kriege*, p.179) fala de uma guerra que se entenderia a si mesma; fala, além disso, de uma fase inevitável em toda guerra, na qual as probabilidades da vida efetiva assumem o lugar do mais extremo e do "conceito que a guerra faz de si mesma". A guerra desenvolve uma tal quantidade gigantesca de acasos que não consegue mais se sustentar, e o fim político surge novamente por si mesmo, no momento em que as pessoas sobreviveram a essa fase. Essa perspectiva modificou-se no século XX: o que sobrou das gigantescas destruições voltará necessariamente ao princípio da política. O mesmo se pode dizer do arqueólogo de um outro planeta, que observa politicamente a destruição. A frase de Clausewitz ainda é válida, mas seu significado é diferente do que dizem as palavras: elas dizem que a guerra, no sentido clássico ou histórico, chegou ao fim diante da autonomia do potencial de destruição. Precisamos de uma nova palavra para o que pode acontecer depois da impossibilidade da guerra; precisamos de novos conceitos e de uma teoria própria, pois, para a teoria da guerra, isso não pode existir. O núcleo da obra de Clausewitz é o seguinte: o ser humano, enquanto fator subjetivo, é quem decide (no caminho do acaso, da autodestruição da guerra em si) sobre vitória e derrota, independentemente dos auxílios institucionais, planos, técnicas armamentistas a que recorremos. Nesse aspecto, as ideias de Mao Tse-tung, Marx e Clausewitz não diferem.

A incapacidade de a guerra terminar por si própria

Para explicar essa *incapacidade* da guerra, Clausewitz desenvolve três princípios da escalada recíproca na guerra:

1. "A guerra é um ato de violência, e ela não conhece limites na sua aplicação ... Essa é a primeira interação e o primeiro extremo com que deparamos".
2. "Portanto, não sou mais senhor de mim mesmo, mas é ele [o adversário] quem dita as leis, do mesmo modo como eu as dito. Essa é a segunda interação, que conduz ao segundo extremo".
3. "A dimensão dos meios existentes e o tamanho da força de vontade ... novamente a escalada mútua, portanto, que na própria imaginação deve ter novamente o anseio para o extremo. Essa é a terceira interação e um terceiro extremo com os quais deparamos".[7]

Na situação real de guerra, as interações, das quais sempre resulta uma escalada, nunca são – para Clausewitz – algo absoluto, mas estão sujeitas a modificações, causadas pelo acaso, atrito (fricção), valentia, medo, fragmentos de atos políticos, objetivos humanos não destruídos pela guerra e que nela penetram no primeiro ponto fraco. Clausewitz discute somente guerras como as que foram conduzidas até as primeiras guerras de conquista de Bonaparte. Nessas guerras ocorrem combates, batalhas, destruições; mas a quatro quilômetros de um ataque ou de uma batalha as pessoas podem almoçar em paz. Em torno das cidades que se pretende conquistar há aldeias distantes umas das outras; na história mundial sobrou um número suficiente delas para que a ação recíproca descrita por Clausewitz impedisse os "devaneios lógicos que o conceito absoluto de guerra faz de si mesmo". Até hoje, as guerras foram, portanto, apenas *tentativas* de se concretizar a lei da guerra *e acidentes* que foram além disso (por exemplo, Tratado de Verdun).

---

7 Clausewitz, *Vom Kriege*, op. cit., p.192-5.

A "abstração ponderada que é necessária para compreender a guerra"

Em sua análise, Clausewitz emprega o "princípio da polaridade".[8] Desdobrado em várias sentenças, ele significa que na guerra os dois adversários estão sujeitos a uma ilusão quando tomam seus atos individuais por um pedaço de realidade. Nenhum desses atos individuais é um resultado real, que submete ou destrói mutuamente, mas algo diferente, que talvez nenhum dos dois quisesse. Às consequências da escalada da guerra pertence o fato de que essa visão, por razões objetivas ou subjetivas, não pode ser adotada pelos adversários, ou isso não lhes é permitido. O que chama a atenção de todo aquele terceiro elemento que não está diretamente envolvido é o fato de que precisamos considerar a *consequência*: não o que os adversários fazem individualmente, mas o que ocorre mutuamente como terceiro elemento, isso é o que os ativistas no período pré-guerra e durante a guerra não conseguem ver. Essa experiência pode ser reconhecida em toda guerra conjugal que conduz à morte ou à separação. Mas ela contradiz todo o sistema, que nos é transmitido pela educação, de como percebemos e de como assimilamos as experiências.

> Na educação ocidental, apostamos numa base egocêntrica, que tem um toque de magia, carinhosamente cultivada pelos pais, baseada na ampla capacidade para a responsabilidade consciente, a solidariedade, a língua, a crença no direito e na legitimidade. A robinsonada da visão original fica resguardada, de modo que cada um (ou o grupo que ele forma) exerce uma função de juiz. Os juízos sobre caraterísticas *individuais*

---

8 Clausewitz, op. cit., p.204: "Em uma batalha, os dois lados querem vencer. Trata-se aqui de uma polaridade verdadeira, pois a vitória de um destrói a do outro. Mas quando se fala de duas coisas diferentes, que têm um referencial comum fora de si, então não são *essas coisas*, mas sim suas relações, que se polarizam".

> dos inimigos oscilam entre bom e mau, legítimo e ilegítimo, isto eu faria assim e aquilo de outro modo. No geral, porém, os detalhes do acontecimento são considerados reais. Do mesmo modo, as pessoas consideram as suas relações com esses acontecimentos, o seu juízo e os seus atos como reais, se bem que eles só possam ser reais como relações dentro do conjunto. Em princípio não é relevante se me comporto como inimigo em relação aos meus, ou como amigo do meu inimigo, ou ainda ao contrário: isso não entra na minha cabeça, porque em quase todas as outras relações essa regra não vale. A guerra é o desafio mais agudo à nossa capacidade de percepção; ela critica as imagens que formamos da realidade, pois ela nunca pode ser apreendida como algo concreto, mas apenas na categoria do conjunto, isto é, das relações.

A guerra produz, portanto, uma abstração adicional sob dois aspectos (que se somam a todas as abstrações propostas pela sociedade): todo acúmulo de meios de guerra aumenta o acúmulo destes meios pelo adversário. Se levo o adversário ao desespero, ele se torna mais perigoso. Se aumento seu senso de segurança, ele também se torna mais perigoso, se bem que por outro motivo; se o adversário percebe minha força de vontade (por exemplo, o meu ódio, a insegurança das minhas instituições, a ameaça que é meu desespero), aumenta seu ódio recíproco, sua insegurança e assim por diante. Essas interações estimulam a abstração de maneira diferente do que a produção de mais-valia, ou do que um mecanismo burocrático de delimitação poderia fazer. De maneira diversa comporta-se a abstração da percepção desses processos polares (onde só dois ou mais são denominados um) diante de nosso desejo herdado de percepção ou de nossa capacidade de raciocínio. Sob essa pressão, ela se abstrai em desânimo, na defesa de algo que não entendo, em aumento de abstração, à medida que, desprezando as múltiplas caraterísticas, tomo uma parte pelo todo. A herança mágica contida nos conceitos de nossa mente (bem como na consciência) – "entender o mundo a partir de um ponto" – é violenta e distorce cruelmente a realidade.

A divisão do trabalho e a concorrência como paralisação do trabalho de reconcretização

As guerras históricas consomem-se a si mesmas. Para os vencedores, a volta ao dia a dia traz uma desilusão. Para os vencidos, a derrota impõe um trabalho triste: a reconcretização, entre outros. A guerra consome-se a si mesma e após a velocidade inicial, ou após atingir o auge, chega a um ponto de repouso. Isso acontece porque a guerra não só separa, mas cria conexões de forma explosiva. Assim como se desenvolve a partir da concorrência e da divisão do trabalho, ela também as destrói. A divisão do trabalho entre o secreto e o público, entre funcionário e leigo, entre vencedores e vencidos, entre militares e civis é perturbada de maneira crescente. Se antes a divisão do trabalho e a concorrência eram os meios que paralisavam todos os movimentos contrários à abstração, elas agora precisam ser constantemente recriadas.

Isso valia para as guerras clássicas, mas não valeu para os períodos que antecederam às guerras de nosso século. A ação contrária das relações reais só encontra condicionalmente um ponto de partida, pois estas guerras só podem procurar suas decisões no espaço imaginário e não na prática.[9] É verdade que ainda encontra aplicação a frase de Clausewitz, segundo a qual "as batalhas possíveis e as batalhas reais podem ser equiparadas". Os movimentos abstratos das estratégias do período pré-guerra (promoção ou degradação de oficiais, hierarquias de planejamentos, distribuição de meios, derrubada de governos de países dependentes, crises da economia nacional, florescimento, florescimento aparente, mundo das ilusões, autoconsciência) têm,

---

9 Como as batalhas do período pré-guerra preveem ações individuais com caráter simbólico, existe *aí* contato com a realidade, por exemplo quando os helicópteros destinados a Teerã falham em sua missão por causa de uma tempestade de areia. Mas os processos de aprendizagem decorrentes (administração Reagan, portanto, em vez de administração Carter) *permanecem* totalmente abstratos. Nesse aspecto, os fatos concretos (por exemplo, derrotas, vitórias) são de natureza simbólica.

ainda, consequências imediatas para as situações reais, mas são não substanciais para os atritos dessas mesmas situações. Nesse caso, a concorrência e a divisão do trabalho multiplicam-se livremente.

A concorrência e a divisão do trabalho não devem ser imaginadas apenas como as do tipo que existe entre a divisão política do Pentágono e a divisão militar do Departamento de Estado (exatamente como a concorrência entre esquadra e exército na União Soviética). A mesma paralisação por concorrência e divisão do trabalho ocorre em cada indivíduo; isso tem consequências também para aqueles que se associam à luta contra o rearmamento. É fácil identificar a concorrência para proliferar a solidariedade que pode ser exibida e a que não pode ser exibida. Trata-se de concorrência quando a indignação de um empresário nascida dos interesses de sua empresa quanto à deficiência na execução dos procedimentos de guerra, não tem o mesmo valor que a indignação com a parcialidade dos responsáveis políticos. Trata-se de divisão do trabalho quando a política antibélica é confiada à boa vontade, e não às más qualidades do caráter, como se aí existisse uma concorrência elementar. Poderíamos também imaginar uma mobilização de massa dos egocêntricos, covardes, agressivos, mentirosos (pelo menos dos mentirosos defensivos), características indiferentes dos seres humanos que agem contra a situação de guerra.

A camuflagem das relações reais no período pré-guerra

Justamente essa percepção torna-se extremamente difícil no período pré-guerra. Justamente aqui a ação contrária das situações reais não pode impedir de forma suficiente as três leis absolutas de escalada da guerra, justamente porque estas são, de um lado, apenas ideia, e, de outro, apenas um arsenal de armas. Numa passagem, Clausewitz afirmou: no pensamento e na simples parada (compasso de espera), a guerra é todo-poderosa; seu poder, ela o perde no contato com uma quantidade suficiente de situações reais. Mas isso é muito grave, pois no contato da abstração da guerra com a vida, a vida é destruída primeiro. A guerra não pode se alimentar desse elemento vivo. Ela permanece abstração e, por isso, não é capaz de sobreviver. Mas se ambos não podem mais sobreviver – nem os vivos e nem a guerra – então não se trata mais de guerra, mas de *acidente*.

A camuflagem das situações reais no período pré-guerra repousa, pois, na confusão lógica da aparência do absoluto, que se sustenta enquanto os planos e o arsenal não são testados na prática (e quando o são, isso não acontece no contexto e nas condições do caso real). Um segundo motivo da confusão reside na divisão do trabalho, de sorte que no caso real se confrontam situações completamente diferentes das que foram testadas ou usadas como ameaças durante décadas. As causas que foram "supervisionadas" por um grande número de funcionários, nas economias planejadas do Leste, na OTAN e no Pentágono, marcharam separadas, agiram em conjunto, mas de maneira completamente independente das instruções de seus senhores.

A mim me espanta, nas notícias resumidas por Hans Dieter Müller, a relação direta com os pensamentos de Clausewitz, apesar de Clausewitz nada poder saber da sociedade industrial do século XX, do Pentágono ou da esquadra soviética do Índico. O que me irrita é o seguinte: os movimentos mecânicos do período pré-guerra são eficientes, quando funcionários qualificados trabalham em conjunto com eles; quando providenciam, por assim dizer, seu acirramento. Sem dúvida, porém, tais mecanismos também poderiam, sem quaulquer auxílio, produzir esse acirramento, se uma contraprodução equipada da mesma forma fomentasse o contrário da guerra. Vamos supor que na administração dos EUA houvesse funcionários de boa vontade, e que também os governos do Ocidente europeu, que têm a experiência mais fatal no convívio com conflitos mundiais, tivessem suficiente influência e a utilizassem, ainda assim nada se alteraria na cifra do século XX que transforma a guerra em acidente, e apesar disso não conhece um antídoto. Mas o desafio tem raízes mais profundas. Não basta apenas combater o abuso do poder, a difamação, a burocracia, a representação teatral.

Uma consequência, porém, resulta de imediato: a crítica mais aguda ao *conceito de política*, tal como ele nos é transmitido na prática, é a incapacidade, no núcleo da soberania, na questão relativa a guerra e paz, de se chegar a algo mais do que boletins meteorológicos. Essa política conhece dois caminhos: 1. tomar decisões preparadas de forma não política; 2. ganhar a confiança das pessoas, capaz de sustentar essas decisões. Neste último aspecto, um partido político, um movimento ou uma clientela, tal como ela é necessária à conquista do cargo de presidente nos EUA, age cada vez mais como uma agência de propaganda e cada vez menos como um grupo de pessoas ou aparato que toma decisões em geral. O princípio da divisão do trabalho entrou aqui em decomposição, sob ação das contradições e da anterior separação dos desejos humanos e dos fatos públicos. Partidos e poderosos que não tomam mais decisões, porque as decisões, quaisquer que sejam, atrapalham a conquista de fidelidades e ganhos de legitimação, não *trabalham* mais no sentido clássico do conceito de produção. Eles desempenham um papel ao qual atribuem a denominação de político. É importante limitar bem os objetos que podem ser submetidos a um trabalho político. No momento em que acabam as *possibilidades* de ação, a *responsabilidade*, a política não tem campo para se estabelecer. Uma característica do século XX é o inflacionamento do conceito de política a ponto de não ser possível nenhuma capacidade de representação do mundo sob o controle de baixo para cima ou de não ser possível a organização da política de baixo para cima. Isso quanto ao período pré-guerra.

6

Muitas editoras e livrarias verificaram ultimamente que têm pouca procura os livros sobre guerra, armamentos, ameaça de mísseis. O apocalipse – apreciado como romance utópico e filme de aventuras – é recusado como realidade. Não é de estranhar. A fantasia relaciona-se como um crítico insubornável das relações reais, quando elas se mostram desumanas. Para evitar isso, ela foge.

Quando lemos livros que tratam da ameaça de guerra, ou quando vemos filmes que tratam desse tema e posteriormente exigimos que outras publicações ofereçam algo de novo, trata-se aí de fuga. Tudo isso nós já conhecemos. Essa posição é desproporcional em relação à pressão uniforme das relações reais portadoras de perigo, que não se revelam pela leitura de um livro ou quando se assiste a um filme, e de maneira alguma estão dispostas a fornecer aquela originalidade que desperta o prazer da leitura.

"O senhor não tem uma história mais agradável?"

Clausewitz chama de *auxílio* o que precisamos inventar na guerra para responder a um ataque do adversário. Quando se trata de auxílios *contra* a guerra, eles só podem provir de pessoas que não ocupam cargos, porque os auxílios não vêm das instituições. A primeira pergunta é a seguinte: que tipo de prazer, que atenção isso apela? Não tem sentido nesse ponto ignorar a evidente indiferença do ser humano, a falta de atenção com a qual a guerra e pré-guerra são vistas, mas não percebidas. O que ocorreu no verão de 1985 não foi diferente do que aconteceu em julho de 1914. Trata-se do problema do "amor à verdade quando se trata de comunicar coisas desoladoras". O que pode despertar a curiosidade? É importante não esquecer, em se tratando de um assunto tão sério, que as pessoas de nosso país, os leitores (como segmento mais restrito) só se interessam pelo que lhes "dá prazer". Um apelo à consciência só resultaria numa capacidade de discernimento mais apurada, o que definitivamente me aborrece, onde só vejo espelhada minha impotência, onde vejo o que acontece sem minha participação, e que por isso só me tortura quando o percebo conscientemente. A informação sobre a maquinaria do período pré-guerra só produz uma dissonância por assim dizer cognitiva. Isto é, o que produz uma associação lógica não resulta para mim em uma associação emocional, e o que tem uma associação emocional para mim é contrariado pela lógica. Segue-se a isso a dificuldade de eu não poder confessar isto aos meus melhores amigos. O resultado é, necessariamente, o desejo de criar uma falsa consciência. Nesse sentido, age em cada um de nós – e também em mim – um Richard Perle. Quanto mais o destino agride um ser humano, tanto mais ele defenderá de modo irrealista o resto de poder de disposição (autoconsciência) de que dispõe.

Existem formas alternativas de curiosidade?

A forma clássica de curiosidade, surgida na zona erótica e exaustivamente dirigida para as notícias, não suporta a repetitiva autoencenação pública da guerra: a guerra faz parte da civilização, compõe-se de uma série de funções em tempo de paz. A mesma curiosidade clássica é, porém, impedida de penetrar nos segredos que compõem a guerra e o período pré-guerra *junto* da sua encenação pública. As energias dessa curiosidade não são suficientes para tal.

Minha motivação, enquanto escrevo essa passagem, provém de experiências que tive aos treze anos, durante um ataque aéreo à minha cidade natal, Halberstadt, em 8 de abril de 1945. Tive uma impressão que é própria aos seres humanos deste século. Os vinte minutos de combate aéreo e a subsequente tempestade de fogo que destruiu a cidade velha são, por assim dizer, meu 1918. O mais importante para mim, naquele dia, foi poder contar as novidades na sala de aula. Nesse ponto, outros sentimentos se acrescentam hoje: não sou capaz de me dar atenção se não posso garantir uma certa segurança para o desenvolvimento de meu filho. Vê-se que esse desejo de identidade ("que o meu carinho tenha garantias práticas como numa aliança") contém uma supervalorização. Sei que nada posso garantir diante das grandes potências. Faz parte do sentimento que essa objeção não seja levada em conta. É justamente a falta de perspectivas que leva à mudança da força de percepção: da atenção mais interessante até a pesquisa, passando pelo sentimento que foi surpreendido. Nesse aspecto, objetividade e amor pertencem um ao outro, que separamos nas formas correntes do carinho.

7

Se quero ler os textos das relações reais, não posso esperar encontrar sentenças pontuadas, espaços entre as palavras, formas gramaticais. Encontro uma mistura árida de sinais: aqui, cidades com as quais marchamos para o século XXI; ali, seres humanos que realizam o trabalho necessário; mas alguns desses trabalhos individuais e algumas das características humanas se tornam inúteis, os desejos ligados a eles nunca se realizarão, e o resultado é a perda da utopia ("todos os locais designados estão ocupados"). Vida que não se realiza, mas que não pode ser relegada ao passado. O "presente é dilatado", isto é, dilata-se o espaço de tempo em que ainda parece possível decidir alguma coisa. Um *presente* assim inflado, formado por expectativas paralisadas, tem em si o potencial de destruir violentamente passado e futuro. Essa destruição começa na consciência e termina com o processo de destruição, tolerado publicamente, que chamamos de guerra.

É aqui, nessa perturbação enraizada no ser humano concreto, que reside o poder institucional: o rearmamento, os novos meios de comunicação, a constante improvisação do governo federal e assim por diante. Esses assim chamados poderes se alimentam parasitariamente. Eles se alimentam do produto dos desejos não realizados, da impossibilidade de continuar adiando compromissos. Atores profissionais como Reagan, seus gabinetes, os produtores da regulamentação da linguagem, que prometem segurança, autoconfiança, vida própria, aparecem como os proprietários de bancos nos quais massas humanas depositaram sua confiança. Existe uma *babilônica confusão de linguagem* entre o texto que as situações reais escrevem (a resultante, junto com todas as relações, inclusive as mentiras), entre o lado da partitura que pode ser representada como relação especial de violência, como hierarquia e setor secreto, e os textos da vida imediata, que se situam no contexto dos bloqueios (morar, viver, amar, fazer compras).

Lidar com escritas que não podemos ler, por exemplo, o linear B. Trata-se de anotações relativas à cultura peloponeso--minoica, antes de esta ser destruída violentamente pelos dórios. O mesmo acontece com os textos escritos por um século e por seus intérpretes. De resto é o que acontece também quando se trata da decodificação de um estado anterior à guerra, da descoberta de seus resultados. Mas uma ação contrária só pode ser aplicada no auge do acirramento do período pré-guerra, e este nunca está onde as aparências indicam.

> É de notar quanta complexidade a leitura exige. Os livros facilitam a leitura porque não preciso me preocupar com o que são vogais, consoantes, onde estão as separações entre palavras, os parágrafos. Vamos imaginar que os livros sejam escritos sem pontuação e espaço entre as palavras. Além disso, todas as vogais foram eliminadas e teriam que ser associadas pelo contexto. Existem, além disso, *textos superpostos*, como se uma página de máquina tivesse sido utilizada quatro mil vezes com textos diferentes. Um tal palimpsesto corresponde exatamente ao trabalho de situações históricas, ao trabalho de gerações e suas regras de escrita. Acontece, ainda, que cada um desses elementos – o que não vale para as letras – acha-se em movimento, não apenas como um palimpsesto que se escreveu por cima de outra coisa, mas como algo que se modifica, como coisa viva. Portanto, os textos se modificam sob nossas mãos. Isso, porém, é apenas a superfície da descrição, porque tudo depende também da relação entre os escritos; a vivacidade consiste justamente na ação de um texto sobre outro. Toda mudança de ponto de vista (perspectiva) resulta em um outro contexto textual. Quero chamar a atenção aqui para o conceito de *riqueza das situações sociais*. Nela residem as saídas da história, os textos que devem ser lidos.

8

"A destruição está em andamento. Poderei falar de sorte, se conseguir chegar vivo ao fim deste ano."

A paz não é uma coisa que se possa acumular e estocar. Podemos construir confiança, reforçar as relações entre os povos, plantar uma árvore da paz, criar um monumento, mas não existe uma conversão eficiente da paz em bens de produção. A paz é sempre uma rede de relações. Por isso, nem todas as caraterísticas humanas servem à paz, somente algumas; de um lado, o interesse comercial imediato na paz, por assim dizer; de outro, as caraterísticas específicas de equilíbrio do caráter, a identidade consigo mesmo e o respeito, caraterísticas assim boas, por assim dizer. A situação de paz como rede de relações é, no entanto, uma realidade.[10]

A guerra é um produto altamente sintético da fantasia. Já o esforço de reunir em uma mesma palavra guerra de guerrilhas, guerra civil, guerra econômica, duelo, guerra total, guerra atômica, guerra conjugal implica uma capacidade absurda de imaginação. Isso porque a imaginação, ao mesmo tempo em que "liga", "desliga". Se alguém colocasse esses acontecimentos enfileirados como num filme, teria de lhes dar nomes diferentes e dificilmente ficaria neutro. Mas na linguagem (e na realidade, pelo seu comportamento) juntam-se essas abstrações. Esse todo imaginário, que se prepara no período anterior à guerra, pode ser concentrado como um conjunto de acontecimentos, armas, equívocos, planos, sistemas de defesa, pontos de apoio, como se fosse uma *pilha de má vontade*. Aquele que o dirige ou aciona não precisa ter má vontade; pode ter uma cara de anjo, e em geral seu caráter pode corresponder a esse rosto.

Por que será que uma condição composta de seres humanos verdadeiros não pode formar estoques, enquanto algo imaginário como a guerra o faz há muitos milhares de anos (e sem contar que o século XX difere radicalmente de séculos anteriores), se bem que não consiga retê-los? Também o *seu* material *não pode finalmente ser* empilhado. Os resumos da guerra se produzem *à la baisse*: os denominadores mais simples são regras mentirosas da língua, segredos, particularidade (responsabilidade

---

10 A paz não é o conceito contrário ao de guerra. Se guerra é a destruição da vontade do outro, então seu conceito contrário é o *estabelecimento* da vontade do outro e vai além do mero estado de paz. Ele é *contraprodução* diante do princípio da destruição. Diversamente, a paz é, em princípio, somente uma situação.

limitada), simpatia diante da necessidade de vender da indústria de armamentos ou de aliados, relações, ambição, achar que se sabe tudo, inveja, deslocamento ou agressão, satisfação através de substitutos, e assim por diante. A arma mais forte dessa coleção quimérica de materiais de destruição, que obviamente não podem ser organizados de maneira tão brutal para fins produtivos, é a indicação da *inevitabilidade da guerra*. Esta *inevitabilidade* é o que torna o período pré-guerra tão violento. Contra esse pano de fundo, os inimigos da guerra – como já eram Cassandra e seu pai – são "não realistas", não pertencem ao grupo por falta de realismo.

Por outro lado, é evidente que não se pode falar de automatismo histórico nas guerras, nem nas fases que antecedem a elas. Ao contrário, os fatos que apontam em direção à guerra se *multiplicam*, enquanto os fatos que apontam para a paz parecem *existir apenas como fatos isolados*. Se é assim, então precisamos estudar de novo não só a construção institucional, isto é, o sistema de domínio no sentido técnico, mas também a base *emocional* com a qual dirigimos nossas percepções e a troca de experiência.

9

A crítica à escola sentimental

Esta crítica ensaia o desafio que vem da guerra; nós só precisamos colecionar tais críticas. Consideremos o ponto de intersecção estabelecido pela eclosão da guerra de 1914: não houve política, teoria, moralidade ou tradição capaz de ajudar; o processo de extermínio se pôs em marcha. Assim se politiza cada uma dessas situações clássicas; elas pedem respostas.

É claro que a educação das crianças se torna mais carinhosa com o advento da industrialização e com a alienação da força de trabalho; de acordo com princípios clássicos, portanto. No início do século XIX, as relações entre pais e filhos, e portanto também entre namorados, são reinterpretadas de acordo com um código rígido. Espontaneidade, surpresa, sensualidade, *dedicação total* substituem o casamento de uma lavoura com outra e a economia de emoções. Desconfio dessa imagem contrária da industrialização feroz: como o carinho pode trazer bênção, se é a imagem contrária de uma alienação bastante brutal? Se olharmos mais de perto as leis atribuídos a este carinho nos romances e na prática da vida, encontraremos crueldade e desequilíbrio. Isso já corresponde às observações do clássico poeta nas *Afinidades eletivas*. Uma criança deve morrer para que o amor daqueles cuja espontaneidade os reúne possa ter oportunidade no além. O princípio do carinho nunca foi tão sondado; ele mostra, nos pontos em que as modificações das relações reais não excluem ou diluem o carinho, uma firme tendência a um desenlace fatal, como se o século que inventou esse carinho estivesse apaixonado pela melancolia.

Na minha infância, o advento era dedicado aos preparativos para o Natal da guerra. Os soldados, no alojamento dos aviadores, esculpiam figuras; o rádio tocava com frequência a canção "Mamatschi schenk mir ein Pferdchen" ("Mãezinha, me dê um cavalinho"). Durante os anos 30 houve de fato uma aproximação maciça nos contatos entre pais e filhos, uma intensificação das relações afetivas, acompanhada de negligência. Mas isso está relacionado a uma súbita indiferença no momento em que as crianças são entregues às organizações ou, mais tarde, ao exército. Coexistem a atenção carinhosa e a apatia cúmplice quando se trata do seu destino futuro. Um observador despreocupado poderia chamar essa coexistência de cruel ou exaltada. Em alguns pontos é um sentimento exaltado, em outros, é frio como o gelo. A ofensiva de sentimentos assim organizados mostra todas as caraterísticas da guerra: a submissão da vontade do adversário, a posição desesperada da benevolência,[11] as regras do combate a dois, a pressão da escalada, o devaneio que o absoluto faz de si mesmo. Indús-

---

11 Clausewitz, op. cit., p.192: "... pois numa coisa tão perigosa como é a guerra, os enganos *que resultam da benevolência* são justamente os piores". Se escrevermos um romance de acordo como os cânones do carinho do século XIX, chegaremos à mesma conclusão.

tria, guerra e carinho são desafios que têm o mesmo texto: sem reconstrução da comunidade humana, não há respostas.

A reconstrução da aprendizagem

Preciso deixar de lado o meu conhecimento e passar a fazer perguntas. Elas serão respondidas por *outros*, não por mim. Assim falou Sócrates, que participou da guerra. Pressupostas são uma série de virtudes formais, sobretudo a tolerância. O processo de aprendizagem em relação à pré-guerra e à guerra é destruído pelo bloco das relações do contexto real, às quais as perguntas se dirigem. Se essas perguntas se acumulam, o que corresponde ao volume do objeto, elas exigem respostas para as seguintes questões: o que posso fazer, que texto estou lendo, o que sou, o que está diante de mim, em quem posso confiar? Se fizermos todas essas perguntas ao mesmo tempo, o resultado não será outro senão o sentimento de impotência, a perda de percepção do objeto. E justamente *porque* minhas reações são humanas, *preciso* encontrar um substituto para a tradução.

"Saber trazer o tempo para seu lado em todas as circunstâncias..." (Graciano). Nos anos dos movimentos de protesto, considerei muito longo o intervalo até 1985 (caso eu tivesse escolhido esse intervalo). Eu achava que se todos os que lutaram naquela ocasião trabalhassem uns dez ou vinte anos, poderiam modificar parcialmente o mundo. Mas foi o outro lado que se aproveitou desse tempo. Trata-se de uma sensação parecida com a do *suspense* dos filmes americanos, mas uma sensação desagradável, como se transformássemos (como faria um taylorista) o tempo gasto por trezentos mil pessoas para passarem sobre as calçadas de Bonn em horas de produção da indústria bélica. No polo oposto é necessária, em lugar da divisão do trabalho, uma outra divisão dos impulsos, do aprendizado, dos trabalhos: uma retificação. Não é errado usar uma atitude fora de moda como ócio, descansar, resistir à pressão do tempo que pressiona. Podemos também chamá-lo de tempo de incubação, aguardando o momento de crescer. Reconstruir o aprendizado significa ocupar o tempo com processos de aprendizagem.

A reconstrução do aspecto moral

A disciplina industrial, o conceito bélico da autossuperação (valentia), a aparente virada altruísta do carinho colocaram a moralidade numa cadeia de prescrições de dever que se voltam *contra* o ser humano. Isso não existe, por exemplo, em Immanuel Kant. Para ele, a moralidade é a forma extrema da comunicação. Com base em todas as respostas racionais, mesmo um bando de criminosos não poderia agir se não se entendessem as leis da moral. O perigo é imenso pois, segundo Kant, a guerra – e não a paz – reflete o estado natural: "A paz só é imposta à natureza humana".

"Se as duas forças do respeito e do amor recíproco sucumbirem, o mar [da imoralidade] irá tragar o reino dos seres [morais] como se ele fosse uma gota d'água." O que um diz não é mais inteligível para o outro. Este é o núcleo da imoralidade: o fato de eu não me reconhecer mais. A raiz da moral é, nesse sentido, a capacidade da proximidade e da distância, da resposta à aproximação e o respeito ao distanciamento; o respeito, portanto, à vontade dos outros, à criação da vontade dos outros. Segundo Clausewitz, o polo oposto da guerra é a criação da vontade alheia.

Neste trabalho de reconstrução da moral não temos experiência prática. A experiência anterior com desvirtuamento da tradição ("Iluminismo") teve custos tão altos que não se tentaram outros entendimentos. Retoma-se o poder do factual, da tradição, porque ele permite a concordância sem nossa colaboração. Dessa forma evitamos responsabilidade na culpa. Não sou culpado por um golpe do destino pelo qual responde o governo do Reich e não eu; de forma similar, podemos ter um lucro moral devido à incompetência e à pouca influência do nosso governo. A reconstrução da moral significa: aplicação radical da categoria de conexão [*Kategorie des Zusammevhangs*]. Algo não é diligente, não foi conseguido à custa de luta e não resiste ao sentimento, se não tem por base um entendimento comum.

A reconstrução da guerra

Segundo a formulação de Clausewitz, *guerra* é toda continuação de um duelo, com outros meios. Como as relações de vida e morte continuam a existir, a guerra não pode ser evitada: o reconhecimento dessa situação é condição necessária para o combate à *guerra como acidente*. É quimérico querer *proscrever* a situação de guerra, quando a compreendemos. No caso real, não se trata de uma proscrição. Nesse sentido, um argumento convincente, mesmo para os militaristas insubornáveis, é a reconstrução da guerra. Sob esse aspecto, guerra é algo de raro na história. Se descontarmos roubos, acidentes, choques,[12] equívocos resolvidos com o poder das armas,[13] atritos particulares, assassinatos evidentes, a ação sobre algo morto que não se defende, se descontarmos tudo isso – que de acordo com a definição clássica não pode ser designado por guerra –, encontraremos ao longo dos séculos algumas guerras, mas a maioria do que designamos por guerra não pertence à formulação desta como sendo a continuação do duelo com outros meios. De acordo com a definição clássica de Clausewitz, faz parte da guerra exercer a violência no momento em que *há algo a decidir*. Se não há nada a decidir, trata-se de fatos que ocorrem simultaneamente à guerra: durante a Guerra dos Trinta Anos, Magdeburg é destruída pelo fogo, mas não se trata de uma ação bélica. Nessa perspecti-

---

12 Na batalha de Crécy, o grupo de cavalaria armada francesa entra no tiroteio britânico: por mais de quinze metros cavalos rolando, cavaleiros deitados de costas, impossibilitados de se levantar sem auxílio, embolamento. Por algum tempo, os exércitos inimigos ficam separados por essa faixa em que não se pode combater. É errado designar um acidente desse tipo com a palavra luta. Em 99 dos cem anos da guerra entre França e Inglaterra, houve situações em que absolutamente nada pôde ser decidido.

13 Hildebrando, o experiente mestre de armas, retorna depois de velho à Itália, passando pelos Alpes. Seu filho Hadubrand encontra-o por acaso. Ele venera o retrato do pai e julga o estranho que se identifica por Hildebrando como um impostor. Desafia-o à luta e, no combate, o pai mata o filho.

va, a experiência da guerra argumenta contra si própria, pelo menos no século XX.

A reconstrução da soberania

A soberania de um país contém, segundo a doutrina clássica, a decisão contra quem lutar e em quais casos não o fazer. As duas decisões básicas da soberania são a declaração de guerra e a submissão. Essa categoria da soberania foi encoberta por uma rede de compromissos assumidos na pré-guerra e na guerra: o sistema de alianças, os pactos. Aos poucos, eles tornaram confusa a questão de saber quem decide sobre vida e morte. A soberania corresponde àquilo que para cada ser humano é a honra, que não tem preço, porque é inalienável. Em outras palavras, isso significa que a existência de soberania foge da decisão política individual. Foge, ademais, da decisão da maioria – segundo Clausewitz –, já contendo uma sanção, pois uma guerra sustentada apenas por um partido majoritário já traz a derrota em si. A reconstrução da soberania exige de modo imediato um trabalho de reconstrução política. Um político não pode vender o que pertence à soberania (por exemplo, aumentar a fidelidade do povo, ganhar eleitores). Nesse sentido, nada se confiou ao amorfo governo do Reich em 1914. Da mesma forma, um governo da República Federal ou uma potência estrangeira não pode falar de soberania com os gestos e formas do discurso da pré-guerra. Se esperamos que a soberania nos instrua sobre como agir, então não entendemos o conceito de soberania. Ela somente diz o que *não* pode ser decidido, o que as instituições *não* podem fazer e em que momento deve *parar* a confiança. Os povos soberanos existem sim: são os seres humanos. De fato, é realmente verdade que todo poder emana do povo, como reza o preceito constitucional que está acima das sentenças judiciais. Essa é, porém, uma frase do século XVIII, tratada com negligência.

10

Existe um desenvolvimento característico da história que interrompeu o florescimento das cidades gregas da Antiguidade. A potência líder da aliança marítima ático-délfica, Atenas (dificilmente comparável aos EUA), avançou na caixa comum da aliança para financiar armamento adicional "contra quem fosse necessário". Esse ataque aos interesses dos aliados levou à eclosão de crises, no decorrer das quais Esparta, potência não participante e não preparada para a guerra, foi arrastada à Guerra do Peloponeso. A Antiguidade clássica jamais se recuperou desta guerra. Decididamente, a assimilação dessa experiência foi insuficiente: a utopia de Estado de Platão, referência incompleta ao método de Sócrates, não serviu de base até agora para a fundação de nenhuma coletividade.

Vou me poupar da enumeração dos esquemas de armamento de sistemas de alianças liderados por uma potência poderosa. Exemplos disso são a cruzada de 1204 (com a consequente catástrofe) e também a aliança de 1914 e a catástrofe que se seguiu a ela. Precisamos reformular nosso pensamento; *atenta contra nossa vida* a repetição do princípio de extermínio num setor de alianças e armamentos extremamente sintéticos, separados da vida imediata, guarnecidos de imagens cujo teor de realidade é comprovadamente pequeno. E dessa vez não existem pequenas cidades, portos ou os povoados da Beócia, de onde a vida pode voltar às metrópoles destruídas. A ameaça contida pertence à pré-guerra, e sou obrigado a responder a ela com a mesma *incredulidade* que sinto em relação à inevitabilidade da guerra.

É uma outra razão emocional que não permite que eu(nós) seja(mos) responsabilizado(s) por não ser(mos) capaz(es) de achar uma saída para o programa aventureiro *à la baisse* da pré-guerra. O que significa isso para o rigoroso *aprender a ler*, para decifrar as cifras de nosso século? É indiferente em que parte do planeta começamos com esse trabalho de descoberta. Ele se espalhará.

Alexander Kluge

IX. FAMILIARIZAR-SE COM A LEITURA

Os motoristas estavam sentados na cantina situada ao lado da floresta que servia de camuflagem. Na casa principal, perto da entrada, estavam os vigias.

CHANCELER: Já faz quatro anos que não participo desta rodada. Não estou mais por dentro do tema.

ASSESSOR PESSOAL: Preparei-lhe algo, Senhor Chanceler.

CHANCELER (passa os olhos por 14 páginas): Isto é muito longo. Tenho 15 minutos para falar. Preciso de dois a dois minutos e meio para ler uma página. Multiplicado por 14, são 28 minutos. Portanto, meu caro, não posso nem ler e muito menos entender isto.

ASSESSOR PESSOAL: Eu lhe explico.

CHANCELER: Espere. A energia de fusão não vem antes do ano 2000, provavelmente mais tarde. Até lá, a energia de fusão não vai dominar e já estará ultrapassada. A longo prazo, as reservas de carvão são suficientes, mas pressupõem condições favoráveis de extração. Se elas não cobrirem os custos, restam as reservas de matérias-primas minerais... Mas e se agora, como consequência da crise, tropas de desembarque na costa sudoeste da Arábia, em combinação com um ataque de surpresa procedente das montanhas de Hermon, sobre Damasco e tudo sendo arrasado...

ASSESSOR PESSOAL: A situação não é mais esta...
CHANCELER: Estou por fora há muito tempo.
ASSESSOR PESSOAL: Foi sempre diferente...
CHANCELER: É um setor muito especial.

O chanceler estaria melhor preparado para um discurso mais breve, se falasse por si. Como não conseguisse adquirir uma visão do conjunto lendo ou ouvindo um discurso estranho, deixando-se perturbar pelos fatos, ele se apoderou dos fatos e resolveu apresentá-los na *sua sequência* – como um ecômetro informa seus ouvintes qualificados –, numa ordem em princípio arbitrária ou relembrada, para ler em seus rostos quando acertasse e quando não. Na esperança de que sua memória não lhe falhasse, ele ainda poderia corrigir cuidadosamente essas informações durante o discurso.

CHANCELER: A energia solar, em grande escala, dentro de um quadro amplo... chega, se chegar, ainda mais tarde. E ela nos faria dependentes de países com elevada insolação (por exemplo, o Saara). No que se refere à parte ocupada pelos franceses não há nada a temer. Mas o que falar da Líbia?
ASSESSOR PESSOAL: O Saara não está ocupado parcialmente pelos franceses...
CHANCELER: Certo. Agora precisamos investir no meio do território inimigo...
ASSESSOR PESSOAL: Território mais inacessível do que inimigo...
CHANCELER: Ali o desembarque de tropas é muito menos possível do que na costa sudoeste da Arábia...
ASSESSOR PESSOAL: Esta não é mais a opinião preponderante...
CHANCELER: O que não é preponderante?
ASSESSOR PESSOAL: A opinião de que o golpe, o desembarque, vem do sudoeste, enquanto o segundo ataque vem de Damasco, na Síria.

CHANCELER: É claro que sei disso. Ele passa por ali.

ASSESSOR PESSOAL: O Ministério do Exterior recomenda considerar a sensibilidade da Síria. Por outro lado, a questão das matérias-primas minerais não é mais primordial.

CHANCELER: Por que o senhor fala sempre de matérias-primas minerais? Diga petróleo.

ASSESSOR PESSOAL: Petróleo! Pelo incentivo indiscriminado da extração foram encontrados tantos poços petrolíferos fora do mundo árabe que a questão passou a ser supérflua..

CHANCELER: Desde quando?

ASSESSOR PESSOAL: Possivelmente há dois anos...

CHANCELER: E por que só fico sabendo disso agora?

ASSESSOR PESSOAL: O senhor não teve tempo de ler.

CHANCELER: O senhor é ótimo. Isto pode ser o estopim da Terceira Guerra Mundial.

ASSESSOR PESSOAL: Nos dias que se seguiram à informação, o problema de fato não surgiu, porque outras perguntas vieram à baila...

CHANCELER: Fale de forma mais elegante.

ASSESSOR PESSOAL: Estão aí os correspondentes da *NZZ*, *Le Monde*, *New York Times*, *Manchester Guardian*, *Die Zeit*...

CHANCELER: A importação de energia que nos torna novamente dependentes da Líbia está fora de cogitação...

ASSESSOR PESSOAL: Existem ainda outros países com elevada insolação e com desertos.

CHANCELER: Dizem que existirão cada vez mais. Por razões trágicas.

ASSESSOR PESSOAL: A grande novidade é a energia de fusão. Ela tem a desvantagem de não ser entendida por ninguém.

CHANCELER: E a vantagem...

ASSESSOR PESSOAL: O senhor precisa sair agora.

CHANCELER: Pois bem, estou razoavelmente preparado.

ASSESSOR PESSOAL: Aqui está a pasta.

CHANCELER: Um momento...

ASSESSOR PESSOAL: Por favor, pegue-a.

CHANCELER: Sem esta pasta me sinto completamente nu.

ASSESSOR PESSOAL: O senhor precisa se apressar.

CHANCELER: Preciso acabar de beber...

ASSESSOR PESSOAL: Eles não podem começar sem o senhor.

CHANCELER (toma um gole de chá): E o senhor tem certeza de que a coisa com Damasco não funciona mais?

ASSESSOR PESSOAL: Há quatro anos ela ainda funcionava.

CHANCELER: Para mim é como se fosse ontem.

ASSESSOR PESSOAL: O tempo voa.

CHANCELER: É. Não há tempo sequer para um gole de chá.

ASSESSOR PESSOAL: Porque ele está quente demais.

CHANCELER: O senhor podia tê-lo tirado do fogo.

ASSESSOR PESSOAL: Estamos atrasados seis minutos.

CHANCELER: Para isto estou excepcionalmente bem preparado e posso me recuperar durante o discurso.

ASSESSOR PESSOAL: Desejo-lhe tudo de bom, Senhor Chanceler.

CHANCELER: Até depois!

Com uma perspicácia ainda de tirar o fôlego...

Chove na cidade. Christiane e Philipp estão fazendo uma tradução.

CHRISTIANE: Com uma perspicácia ainda de tirar o fôlego...

PHILLIP: Disse Marx.

CHRISTIANE: Você não quer ouvir, não é?

PHILLIP: Acho que não.

CHRISTIANE: Mas é perspicaz, o que ele diz...

PHILLIP: Não, é ainda perspicaz.

CHRISTIANE: Você quer dizer que o que ele dizia era a princípio perspicaz, depois foi ficando cada vez menos, mas agora, para nosso espanto, ainda é um pouco perspicaz.

PHILLIP: Ou ainda é de tirar o fôlego.

CHRISTIANE: Isto você só poderia julgar se eu ouvisse o que ele dizia.

PHILLIP: "Ainda de tirar o fôlego, mas não mais a perspicácia de antes".

CHRISTIANE: Ou: ele sempre repete, pois está impresso. Ele continua a dizer...

PHILLIP: No sentido de que ninguém o ouve?

CHRISTIANE: De tirar o fôlego.

PHILLIP: De que se trata?

CHRISTIANE: É confuso.

PHILLIP: Se é perspicaz ou não?

CHRISTIANE: Ou de tirar o fôlego...

PHILLIP: De qualquer forma, alguma coisa continua sendo. O que ele era? Não dava para entender a partir do artigo?

CHRISTIANE: Não. E também a gente tem quer admitir: "não dá para entender".

PHILLIP: Por quê?

CHRISTIANE: Porque ele sempre diz ou de tirar o fôlego ou perspicaz.

Dessa maneira, comunicando um ao outro sua mútua simpatia, produzindo durante a conversa paulatinamente algo que só de forma muito imprecisa se poderia designar por pensamento, eles se afastam da sua tarefa de traduzir o artigo, que deveria ser enviado a Roma por portador expresso, ainda ao anoitecer. O tempo urge.

Os dois pobres coitados

Aos 64 anos – tarde demais –, Fred Kellermann arrumou uma namorada. Nunca tinha se achado prendado para descobrir algo de inesperado, que lhe pudesse trazer felicidade, mas parecia apegado ao provável. Como era errada sua noção de felicidade! Agora ele percebia isso. Ele tinha se dirigido a Nina Kitzlaff depois de uma palestra, seguida de uma discussão, porque ela o havia contemplado com um olhar calmo enquanto ele falava. Ela havia olhado para ele durante a palestra e continuava a olhá-lo.

— A senhora ainda vai a algum lugar?
— Sim – respondeu ela.

A resposta sim pareceu-lhe de início pouco lógica, pois tinha sido indeterminada ("para qualquer lugar"). Achava que ela deveria ter devolvido a pergunta ou respondido: sim, ainda vou a... Mais tarde compreendeu que o sim que o havia irritado (também pelo seu tom) se referia ao seu próprio objetivo e não à sua pergunta. Ela queria conhecê-lo, andar um pouco ao seu lado, porque ele queria o mesmo. Ainda irritado diante desta falta de lógica, ele combinou um encontro com Nina K. no Restaurante Leopold, às 23 horas. E eles não se deixaram mais até sua morte.

Nada era tarde demais. Kellermann logo percebeu que ela era uma pessoa que contava as coisas de forma desinteressante. Não tinha nada de especial, a não ser que desde o primeiro instante, quando o havia acompanhado do começo até o fim do evento com seus olhares calmos, demonstrara que tinha necessidade de sua presença. Encantava-o o fato de que poderia precisar tanto dele. Não tinha mesmo certeza se ela o amava. Ela não era dada a explicações. Ele, 64 anos. A jovem senhora suportava sua companhia...

> Não somos
> Como se deve ser
> Apenas gostamos um do outro...

Tudo aconteceu muito rápido, e eles passaram o Natal e o Ano Novo nos Alpes. Sem se separarem por alguns dias que fossem, mudaram-se para uma moradia comum. Kellermann continuava a ter diante dos olhos que todo aquele improvável poderia muito bem ser um engano. Talvez a pobre acompanhante fosse apenas preguiçosa, não podia se expressar. Só por isso ela não o mandava embora. Mas notou que tais pensamentos o magoavam.

O resfriado fatal, rápido, que o assaltou em maio do ano seguinte, já tinha se prenunciado provavelmente há muito tempo. As ideias da jovem sobre o que fazer com aquele traste velho, sobre o que fazer para salvá-lo, não foram brilhantes. Conhecia um médico aposentado que foi visitar o moribundo na enfermaria, para ver se tudo estava bem; isto é, se tudo que a ciência podia fazer por ele estava sendo feito. A jovem não deixou o leito do moribundo. Ele tinha a impressão de que ela ainda queria lhe dizer alguma coisa. Ele lhe disse (para encorajá-la a falar) que agora podia morrer tranquilo, que esta morte tinha algo a ver com ele. Que se sentia rico. Na noite seguinte, morreu "ligado aos aparelhos".

Socialismo por sensatez

> "Tanto a riqueza quanto a pobreza recebem, sob as condições do socialismo, um significado humano e, portanto, social. Este é o vínculo positivo, que permite ao ser humano sentir como sendo a maior riqueza a necessidade do próximo."

Nesse ínterim, Christiane e Philipp providenciaram selos. Era domingo à tarde e, desconhecendo as tarifas, isto lhes tomou tempo. Eles procuravam motivos para fazer um intervalo.

PHILLIP: Por que a citação diz "Sob as condições do socialismo"?

CHRISTIANE: Por precaução...

PHILLIP: Para evitar que qualquer um comece a cultivar a miséria, o que já sucedeu algumas vezes?

CHRISTIANE: Sim, como medida preventiva, e porque cabe no contexto.

PHILLIP: Mas agora são os dois – o morto e a jovem que ficou e que, na sua pobreza, talvez já tivesse se habituado a ele – os *dois* são pobres.

CHRISTIANE: Pode-se dizer.

PHILLIP: Um mais pobre do que o outro?

CHRISTIANE: Cada um pobre à sua maneira.
PHILLIP: Um "laço positivo".
CHRISTIANE: Dois laços positivos...
PHILLIP: ...têm o mesmo ("igual" = de igual valor) significado que riqueza.
CHRISTIANE: Eles juntaram suas riquezas.
PHILLIP: Eles juntaram suas pobrezas como se fossem riquezas.
CHRISTIANE: Sem o pressuposto do socialismo, que não se pode praticar a dois, pois é uma formação social.
PHILLIP: Mas solidária.
CHRISTIANE: Por quê?
PHILLIP: "Cada um de acordo com sua capacidade, de acordo com sua necessidade..."
CHRISTIANE: A pobre coitada era incapaz sob muitos aspectos. Se ela tivesse transportado o homem para a clínica do Prof. Dr. H., talvez tivesse sido salvo.
PHILLIP: Ela não podia ir além de sua capacidade.
CHRISTIANE: Você gostaria de encontrar uma pessoa que em caso de necessidade não lhe pudesse ser útil? Uma pobre idiota, em virtude de cuja incapacidade você morre, só porque se uniu a ela. Só porque *ela* precisa de você (e isto tacitamente, e talvez falte a comunicação) – você morre porque ela é incapaz? Você estaria de acordo?
PHILLIP: Sim.

Um drama do nosso tempo

O desenvolvimento do Tornado, um bombardeiro múltiplo, um avião ao mesmo tempo elegante e compacto, levou 13 anos. Uma coprodução ítalo-teuto-britânica. Quando um tipo de avião nasce, isso não depende das intenções; este deveria ser um avião leve, capaz de decolar de gramados, clareiras da floresta e campos de tênis; um avião destinado à defesa, produto da experiência dos pilotos alemães no fim da Segunda Guerra, quando "se tratou de combater uma invasão dominadora, técnico-científica, partindo dos flancos do Etna". Os interesses britânicos eram outros, queriam um bombardeiro pesado, de longa distância; os interesses italianos visavam à economia. A produção do avião foi dividida em partes e colocou à disposição de fábricas britânicas, italianas e alemãs contingentes suficientes. Durante os treze anos do planejamento e da produção nunca houve tempo para uma verificação global. Foram sempre cinco minutos para uma audiência, quatro dias para o Congresso (para a preparação de um relatório), quatro meses para uma modificação decisiva etc. Funcionários eram trocados, o projeto ia se desenvolvendo. Surge um novo herói, um avião de tipo não planejado, com consequências político-defensivas, de modo que as estratégias são orientadas pelas possibilidades táticas, e as possibilidades táticas, por sua vez, pelas armas desenvolvidas sob a cooperação dos três. Esse avião, de algum modo, chega ao mundo órfão de pai e mãe, pois a vontade nacional dos três aliados quebrou-se mutuamente. Como o herói Siegfried, que não conhece a mãe e perdeu o pai antes de nascer. Ele não cresceu dentro de uma relação triangular como a maioria dos seres humanos e chega agora à corte de Worms: é ingênuo, não compreende os sentimentos dos seres humanos. Da certeza extrai a força mágica. Ele atrapalha todas as relações na Corte de Worms; é esfaqueado traiçoeiramente como herói e desmancha-prazeres. Pela mesma razão, os borgonheses vão buscar a morte na Corte de Átila.

O chefe de departamento central soviético Dimitrij G. tem em mãos relatórios de observadores que permitem uma visão completa de detalhes, caraterísticas e generalidades do herói Tornado. Podemos mesmo dizer que G. é o único ser humano no mundo que tem o tempo *e* o conhecimento para analisar de maneira abrangente essa história de herói. Outros têm os mesmos conhecimentos, mas não têm tempo para refletir. Outros têm a capacidade de análise, mas a política de segredo só lhes permite conhecimentos isolados. A integridade da sua visão analítica não muda o dilema para G. Ele vê sem pai nem mãe essa arma, os problemas de relações embutidos nesse sistema. Essa arma não responde aos meios de agressão da poderosa União Soviética. Ela não é um caça-bombardeiro, não conhece a guerra que deveria ser seu pai. Mas será que G. deve se entusiasmar? Será que a seção que dirige deve se entusiasmar com os visíveis erros do inimigo? Eles trazem desordem à corte de Worms, isto é, para o mesmo centro de planejamento de defesa da pátria soviética. É correto se a pátria fica orgulhosa conhecendo os erros adversários?

Não podemos cair nessa armadilha, retruca G.; mas se ele sonega algo das constatações dos observadores, ele brinca de Deus. Justamente isso ninguém deve fazer nos dramas futuros. Se os fatos escorregam pelas pessoas sem serem brecados, então deixam de existir muitas tragédias que aconteceram "porque alguém guardou algo em seu coração". Não há tragédias, se tais estoques não são formados. Assim, G. espera que a pátria soviética não se contamine com os erros, na específica tecnologia genética de armas, nas manhosas construções (órfãs de pai e mãe) do adversário de classe. Ele acrescenta, portanto, ao seu relatório completo do resultado das pesquisas sobre o nascimento de um herói de raça diferente na Alemanha, somente suas esperanças, que não transparecem no texto. Mas as esperanças se mostram na extensão do texto; G. avalia correta e precisamente a falta de tempo de seus superiores, quando supõe que eles não leem textos com mais de quinhentas páginas. Assim, a esperança reside na técnica do esconder.

Vamos supor, diz o chefe de Departamento Central G., que representa há dois anos o chefe efetivo, isto é, que exerce controle político sobre si mesmo, o que representa uma prova absoluta de confiança de seus superiores, visível para todos que têm a ver com ele na hierarquia, vamos supor que em algum lugar do Ocidente nasça e cresça uma criança que dispõe de extraordinário domínio do corpo e da força muscular, que aprende além disso a tocar violino com quatro anos: têm-se a impressão de que, com alguma instrução, ela se tornará um gênio matemático aos 12; ela tem raras qualidades de liderança, um certo charme (carisma) e é, portanto, um produto especial da raça e, além disso, bastante inescrupulosa, pois educada por governantas, sem restrições por parte de pai ou mãe, e assim por diante (como no nosso arquivo Ideais Capitalistas em geral, parte 17.444, besta loira, entre outros). Um tal ser não teria grandes oportunidades, a não ser na África do Sul. Ele precisa de instrução especial, não cabe em nenhum dos sistemas de relações ou de relações triangulares predominantes no Ocidente (no nosso também não): ele iria *atrapalhar*, enfim. Daí se conclui pela inutilidade de gigantes ou heróis. Expresso de outra forma: enquanto todas as forças no capitalismo são dirigidas no sentido do crescimento, para o fator subjetivo o crescimento é um tabu. Isso só é diferente para a *representação* de crescimento. Assim sendo, no Ocidente só se pode fingir, mas não ser um herói ou um gigante.

Toda a energia *desse* crescimento se concentra em objetos: torres de escritório ou moradia, navios, armas. Uma classe não se expressa, portanto, pelas pessoas, mas sim por objetos.

Com base neste material de pesquisa (12 mil páginas com apêndice), todas as pesquisas são resultado do trabalho coletivo do Departamento Central, incluindo o serviço de limpeza e os porteiros. G. parte da ideia de que a principal potência ocidental, os EUA, não precisa ainda recorrer à violência pretoriana, à ditadura dos armados. Se bem que o critério do crescimento eugênico para seleção do presidente não seja utilizado, existe uma seleção ao contrário. Uma criança feia nasce e cresce. Ela sofre outras infelicidades, por exemplo a paralisia infantil, fica aleijada e presa a uma cadeira de rodas. Quanto mais um ser desses lembrar uma coisa, mais atrativa se tornaria a suposição coletiva de que nele operam caraterísticas qualitativas especiais. Caracteres heroicos se expressariam modernamente nessa versão biológica negativa e possibilitariam uma série de carreiras que postergariam a síndrome pretoriana, a tomada do poder pelo próprio aparato militar.

Pois o chefe de departamento G. sabia que os heróis são mensageiros. Eles cumprem incumbências de outras gerações, atravessando a linha das gerações. Sua força reside na reserva de injustiças que uma geração anterior sofreu; eles desenvolvem suas forças (sem pai e sem mãe) no firme conhecimento daquilo que os antepassados querem. Isso valia para os heróis e para os assim chamados gigantes.

> Como esta lei vale para o conceito do herói em geral – assim escreve G. em seu relatório ao secretário geral –, ela deve valer também para sistemas de armas e sistemas espaciais que, como mecanismos coletivos em que o heroico emigrou para os objetos, sucederam aos heróis ou gigantes. Para a pesquisa dessas questões concretas, precisamos de um grupo especial constituído de 12 adidos, 46 espiões e 108 pessoas para serviço externo. Peço, assim escreve G., anexar este grupo especial ao meu departamento.

Alexander Kluge

X. EXÍLIO, SEPARAÇÃO, SONHOS. NOTAS BIOGRÁFICAS

Aos onze anos, quando fui enviado junto com minhas irmãs (17 e 18 anos) à frente do comboio camponês de Kapkeim (Prússia Oriental), em janeiro de 1945, para (como acreditava minha mãe) alcançar, por via férrea, o mais rapidamente possível parentes em Berlim, acabamos, após quatro dias de viagem em um trecho de apenas trinta quilômetros, em Königsberg, que nesse momento – fato que nenhum de nós podia saber – já estava hermeticamente bloqueada pelo Exército Vermelho, segundo o exemplo da estratégia alemã de uma batalha de isolamento. As tropas soviéticas, passando a oeste da nossa aldeia, tinham marchado diretamente para Königsberg. Enquanto meu pai, nascido em 1895, jovem soldado já na primeira guerra, comandava uma tropa de camponeses do Volkssturm – as últimas reservas do nazismo em declínio – e longe, no leste, cavava trincheiras na absurda ilusão de poder salvar nossa aldeia dos russos, vagávamos dias a fio pela cidade de Königsberg sitiada e bombardeada até que, finalmente, como muitas outras crianças sem pais, fomos abrigadas, registradas e alimentadas pela Cruz Vermelha. A ideia da normalidade em situações caóticas parece ter força de sobrevivência; para minhas irmãs mais velhas, a Cruz Vermelha procurou uma atividade útil e ficou satisfeita de encontrar serviço para elas num agrupamento antiaéreo. *Elas* eram necessárias no agrupamento, mas não *eu*. Depois de breves negociações com uma enfermeira da Cruz Vermelha, que se recusava a separar os irmãos, o tenente-coronel, comandante do agrupamento, declarou-se disposto a me integrar, juntamente com um outro companheiro de infortúnio (um ou dois anos mais velho do que eu) e que se achava com *sua* irmã na mesma situação precária, no serviço normal do agrupamento. E meteu-nos em uniformes.

Nunca mais na minha vida ouvi gargalhadas tão gostosas, de gente que *não* era mal intencionada, do que no dia em que nós dois aparecemos com expressão seríssima na porta de entrada do almoxarifado da companhia, assumindo postura militar, para pedir – como o tenente-coronel havia insistido – os *menores* uniformes disponíveis. Eram semi-inválidos, soldados trazendo marcas visíveis da guerra, que aí desabafavam em ruidosas gargalhadas o absurdo da guerra, que precisa mobilizar crianças para a vitória final. Para espanto de todos foram encontrados uniformes que nos serviam, as calças dobradas várias vezes e as mangas encurtadas. Na primeira apresentação, no pátio do quartel, verificamos que as proporções não estavam tão distorcidas, pois os demais combatentes não eram mais do que três ou quatro anos mais velhos.

O patriotismo sem piedade implantado nestes outros tinha-lhes tirado a decisão que poderia ter garantido sua sobrevivência, quando o comando local lhes sugeriu a fuga da cidade sitiada. Quase todos ficaram em Königsberg, e provavelmente morreram de forma miserável. Para mim e meu companheiro de infortúnio, foram nossas irmãs que decidiram. Fomos trazidos *em segurança* para a Dinamarca, passando pelos portos de Goten e Bornholm, poucos dias depois da catástrofe do Wilhelm Gustloff, atingido por um torpedo russo e naufragando com sete mil refugiados de Königsberg. Viajamos num dos últimos navios, um cargueiro de tamanho médio e bastante idade, em cuja proa enferrujada se podia reconhecer o nome Kolith.

Após 8 de maio de 1945, passei dois anos e meio internado em campos de refugiados, um período pós-guerra livre de necessidades prementes, só que atrás de arame farpado, dentro de muros vigiados. É claro que as sentinelas dinamarquesas eram amáveis, mas os limites da livre movimentação eram claros. No imaginário infantil formou-se gradativamente uma espécie de complexo de separação: separação não apenas dos pais, de cujo destino nada soubemos durante anos, separação da pátria para a qual antes e depois se dirigiam muitos desejos infantis, mas também separação crescente dos mundos *interior* e *exterior*. Vejo agora que a experiência do campo, não apenas ameaçadora, mas sob muitos aspectos marcada por uma ajuda mútua, marcou de forma duradoura meu pensamento e sentimento, de modo que me surpreendo com a exatidão dessas experiências de vida que mais tarde procuraram suas formas de expressão pública e teórica. Freud falou que a *felicidade* é a realização de um desejo infantil; este é *um* aspecto da experiência de vida. Mas não se pode ter somente sorte. O outro aspecto é a amarga experiência objetiva, nem sempre *desgraça*, mas frequentemente dolorosa. Se reflito sobre o núcleo em que se concentrou minha história intelectual, isto é, a obsessão da repetição e do interesse em conhecer, então a experiência primária de um país que desmorona, no qual *expulsão, fuga, muros e arame farpado, emigração de uns* e *identificação obrigatória, terrorista, dos outros*, isto é, a perturbação do equilíbrio entre o rico interior e a fria definição do exterior, é cada vez mais colocada à frente da apropriação crítica. Pertenço à geração dos que *escaparam*; nem Stalin nem Hitler marcaram minha vida. Quando decisões políticas podiam provocar pesados conflitos de consciência ou perigos fatais, eu era jovem demais. Quando tinha idade suficiente para assumir posições, com o juízo e o conhecimento de experiências guardadas em teorias, não eram mais decisões de vida ou morte. Não lamento ter sido poupado de tais complicações; mas isso caracteriza o *privilégio histórico* único da minha geração.

As categorias da expulsão e da expropriação do solo que se ama e onde se formaram concretamente as vivências da infância, *a separação entre o que é interior e o que é exterior*, onde os incluídos nessa regra sangrenta não estão em melhor situação do que os excluídos, onde um é *excluído* na mesma medida em que outros são *presos, prisão e emigração* se completam – esses problemas da história alemã só se tornaram claros para mim quando, revendo os anos do início de minha juventude, ocorreu a queda do muro na Alemanha.

Tento trazer à consciência o período anterior da vida em relação aos acontecimentos atuais, porque a ocasião para a assimilação dos próprios interesses intelectuais parece secundária. Recusando, na camada superior da minha consciência, todas as formas de patriotismo e prevendo na onda nacionalista que precedeu a reunificação uma infelicidade pública, senti a queda do muro, a repentina abertura das fronteiras e a *mobilização* de milhões de pessoas como um momento especial. Como sempre, vivências bem pequenas estão na base desses *excessos patrióticos sentidos contra a vontade*. Apesar do meu ceticismo contra essa forma de reunificação, eu podia compreender muito bem aquelas massas humanas que viajavam com seus *trabis* [carros populares] para o Ocidente, pois no decorrer da minha primeira fuga, durante os anos de confinamento e da final libertação em solo alemão, eu tinha compreendido o que vale o *direito humano de ir e vir*.

Em 1948, quando minhas irmãs e eu pudemos retornar à Alemanha após termos reencontrado, com auxílio da Cruz Vermelha, nossos pais, que agora viviam em Berlim, fomos colocados num campo de quarentena perto de Rostock. O povoado, se lembro bem, chamava-se Gustrow. Como a segunda das minhas cinco irmãs mais velhas podia nos visitar livremente no campo, eu tinha a impressão de que o tempo de confinamento estava terminado; vigilantes com braçadeiras trancavam o campo, mas não havia sentinelas armadas. No dia seguinte à chegada da minha irmã, como eu não farejava nenhum perigo, cavei um pequeno túnel num ponto de difícil visibilidade da cerca de arame farpado. Aproveitei o dia todo para verificar se seria perigoso abandonar o campo. No dia seguinte arrisquei a fuga, fiquei surpreso de não encontrar obstáculos e me afastei rapidamente. *Andei o dia todo por arvoredos até as aldeias circundantes, só para experimentar até onde podia ir.*

Sempre que se eliminavam muros ou fronteiras, esse pequeno episódio me voltava à memória. Ele me perseguiu nos meus sonhos. Na história alemã, quando despertaram os meus interesses históricos, também não precisei procurar muito até me deparar com *fantasias de muros e fronteiras*, com as quais o sistema de dominação sabia trabalhar de maneira competente. Estar *excluído* ou *preso*, viver no acampamento ou ser exilado: essa perda crônica do poder de direção entre dentro e fora é, como entendi mais tarde, um marco característico da história alemã, até o momento da realidade fantasmagórica de um muro na Alemanha dividida e a queda dessas fortificações dos acampamentos.

Nada de *traumático*, nem mesmo a necessidade amarga, marcou o tempo dominado pela guerra e pelo confinamento. Depois que a Cruz Vermelha nos havia informado que nossos pais estavam vivos e que, no âmbito da reforma agrária, exploravam uma nova propriedade agrícola perto de Berlim, em Altfinkenburg, toda nossa imaginação, no acampamento, passou a se ocupar com a liberdade e o reinício.

Dois anos depois de meu retorno da Dinamarca, quando para mim tudo parecia assegurado e definitivo, tivemos que fugir novamente, dessa vez com toda a família. Meu pai, que desde 1918, quando tinha sido membro do Conselho de Soldados [*Soldatenrat*], era um social-democrata, e que em 1946 não tinha aceito passivamente a fusão forçada da KPD (Partido Comunista Alemão) com o SPD (Partido Socialista Alemão), apesar de ter sido, como agricultor e possuidor de uma carteira de membro do SPD, absolutamente privilegiado dentro do âmbito da SED (Partido Socialista Unificado da Alemanha), considerava errados os projetos de coletivização patrocinados pelas forças de ocupação soviéticas e pelo SED. Finalmente resultou das reações às suas críticas a clara sensação de estar ameaçado. Avisado por um amigo agricultor da SED, ele escapou da prisão. Numa noite, com a bagagem de mão, a família toda mudou-se para Berlim ocidental e de lá, novamente após meio ano de confinamento num campo de refugiados, foi levada de avião até parentes em Oldenburg.

Meus pais e eu sempre consideramos essa *segunda* expulsão mais dolorosa e irracional do que a primeira, com a qual já me tinha conformado, pois ela me parecia o preço pelo assalto assassino da Alemanha à União Soviética e pela guerra então perdida. O fato irracional de que meu pai, com convicção socialista, cuja diferença entre social-democracia e marxismo-leninismo nem ele mesmo nem eu podíamos entender, foi banido de um país que anunciava a "construção do socialismo", como diziam os programas e as palavras de ordem, sob ameaças e medos existenciais, deixou-me confuso e carente de uma série de esclarecimentos.

Nada do que me foi transmitido sobre as ideias socialistas na escola da zona de ocupação soviética e na posterior RDA tinha deixado vestígios em mim. Hoje eu não saberia sequer dizer quais textos foram lidos na escola e o que os professores pensavam. Só em Oldenburg, quando meus pais tinham achado trabalho numa propriedade agrícola perto da cidade, e eu fui admitido no ginásio local (Escola Hindenburg), a contradição entre aquilo que estava sendo construído na outra Alemanha e as *reivindicações próprias do socialismo* começaram a fazer sentido para mim. Antes disso eu não tinha refletido muito sobre como o terror nazista poderia ser assimilado pela construção de uma "nova sociedade". Para meu pai, no entanto, a reforma agrária imposta pela força de ocupação soviética e a desapropriação das companhias que haviam colaborado com os nazistas foram o nascimento de uma *outra Alemanha*, pela qual ele mesmo, que partilhava os preconceitos alemães contra os russos, sentia simpatias. Para ele, e nesse aspecto ele tinha bastante influência sobre mim, a formação de uma sociedade alemã pacífica, justa e humana estava estreitamente ligada a uma *ordem geral socialista*. O socialismo parecia-lhe a única alternativa sensata para uma Alemanha que havia iniciado duas guerras mundiais, das quais ele havia participado muito jovem e, mais tarde, no Volkssturm.

Foram essas experiências contraditórias que me levaram a ler, pesquisar e me ocupar com literatura sobre a Alemanha e o socialismo. O socialismo que eu tinha vivido e que justamente eu não podia associar à ideia da "outra Alemanha", que parecia sobreviver *sem* campos e *sem* cercas de arame farpado, *sem a terrível conjunção de presos e excluídos*, foi para mim o motivo decisivo para procurar o conhecimento enquanto, munido com a chave da biblioteca da Escola Hindenburg de Oldenburg, eu me abastecia com os escritos existentes sobre Marx e o comunismo. Pareceu-me uma sorte grande e aguçou ainda mais minha curiosidade o fato de, na disciplina "alemão" e na optativa, filosofia, termos tido um jovem professor que havia estudado em Münster e que era adepto do filósofo Josef Pieper, seguidor do tomismo. Este filósofo havia transmitido a tradição aristotélico-tomista em pequenas, bem ordenadas e didáticas interpretações; e o jovem professor, seu nome era Heinz Witte, utilizou-se deste método filologicamente exato para nos fazer entender textos filosóficos no seu contexto estrutural contraditório. Contudo, ele não se limitou aos grandes textos filosóficos da tradição intelectual europeia, mas queria nos mostrar em que erros de construção o marxismo e o leninismo se achavam presos. Assim, lemos sentença por sentença, durante um longo espaço de tempo – foram talvez dois anos –, do *Manifesto comunista* e de *O estado e A revolução*, de Lenin, assimilando em cada capítulo a literatura original a que se referem os autores. Lemos com o interesse determinante de contradizer, mas certamente com a proposta de fazer justiça aos textos, de modo que para mim se tornou pela primeira vez evidente e perceptível a contradição entre ideia e realidade do socialismo.

Enquanto reflito sobre como no meu campo de interesse e nas minhas pesquisas se produziu a estranha associação entre utopia socialista e a "outra Alemanha", tenho também a certeza de que experiências sociais não podem ser justificadas de forma evidente e sem rupturas com base em currículos individuais. Foi mais por associações reveladoras nos últimos dois anos que em mim eclodiu um certo medo de que agora a reunificação da Alemanha possa ser festejada como vitória sobre o socialismo, como se a história de fato se repetisse, como na primeira fundação do Reich, e depois, numa radical e sangrenta repetição, no regime nazista.

Não foi para muita gente o "socialismo com cara humana" a alternativa efetiva ao domínio burocrático na RDA e ao capitalismo do Ocidente, quando as demonstrações das segundas-feiras e as iniciativas civis tornaram públicas as críticas ao sistema? Novamente um começo que, porém, acabou logo. A reunificação do Estado, como um processo de excrescências sociais, que levanta novamente muros e fronteiras no interior, que produz a xenofobia e proibição do livre pensar, provoca não somente a reflexão sobre o novo papel da Alemanha na Europa, mas também a necessidade de esclarecer conceitualmente quais noções realmente devem ser eliminadas, quando é indispensável a renovação de representações alternativas conjuntas de sociedade e quando temos de lidar com perguntas em aberto, nas quais a fantasia das experiências sociais precisa ser utilizada e ampliada.

A Alemanha como produtora de opinião pública, este imenso laboratório de experimentos sociais, onde nada parece impedir as catástrofes (e a reunificação, misturada com enganos e hipocrisias, também é uma catástrofe), continua sendo, como foi no passado, um país onde pode acontecer o que há de melhor na esfera do possível: não um país das possibilidades ilimitadas, mas uma sociedade da não contemporaneidade produtiva [*Ungleichzeitigkeit*], que sempre coloca em dúvida o centralismo medíocre do Estado unitário, que propõe reinícios. Não deixar escapar do pensamento o conteúdo utópico sempre presente desses inícios, mas cobrá-lo insistentemente, é para mim o duro desafio da situação atual, diante da qual se devem posicionar os intelectuais críticos, para não se transformarem em partidários mumificados da realidade.

Hölderlin disse do *seu* século: "Nunca houve tantos inícios". Nos primeiros meses da rebelião na antiga RDA, essa frase estava em todas as bocas; nesse ínterim, ela perdeu seu vigor. O jacobino resignado, que se refugiou na sua torre de marfim, foi quem chorou as rupturas dos inícios. Uma palavra de ordem frequente na metade deste século foi "cuidado com os inícios!" – aprender com a história, e não deixar apenas o barco correr. Nisso reside um permanente desejo do ser humano de recomeçar. Para aqueles de quem se diz que plantaram a árvore da liberdade no convento de Tübingen, talvez a utopia da Alemanha consistisse em conciliar em *uma ordem social* o espírito da Revolução Francesa, do Iluminismo, de Rousseau, de Voltaire, com a *cultura* alemã, o amplo campo de reflexão cuja matéria-prima fez eclodir a filosofia de Kant e desenvolveu toda sua riqueza no idealismo alemão; uma ordem social que, para ter consciência de sua identidade cultural, não precisa mais das declarações de inimizade intraestaduais, das barreiras dos Estados nacionais e nem das palavras de ordem. É difícil superestimar o que teria sido poupado à Alemanha em infelicidade, penúria e crimes coletivos se tivesse havido na época de Hölderlin uma conciliação entre as ideias da Revolução Francesa (isto é, da aliança entre patriotismo e direitos humanos) e o "espírito alemão", que se portava cada vez mais como uma força poderosa e arrogante da *exclusão do estranho*. Hölderlin, sensível e magoado, formulou palavras como que fundamentais para os emigrados da Alemanha ou exilados de seu país, quando fez Hyperion dizer, com tristeza e angústia: "Assim cheguei aos alemães" – palavras impensáveis para um inglês ou um francês.

Quem hoje reflete sobre a RDA (nesse ínterim a ex-RDA ou, na falta de um termo adequado para essa massa falida da história alemã: os cinco novos estados) também tem de refletir sobre a velha República Federal. Quem reflete sobre essas duas construções de ordenações sociais e de aparatos estatais do pós-guerra deve considerar os problemas específicos herdados de cada um desses sistemas parciais. Originalmente, ambas as partes foram *objetos* do desenvolvimento. Em uma parte foi implantado o pensamento ocidental, as "ideias de 1789", o sentido prático para a autorresponsabilidade democrática e os firmes sentimentos para a vida civil em contraposição aos pensamentos patrióticos ligados ao Estado e à fixação pela esfera militar; somente com isso se perderam as "ideias de 1914", que eram apresentadas por políticos germanófilos da *Realpolitik* até bem recentemente e, durante três decênios, às sociedades industriais burguesas e democráticas do Ocidente como *a contribuição alemã* à cultura. A outra parte da Alemanha não tinha nenhuma possibilidade de escolha que se pudesse levar a sério para poder se decidir *contra* uma "democracia popular" stalinista, apesar de existirem os pressupostos objetivos para um desenvolvimento autônomo. As realizações de uma economia próspera permitiram à população de uma das partes simpatizar com as conquistas da democracia ocidental. A vítima principal das consequências econômicas da guerra foi a outra parte menor, ameaçada de forma crescente pela discrepância entre um socialismo pobre e medíocre e a riqueza capitalista em crescimento. As condições iniciais de ambos estados divididos não foram de forma alguma tais que o perigo de uma liquidação do bem comum ou do solo da antiga RDA pudesse ser o resultado de um desenvolvimento negativo obrigatório.

Significativo foi, sem dúvida, o fato de que na zona de ocupação soviética e na sua sucessora, a RDA, as tradições republicanas do Iluminismo, da luta dos reprimidos (do *Bauernkrieg* – Guerra de camponeses – até a resistência antifascista) gozassem de reconhecimento. Trata-se de um ato de justiça histórica reconhecer que a RDA não foi desde o primeiro dia o Estado totalmente voltado à vigilância e à repressão que demonstrou ser no final. De qualquer forma, ele não foi assim percebido por aqueles que o escolheram como seu campo de atividade. O fato de que muitos escritores e cientistas, entre eles Bertolt Brecht, Hans Mayer e Ernst Bloch, tenham ido para a RDA não é a expressão de uma subestimação ingênua do alcance das reivindicações de domínio da burocracia stalinista, mas sim a confiança no *antifascismo* declarado, que estava na origem da zona de ocupação soviética e da futura RDA.

Assim, a mim me parece ter sentido estudar as promessas *iniciais* de liberdade e felicidade, dos inícios dessa sociedade, e também as razões do seu fracasso. Um socialismo que faz jus a suas ideias deve desistir hoje da *apropriação das palavras de ordem* e das *poses de progresso* e se concentrar inteiramente nas necessidades e nos interesses do cotidiano das pessoas, a fim de aprender a ver e a ouvir, para reiniciar o trabalho proposto pelos inícios que foram abandonados e reprimidos. Marx reconheceu isso muito bem. Em uma carta a Ruge de setembro de 1843, ele escreve:

> O mundo há muito tempo possui o sonho de uma coisa, da qual só lhe falta ter consciência para possuí-la de fato. Não se trata de um grande hiato entre passado e presente, mas da *realização* dos pensamentos do passado. Finalmente a humanidade não vai começar algo novo, mas concluir conscientemente algo antigo.

O tempo não estará maduro para novos sonhos e novos projetos enquanto os velhos sonhos e os projetos não concluídos do passado ocuparem a imaginação e a atenção do presente. A opinião de que o socialismo possa ser reduzido a um sistema de mensagens científicas e, dessa forma, ter sua validade provada aos seres humanos, é uma das expectativas totalmente enganosas do passado. O *excesso* não pode ser separado do conteúdo de motivos do socialismo. Uma imagem literária parece apropriada para exprimir mais exatamente o que se pretende dizer com isso. A imagem é de Walter Benjamin. O "Anjo da História" é a figura do progresso alquebrado, não contemporâneo, mergulhado em tristeza e tragédia. O conceito dialético da história, que leva a sério as tensões do presente, passado e futuro, foi formulado de forma impressionante por Benjamin, ele mesmo uma vítima do terror nazista:

> Existe um quadro de Klee que se chama *Angelus Novus*. Ele representa um anjo que parece estar na iminência de se afastar de algo para o qual ele olha de modo petrificado. Seus olhos estão arregalados, sua boca está aberta e suas asas estão estendidas. Assim deve ser o anjo da história. Ele tem o rosto voltado para o passado. Onde *nós* vemos uma cadeia de acontecimentos, ele vê uma única catástrofe, que acumula escombros sobre escombros e os joga a seus pés. Ele gostaria de ficar, acordar os mortos e curar os feridos. Mas uma tempestade que abre suas asas sopra do paraíso, e é tão forte, que ele não consegue mais fechá-las. Essa tempestade empurra-o inexoravelmente para o futuro, a que ele dá as costas, enquanto a montanha de escombros à sua frente se ergue até o céu. O que chamamos de progresso é *essa* tempestade.

Críticos contemporâneos nunca duvidaram de que o capitalismo tem escombros acumulados – empobrecimento imperialista de outros países, guerra e genocídio. Mas também o socialismo olha, como fica cada vez mais claro, para *seus* escombros, para o gólgota do *seu* espírito absoluto. O livro de suas verdadeiras tragédias ainda não foi escrito; teria de ser um livro em três partes: um livro das *despedidas*, um livro das *renovações* e um livro das *perguntas em aberto*. Nos projetos críticos da sociedade, os escombros da história, a violência e a barbárie não são negados, mas mantidos numa tensão humanamente digna em relação à ideia de um mundo melhor, à ideia de uma humanidade que está ciente de sua ligação com a natureza e que não necessita mais da violência para resolver seus problemas. Era isso o que o jovem Marx pretendia quando falava do "fim da pré-história", da possibilidade de superação, clara e frágil, da alienação do ser humano, da sua "naturalização", da "humanização" da natureza, que só pode desenvolver suas forças numa aliança harmoniosa com a atividade humana.

É por bons motivos que essas palavras hoje despertam ceticismo. Mas o conteúdo de verdade do socialismo não está extinto. Como diz Bloch, ele *não foi esgotado*. No contexto dos três grandes desafios do século XX estão: a *questão social, a questão da democracia política e o problema da emancipação individual*. Nenhum desses problemas pode ser resolvido isoladamente, independentemente dos outros. A sentença histórica sobre que tipo de sociedade futura pode dar as respostas mais adequadas a esse desafio ainda não foi pronunciada.

Oskar Negt

XI. KARL MARX EM 1991.
COMO FICAM SEUS DIREITOS DE CIDADANIA NESTA CULTURA CIENTÍFICA

1

Se olhamos as demonstrações públicas e a falta de confiança de muitos intelectuais de esquerda, que até há pouco se destacavam como adeptos combativos da doutrina marxistas ou, pelo menos, como seus críticos tolerantes, teremos a impressão de que a morte daquele tantas vezes considerado morto, *agora*, após o crepúsculo dos deuses e dos ídolos da ordem social do "socialismo realmente existente", *realmente ocorreu*, 174 anos após seu nascimento. Essa data dúbia, imprestável para celebrações públicas, é digna de nota porque ainda não se passaram dez anos desde que foi lembrado, com frases monumentais (seja pelos inimigos, como reflexão crítica, seja como *pathos* de legitimação vazia) o centenário da morte de Marx, desde que foi prestada homenagem à sua obra conjunta e à sua história sociocultural, que ajudaram a marcar o século XX.

A situação mudou totalmente. Os monumentos são derrubados e arrasados, nomes de ruas e cidades são erradicados, como se a intenção fosse eliminar os vestígios de lembranças infelizes de grandes crimes deste século, um século de fato dos mais sangrentos. Academias e institutos dedicados ao estudo das teorias marxistas são cerceados em sua liberdade de trabalho ou então sucateados. Medida em relação ao mau uso iconográfico de uma filosofia social, cuja proibição das imagens e cujos princípios da "negação determinada" são motivos propulsores do pensamento de um materialismo totalmente crítico, isto é, dirigido justamente para a superação humilhante do domínio objetivo das coisas e da "reificação" das relações, essa desmistificação iconoclasta é, certamente, um passo necessário, pendente, do esclarecimento prático de uma fenomenologia do marxismo. A personalização e a interpretação esquemática de situações sociais fazem parte da idiossincrasia do pensamento de Marx: *"Ce qu'il y a de certain, c'est que moi, je ne suis pas Marxiste"*, é o que Marx, segundo Engels, teria dito de si mesmo. Se essa fosse apenas a opinião de um amigo, seu valor informativo poderia ser limitado à esfera privada. Mas a crítica radical de teorias dogmaticamente enrijecidas e personalizadas pertence antes de tudo às premissas do pensamento de Marx que desvirtuaram seu trabalho científico: basta considerarmos as estátuas e as faixas decorativas dos "fundadores do socialismo científico", bem como cartéis de citações, como formas de expressão de suas pesquisas. *Suas* críticas às situações sociais, distorcidas e vestidas fantasmagoricamente em imagens, fetichizadas, como se a "administração do espírito do mundo" estivesse confiada a "grandes personalidades", deve ser aplicada também ao próprio Marx. O ataque desmistificador ao fetichismo da figura pessoal de Marx enquanto *intelectual político* não toca a honra da pessoa nem o conteúdo de verdade da sua obra, se o levarmos a sério no seu aspecto científico.

Aliás, mesmo conservadores autênticos admitem que Marx pertence aos pesquisadores que procuraram a verdade de nossa época. Raymond Aron, por exemplo, falou que *nós* – que vivemos agora – *não* somos, como imaginam os dogmáticos de todos os matizes, os contemporâneos de Marx, e não podemos assumir as categorias e conhecimentos de sua interpretação do mundo e da sociedade sem considerar o núcleo temporal e histórico. É legítimo, por outro lado, *considerar Marx nosso contem-*

porâneo, porque ele coloca questões profundas e angustiantes ao presente, perguntas que não foram respondidas e não podem ser definitivamente eliminadas da consciência social dos seres humanos.

Nessa procura pela *verdade prática*, que não se desenvolve à custa da teoria e da ciência, reside o problema central das confusões históricas sobre a teoria marxista. Através do postulado "Os filósofos se limitaram a interpretar o mundo de diferentes maneiras; trata-se, porém, de transformá-lo", a 11ª tese de Feuerbach exprime o dilema em que o próprio Marx se coloca. Pois não há dúvida de que a parte principal de sua obra conjunta, a *interpretação do mundo*, é uma pesquisa metodicamente conduzida, uma elaboração teórico-filosófica. O esforço de reflexão para concluir *de que forma* os conhecimentos científico-sociais se transformam em realidade empírica e *quem é* o portador da imaginação histórica concreta, organizadora, ocupa na biografia científica de Marx o *status* de um fenômeno marginal. O proletariado enquanto suporte da prática permanece potencial; formas atuais de organização e programas do movimento socialista não o satisfazem e provocam sua constante crítica. Nas passagens em que o próprio Marx faz excursões de caráter prático-organizatório no âmbito da "transformação do mundo", tais excursões não são, como mostra exemplarmente a fórmula da "ditadura do proletariado", fundamentadas numa pesquisa cuidadosa (à qual ele, aliás, recorre até para a menor partícula dentro das relações do capital) e nem é feita uma reflexão sobre suas reais consequências. Em uma resenha ocasional nas *Randglossen zum Programm der Deutschen Arbeiterpartei* (*Comentários ao programa do Partido Alemão dos Trabalhadores*), de 1875, ele constata: "Entre a sociedade capitalista e comunista há o período da transformação revolucionária de uma em outra. A ele corresponde também um período de transição política, durante a qual o Estado será a *revolucionária ditadura do proletariado*". Isso soa como um golpe de espada de um intelectual político que quer assustar o sistema. Friedrich Engels, mais despreocupado do que Marx no uso de fórmulas simplificadas em questões político-estratégicas, ressuscitou de fato, no vigésimo aniversário da Comuna de Paris, em 18 de março de 1891, este espantalho: "Recentemente, o filisteu social-democrata levou outra vez um susto saudável com a expressão 'ditadura do proletariado'. Pois bem senhores, querem saber como é esta ditadura? Olhem para a Comuna de Paris. Isso foi a ditadura do proletariado".

Marx, porém, nunca teria associado a Comuna de Paris, esta *experiência política de autogestão democrática* acompanhada da dissolução da maquinaria estatal, com a apelativa instituição da ditadura emprestada ao Direito Romano. Como mostram seus primeiros escritos, Marx não compreendia o papel de intelectual político que entende política como "crítica na troca de socos", e que, portanto, se ocupa de sua transposição estratégica.

No que se refere à fundamentação de conhecimento e ação, Sócrates está mais próximo dele do que os sofistas, os primeiros racionalistas na história do pensamento europeu, que Marx vê reaparecer nos hegelianos de esquerda de seu tempo, e que ele combate de maneira não menos enérgica, em nome da *verdade* e do *conhecimento baseado em princípios*, do que Sócrates combateu os sofistas. Também em outros aspectos Marx retoma a tradição da verdade de Sócrates e a leva a um ponto onde a relação teoria-prática, no qual a autoexigência de uma filosofia que pressiona sua realização só pode ser separada a muito custo do contexto do pensamento: quanto menos compromissos apresentar uma teoria, quanto mais ela for cientificamente fundamentada, quanto mais teimosamente se impõe o seu conteúdo de verdade, tanto mais ela desenvolve forças para transformar a situação existente. O "mal-entendido científico" da teoria marxista, do qual fala Jürgen Habermas, tem talvez sua base nesse *pathos* de fundamentação e derivação, o que já pareceu ameaçador a August Bebel e Wilhelm Liebknecht (possuidor de um ânimo sobretudo pragmático). Portanto, é algo secundário e depende de múltiplas condições históricas e da imaginação organizatória dos seres humanos saber *quem* afinal traduz em ação histórica concreta essa exigência científica de verdade, interpretada ao extremo, expressa especialmente em O *capital*, orgulhosamente equiparado mais tarde à *Crítica da razão pura* de Kant e à *Grande lógica* de Hegel. À riqueza de diferenciação da teoria corresponde a pobreza de pensamento na capacidade prática de discernimento dos homens. A ciência e a verdade social estão no fim. Essa é a tragédia e a chance de renovação do pensamento marxista, unidas por um mero dever-ser.

Sócrates, o pesquisador da verdade, foi o primeiro na tradição europeia do pensamento que teve de se justificar diante de um tribunal público, do povo de Atenas e da justiça pelas consequências de sua ciência e arte argumentativa. Tal fato caracteriza uma *cena original*, em que foram perturbadas *as relações de medida* entre as vantagens reais da acusação, da qual só sobraram falsidades, e a força de convicção da verdade, que permaneceu impotente. Enquanto Sócrates, acusado de seduzir a juventude e blasfemar contra os deuses, na sua *Apologia*, seu discurso de defesa, recusa ponto por ponto a acusação e a injustiça moral e teórica que lhe é feita, ele sabe que a sentença já está proferida, que ele terá de beber o copo de cicuta. Ele não queria, porém, por preço nenhum, nem mesmo pela *fuga para a vida*, proposta por seu amigo Criton, diminuir o efeito sobre os seres humanos de *seu daimónion*, o inconfundível de sua pessoa, essência de toda verdade e virtude que ele incorporava. Sócrates não quer com sua morte testemunhar – como fizeram os fundadores de religião e profetas – a verdade de seus ensinamentos; a morte de uma pessoa não acrescenta nada à verdade de seus ensinamentos. A verdade pode ser, como Sócrates contrapõe a seus juízes, representada e discutida na cena pública de um mercado, mas ela não tem um preço que faz de si uma mercadoria que pudesse ser negociada no mercado. Se de fato a vida está ligada a tal preço, então seria melhor manter um debate vivo com os grandes do mundo das sombras, perguntar-lhes o que é *justo* e *injusto*. Não são os juízes sentados à sua frente, que o acusam, que têm o direito a uma sentença conclusiva, mas sim *o conjunto daqueles que procuram a verdade*. Sócrates diz no seu discurso de defesa:

> Se a morte é uma imigração daqui para um outro local e se é verdade o que se diz, que lá estão todos os mortos, que bem maior do que este poderia existir, senhores juízes? Pois se alguém chega a esse mundo das sombras [Hades] e se livra dos assim chamados juízes daqui, e encontra os verdadeiros juízes de lá, dos quais se diz que *fazem justiça*, Minos e Radamantis e Aiacos e Triptolemus, e *outros semideuses que foram justos* em sua vida, será que isto seria

uma má mudança? E que preço os senhores pagariam para lidar com Orfeu e Musaios, Hesíodo e Homero? Se isso é verdade, quero ter o prazer de morrer várias vezes. Para mim seria mesmo uma vida esplêndida, se lá eu encontrasse Polamedes e Aias, filho de Telêmaco, e outros mais *entre os antigos que tenha morrido vítima de um tribunal injusto*, e comparar os destinos deles com o meu; acredito que isso não seria desagradável. E o que é melhor: encontrar aqueles que vivem indagando e pesquisando quem entre eles é sábio e quem pensa que é, mas não é. O que alguém daria, senhores juízes, para questionar aquele que conduziu o grande exército a Troia, ou Ulisses ou Sísifo, e muitos outros que poderíamos citar, homens e mulheres; seria uma bem-aventurança indescritível falar e lidar com eles e questioná-los de todas as maneiras. Lá, certamente eles não vão nos executar por causa disso. Se é verdade o que dizem, não se é apenas mais feliz lá do que aqui, mas também se é imortal pelo resto dos tempos. Por isso, senhores juízes, os senhores também devem ter boas esperanças diante da morte, e ter em mente este *fato*: para o homem bom não existe mal nem na vida e nem na morte e *os deuses nunca negligenciaram seus assuntos*.[1]

Para Marx, não somente devido ao seu próprio programa de desmistificação, não é permitido dirigir-se ao mundo das sombras dos grandes antepassados para obter deles uma sentença justa sobre verdades e erros, virtudes e vícios. O escândalo com certeza é o fato de que o *discurso vivo*, no qual Sócrates insiste mesmo diante da morte (e nada mais dele foi transmitido), não pode ser esperado direta ou indiretamente no caso de Marx. As condições temporais mudaram; a única alternativa não é mais vida ou morte, mas adaptação ou emigração. *Marx não fez uma apologia da vida e da morte*. Mas seja o que for que escrevemos *sobre* ele, isso traz os vestígios de um discurso de defesa, de uma apologia no sentido filosófico – diante, é claro, de *um tribunal imaginário*. E isso atualiza a desconfiança que Sócrates nutria diante da palavra escrita, diante *da forma escrita do pensamento vivo*.

... deste mal sofre a escrita [diz Sócrates no diálogo com Fedro], e é nisto muito parecida com a pintura, que também mostra suas pro-

---

[1] Platão, *Sämtliche Werke*, p.440s, Hamburgo, 1957, v.1.

duções como vivas mas, quando se lhes pergunta algo, silenciam solenemente. Assim também os escritos: poderíamos acreditar que eles falam, como se compreendessem algo, mas se, querendo saber alguma coisa, lhes perguntamos algo, eles sempre apontam para a mesma coisa. Uma vez escrito, porém, todo discurso erra da mesma maneira por entre os que o compreendem e entre aqueles aos quais não pertence, e não sabe a quem deve se dirigir, e a quem não. E se são ofendidos ou agredidos sem o merecerem, sempre precisam do auxílio do pai; pois, sozinhos, não podem nem se proteger, nem se defender.[2]

Em que aspectos os escritos de Marx precisam desse auxílio com mais urgência? Certamente não naquelas passagens em que lhe atribuem responsabilidades com as quais seu pensamento evidentemente nada tem a ver. Não ser banido da *cultura científica* talvez fosse para Marx uma questão de vida ou morte. Teria ele perdido aqui seus direitos de cidadania?

2

Essa pergunta sugestiva, que tem a aparência ameaçadora de um novo banimento, já contém o convite para a defesa. Quem considera o direito de cidadania das teorias de Marx na cultura científica desses tempos de reviravoltas, ou mesmo do futuro, discutível mas evidentemente fundamentado, verificará logo que as fórmulas usuais, que retiram sua força de convicção sobretudo da defesa ao fervor contraditório e da hostilidade política clara daqueles que têm outra convicção, não oferecem mais apoio.

Certamente é preciso guardar na memória histórica que Marx e Freud foram os primeiros que os nazistas riscaram do cânone tolerado das posições científicas, e cujos seguidores perseguiram, baniram ou assassinaram. Hoje em dia, porém, o problema não é o banimento brutal, aberto, mas sim a *violência da intervenção*

---

2 Ibidem, p.56, v. 4.

sutil, a expatriação silenciosa do que é pensado, o compromisso com a recusa à reflexão.

Quanto mais nitidamente se delineam o plano dos envolvimentos históricos e das modificações teórico-intelectuais tanto mais fortemente agem em conjunto três tendências, que se combatem oficial e energicamente: aos diligentes matadores de Marx que se vestem com roupas contemporâneas, mas que divulgam seu *Ceterum censeo* "Marx está morto" como num ritual mágico de banimento de um fantasma, correspondem os patéticos defensores que, postos em dificuldade pelas formas atuais do marxismo, veem no retorno à inocência das fontes a única saída para a lamentada miséria: seu grito de guerra é "Voltar a Marx!" (de acordo com o livro programático de Jürgen Kuczynski, de 1926, dirigido contra o revisionismo social-democrata). Devido à decadência de uma representação existente, mas deformada, do socialismo, confirmada e valorizada no entendimento pós-moderno de um tempo de mudança, aparece um terceiro grupo, que quero chamar de os lógicos da despedida [*Verabschiedungslogiker*]. Eles se sentem mais próximos do espírito da época, reivindicam que conseguem fazê-lo falar e narrar, quando debitam na conta de Marx o conceito usual burguês do mundo e a erosão do "socialismo realmente existente" e creditam-no ao estoque exaurido das "grandes narrativas" (Lyotard).

As regras comuns nesse acontecimento estranho, cheio de repetições compulsivas, no qual se trata mais de brigas por repartição, garantias de propriedade e demarcações de distritos do que de conhecimento e experiência, resultam do fato de que nenhuma dessas três posições se preocupa a sério com o tipo de teoria do pensamento marxista, para o qual a tensão interna entre conteúdo real e verdade é constitutiva (nesse ponto somente comparável, talvez, à filosofia de Aristóteles). À luz dessa posição, a teoria marxista permanece um bloco errático desconhecido, mesmo onde se tenta reconstruir alguma coisa – para uns ela é verdadeira, para outros falsa; outros, ainda, a consideram ultrapassada e esgotada.

O século XX inteiro, a primeira metade e sobretudo suas teorias sociais, é marcado nos seus discursos estéticos e políticos pelo atrito com o pensamento marxista e por conflitos com a transposição política do marxismo. Nenhuma teoria deste século ganhou, na constelação das interpretações universais, tal posição na formação de conceitos e de conhecimentos. Alfred North Whitehead disse que a história da filosofia consistia essencialmente de notas de rodapé às teorias de Platão. Eu retomo essa frase e dou-lhe uma nova forma: a situação intelectual do século XX é determinada essencialmente por reações aos desafios políticos e intelectuais que partem de Marx. Se quisermos aplicar a frase de Whitehead a essa situação, estamos perto de supor que a história intelectual desta época consiste de notas de rodapé às teorias de Marx. Não existe nenhum grande pensador de nossa época que não tenha discutido Marx ao estabelecer novos paradigmas para a orientação no conhecimento, nos métodos de pesquisa, nas interpretações do mundo. As discussões são muitas vezes confusas, indiretas ou, como no caso de Karl Popper, determinadas por hostilidades internas. Via de regra, porém, são nítidas.

O orgulho e a satisfação dos seguidores de Marx pelo fato de suas teorias já não poderem mais ser banidas da cultura científica, porque uma série de suas categorias, interesses orientadores do conhecimento, perguntas políticas, penetraram de tal forma nas tradições acadêmicas e na vida diária, que suas origens já não são reconhecidas, entretanto, não podem se iludir quanto à tragédia em relação à história da ciência. O que realmente precisa ser explicado é o conflito intelectual que está no fato (para ficar com a imagem de Whitehead) de que o progresso do conhecimento não é estimulado pelo texto principal, isto é, pelas teorias de Marx e Engels, mas cada vez mais pelas notas de rodapé.

É de supor que a história do marxismo seja caracterizada não apenas por uma política que deixa de fora a interpretação materialista da história e a crítica da economia política da cultura acadêmico-científica, por uma política determinada por interesses de classe e de poder, mas também por tendências de autodelimitação, que vão ao encontro disso. Se a filosofia marxista fosse teoria filosófica tradicional, isto é, um pensamento dirigido ao conceito de mundo pronto – como dizia Hegel –, ela teria a temer apenas, liberada do processo de rejuvenescimento diante da realidade, a concorrência de escolas filosóficas e as lutas de divisão de poder institucionais dos aparatos científicos.

Mas é claro que não se trata disso. Uma *teoria histórica* em seu conteúdo essencial, ela pressiona com força para além do mundo acabado; ela reivindica ser meio de emancipação social e parteira de uma nova sociedade. Essa é uma das razões pelas quais, apesar de toda coerência do pensamento que caracteriza sua reivindicação pela verdade, a *contundência teórica* não é seu objetivo. Apesar de a prova da teoria marxista parecer estar na transformação das condições, isso não precisa estar associado à recusa ao conteúdo imanente de verdade. Ao contrário, o problema não parece ser o *estreitamento* do conteúdo de verdade, mas a *ampliação* deste conteúdo, uma ampliação que implica a duplicação da tarefa proposta: *compreensão* das relações reais, que com isso não se acalmam, e *intromissão* nas relações, o que só é possível se a força do trabalho conceitual, que se alimenta da consciência excedente, realmente atingir a estrutura das relações.

O fato de a filosofia pós-hegeliana não ser capaz de se libertar da prática e de que Hegel levou às últimas consequências a pura conceituação do mundo em sua forma acabada (expresso no tema da coruja de Minerva, que só inicia seu voo quando começa o entardecer) está de tal forma ligado à compreensão dos pensadores do período entre 1815 (Congresso de Viena) e 1848 (Revolução de Março), que existe uma concordância entre quase todos os países europeus sobre o seguinte ponto: *a inocência prático-moral da filosofia* se perdeu para sempre, se é que existiu algum dia. Ninguém mais do que Heinrich Heine, o intelectual político banido da Alemanha, percebeu com mais clareza, com a perspicácia dos exilados, essa situação cheia de consequências para o século XX.

A relação de Marx com Heine era – como sabemos – ambivalente; ele o apreciava como amigo, por cantar os pobres. O *intelectual crítico*, porém, que se manifestava sobre assuntos políticos sem tomar partido pela classe dos trabalhadores, isto é, sem falar a linguagem dos agentes históricos, provocava em Marx a suspeita de esteticismo sofista. Mas Heine, o vigilante intelectual político de antes da revolução, reconhecera a relação precária entre *grande teoria* e *política cotidiana* com mais clareza do que Marx, havia escolhido esta relação como tema fundamental de seu pensamento. Os textos publicados em 1844 em Hamburgo, sob o título *Alemanha – um conto de inverno*, são tão *alemães* que soam hoje espantosamente atuais. Fala-se "do triste mês de novembro" – as duas *revoluções frustradas* do nosso século ocorreram em novembro. Heine açoita esses "senhores autores" da velha canção da renúncia, que exalta a fuga deste vale de lágrimas para um além melhor: "Sei que bebiam vinho às escondidas, mas apregoavam publicamente que se bebesse água". Mas na canção *nova, melhor*, que Heine promete compor, onde felicidade, beleza, paixão, bem-estar e justiça, com as quais o céu foi enfeitado, são prometidas para este mundo ("Queremos construir aqui na terra o reino dos céus"), se intromete logo um hóspede *sinistro*, um companheiro de caminhada inoportuno, que avidamente se apossa de todo desejo, de todo pensamento, para transformá-lo em *prática*.

No "Caput VI" de seu *Conto de inverno*, Heine descreveu detalhadamente a *dupla natureza do pensamento crítico, radical*, que desde a formulação de um "programa para realização da filosofia" nunca mais abandonou o pensamento moderno (mesmo onde foi declarada expressamente a falta de intenção prática da teoria):

> *Napoleon sah einen roten Mann/ Vor jedem wicht'gen Ereignis./ Sokrates hatte seinen Dämon,/ Das war kein Hirnerzeugnis. – Ich selbst, wenn ich am Schreibtisch saß/ Des Nachts, habe ich gesehen/ Zuweilen einen vermummten Gast/ Unheimlich hinter mir stehen. – Unter dem Mantel hielt er etwas/ Verborgen, das seltsam blinckte/ Wenn es zum Vorschein kam, und ein Beil,/ Ein Richtbeil, zu sein mir dünkte.*[3]

---

[3] "Napoleão via um homem vermelho diante de cada acontecimento importante./ Sócrates tinha seu *daimónion*./ Não era uma alucinação./ Eu mesmo, quando me sentava à escrivaninha, à noite,/ Via, às vezes, um vulto disfarçado, / De pé, sinistro, atrás de mim – Ele escondia algo sob a capa,/ Que brilhava estranhamente/ E quando surgia, parecia-me ser um machado,/ O machado de um carrasco." (N. T.)

O acompanhante desconhecido é cercado e questionado: "Was verhüllst Du/ Hier unter dem Mantel, das heimlich blinckt?/ Wer bist Du und was willst Du?" E responde:

> Ich bin von praktischer Natur,/ Und immer schweigsam und ruhig./ Doch wisse: Was Du ersonnen im Geist,/ Das führ ich aus, das tu ich. – Und gehn auch Jahre drüber hin,/ Ich raste nicht, bis ich verwandle/ In Wirklichkeit, was du gedacht: Du denkst, und ich, ich handle. – Du bist der Richter, der Büttel bin ich./ Und mit dem Gehorsam des Knechtes/ Vollstreck ich das Urteil, das Du gefällt. Und sei es ein Ungerechtes. – Dem Konsul trug man ein Beil voran./ Zu Rom, in alten Tagen./ Auch Du hast dein Liktor, doch wird/ Das Beil dir nachgetragen. – Ich bin dein Liktor, und ich geh/ Beständig mit dem blanken/ Richterbeile hinter Dir – ich bin/ Die Tat von Deinem Gedanken.[4]

Na obliteração da contradição entre *pensamento* e *ação* [*Tat*], tem suas raízes a tragédia de que foi vítima o pensamento marxista no século XX. Um número excessivo de beleguins, servos, litores autonomeados com sua burocracia executiva, seus machados de carrasco, que tocaiavam os pensamentos hesitantes, provisórios, cuidadosos, para transformá-los em ações. Mas a liberdade do intelectual crítico, que raciocina por meio de categorias de um materialismo determinado por contingências e rupturas, resulta do fato de que a sombra que nos segue *não* é a ideia de fantasia realizada. O machado exibido pelos litores aos cônsules, na sua

---

4 "O que você esconde embaixo da capa, que brilha estranhamente?/ Quem é você e o que quer?" E ele responde: "Sou de natureza prática,/ sempre calado e tranquilo./ Mas saiba: o que você pensou,/ Eu executo, faço – E mesmo que passem anos,/ Não descansarei enquanto não transformar em realidade/ O que você pensou: você pensa, e eu, eu ajo. – Você é o juiz, o beleguim sou eu/ E com a obediência do servo,/ Executo a sentença que você pronunciou, mesmo que ela seja injusta. – Na Roma de tempos idos,/ Um machado era levado à frente do cônsul./ Também você tem um litor/ Mas o machado segue atrás de você. – Eu sou teu litor, e ando/ Sempre atrás de você com o brilhante machado do juiz – Eu sou o ato do teu pensamento." (N. T.) Heine, H., *Werke in 5 Bände*,. Berlin/Weimar, 1964, p.107s., v.2.

qualidade de autoridades, devia ameaçar e não anunciar o ato executado.

3

Na ampliação do conceito de verdade, que não conduz, porém, ao desenvolvimento da *própria* lógica da *ação emancipatória*, isto é, não determina as relações de medida de uma prática libertadora, reside um problema crucial para a atual avaliação crítica do marxismo. A paralisação da *dialética do conteúdo de verdade e realidade*, a divisão dos interesses que determinam a procura dos conhecimentos em dois âmbitos separados, parece não ser bem-sucedida. Nas sociedades que tinham em Marx seu ponto de referência, os intelectuais que sentem a inversão e o corrompimento das ideias de Marx tendem a trazer à tona, na obra de Marx e Engels, sempre novas facetas de sua substância humanista fundamental, e obtêm, pela reconstrução da história original deste pensamento, sempre novas forças especulativas e morais para sua atividade política. Eles insistem numa espécie de direito natural, que as grandes teorias teriam de ser reveladas em seu sentido imanente, não importando para isso como os testemunhos individuais foram deturpados ou mal-entendidos.

Essa posição se contrapõe àquela que considera o pensamento marxista essencialmente verdadeiro, quando ele se encontra embutido na realidade de sociedades existentes. A tese de Lenin, segundo a qual "o marxismo é onipotente, porque é verdadeiro", pressupõe uma conexão direta entre conteúdo de verdade e realidade; mais precisamente, ela propõe a redução do conteúdo de verdade à realidade – o que se afirma como realidade não pode ser falso.

Esta realidade entrou agora em colapso. Será que ela também arrastará o conteúdo de verdade para o abismo? É difícil emitir um juízo sobre isso. O fato de se fugir desse dilema, porém, retirando a obra de Marx do seu envolvimento com a realidade, reduzindo-a ao padrão de uma filosofia social acadêmica talvez deturpada, segue o conhecido mecanismo de culpa e defesa. Somente a responsabilidade coletiva para *tudo* que foi feito no mundo em nome de Marx poderia colocar um ponto de partida de onde se poderia pensar de forma legítima e séria numa assimilação sensata. No início de uma nova leitura de Marx existiria, então, uma decisão *moral* e não uma decisão intelectualmente original.

O jovem Lukács, ainda antes de *História e consciência de classe*, mais ou menos ao tempo da República dos Conselhos [*Räterepublik*] na Hungria, em 1919, em seu ensaio "Tática e ética", trata exatamente *desse* ponto. Para todo socialista, o comportamento moral correto está ligado ao reconhecimento da atual situação histórico-filosófica. A ética, porém, que não conhece a neutralidade, nem mesmo a inatividade, põe *diante* da consciência e do senso de responsabilidade do indivíduo o postulado de que ele deve agir como se do fato de *agir* ou *não agir* dependesse o destino do mundo. Lukács descreve as consequências:

> Cada um que atualmente se posiciona a favor do comunismo ... é obrigado a assumir a mesma responsabilidade *individual* por cada morte ocorrida na luta por ele, com se ele próprio fosse o autor de todas essas mortes. Mas todos que se associam ao lado oposto – à defesa do capitalismo – têm que assumir a mesma responsabilidade individual pela destruição que resulta nas guerras imperialistas de desforra, pela futura repressão a nacionalidades e classes que certamente acontecerão. Ninguém pode se eximir eticamente da responsabilidade sob a alegação de ser apenas um indivíduo do qual não depende o destino do mundo. Isso nunca poderemos saber objetivamente, com segurança, pois não só é possível que o destino dependa justamente do indivíduo, como também a essência mais íntima da ética, da consciência e do senso de responsabilidade exige que cada indivíduo seja corresponsável; quem não decide com base nessas reflexões – por mais desenvolvido que seja como ser humano – está, do ponto de vista ético, no degrau mais primitivo de uma vida governada pelos impulsos inconscientes.[5]

---

5 Lukács, G., *Schriften zur Ideologie und Politik*, Neuwied, Berlin, 1967, p.8.

Lukács sabe do que fala; a ética de classe não substitui a responsabilidade individual. A sensibilidade para a ofensa contra um único indivíduo é, no socialismo, como uma utopia da justiça, uma questão de princípio, e não a lamentável exceção. O ditado popular "para fazer um omelete é preciso se quebrar os ovos" não tem legitimação moral.

Garantir a Marx o direito de cidadania na cultura científica não é uma questão de garantias institucionais, mas um problema que toca o conteúdo substancial de suas teorias e de nossa relação específica com elas.

O pressuposto fundamental para a renovação de um debate vivo com o pensamento marxista e, portanto, com a possibilidade de examinar a história do marxismo sob o aspecto de suas delimitações, é – depois de não restarem mais dúvidas quanto à responsabilidade moral coletiva – o reconhecimento do *limite histórico do próprio marxismo*. Neste reconhecimento não reside nenhuma objeção quanto ao conteúdo de verdade, muito pelo contrário: a verdade se constitui primeiro pela história, e tem – como mostrou Walter Benjamin – um *núcleo temporal*. Quem acha que a gênese de um conhecimento representa uma mácula no seu valor, recai na aparência da filosofia burguesa original. Nietzsche formulou claramente esse ponto de vista. No *Crepúsculo dos deuses* ele fala das idiossincrasias dos filósofos, do egipcianismo de seu pensamento, onde tudo que se formou e que designa a criação é uma objeção à verdade. Uma teoria como a marxista, histórica em sua substância, não pode – com base em sua estrutura – ser destacada das constelações históricas e "reificada" em verdades prontas. O que Marx atribui ao "gigante do pensamento", Aristóteles, um *limite histórico*, vale para ele mesmo. Aceitar esse fato nos obriga a lidar historicamente com sua obra. Uma consequência disso seria abandonar a alternativa abstrata que implica aceitar como verdadeiro tudo que Marx escreveu ou deixar tudo de lado como se fosse falso. O caráter obrigatório em que se baseia essa lógica alternativa levou à fixação e divulgação de posições antimarxistas, mas foi também uma importante *reação de verdade* às construções escolásticas. Essa alternativa determinada por trechos de abstração levou também, desde a morte de Marx, a movimentos ondulatórios, em que se alternavam fases de ortodoxia árida com fases de antimarxismo emocional. Os "novos filósofos", que em meados dos anos 70 pregavam na França um renegado antimarxismo e proclamavam Stalin como um marxista consequente, que teria entendido melhor a tecnologia de poder de Marx, foram *antes*, quase todos, marxistas-leninistas ortodoxos. À medida que reduziram as complexas relações políticas e sociais a simplificações propagandísticas, eles apenas inverteram as aspirações totalitárias que atribuíram ao marxismo e à sua história passada e atual. Tudo em Marx está errado – este é a compreensão de mundo dos eternos dissidentes.

No entanto, se olharmos Marx do ponto de vista histórico, não podemos julgá-lo de acordo com o esquema das exigências absolutistas da verdade. Trata-se antes de verificar individualmente os pontos em que, no pensamento de Marx, os programas foram ou não cumpridos. O programa de uma análise do capital foi cumprido. Não foi cumprido o programa da constituição do sujeito, da moral e dos direitos humanos. O que Sartre atribui aos marxistas vale para o próprio Marx:

> Os marxistas de hoje só se interessam pelos adultos: para eles, poderíamos acreditar que viemos ao mundo no momento em que ganhamos nosso primeiro dinheiro.[6]

Quando Karl Korsch, em 1923, exigiu a aplicação do método de pesquisa do materialismo histórico à história do desenvolvimento do marxismo, eram reconhecíveis apenas inícios dessas autoexclusões científicas fatais, que mais tarde, na ortodoxia do "marxismo-leninismo" se transformaram num edifício petrificado de fé, em cujos espaços de cartéis de citações lutavam por um acesso especialmente favorável aos centros de poder governamental ou social eventualmente dominantes. Não é razão suficiente para as inversões do pensamento marxista o fato de que a revolução social foi vitoriosa num país, que se achava no início da revolução industrial, da formação de uma esfera pú-

---

6 Sartre, J. P., *Marxismus und Existentialismus*, Reinbek, 1964, p.522.

blica burguesa e da vida social. Nos primeiros dez anos após a Revolução de Outubro sem dúvida existia – por exemplo na revista *Unter dem Banner des Marxismus (Sob a bandeira do marxismo)* – um debate vivo com o pensamento marxista, com a dialética da natureza dos últimos escritos de Engels e uma decifração experimental da relação de Marx e Engels com a filosofia tradicional, uma relação que estava longe de ser unívoca e definitiva.

4

A ruptura na história do pensamento marxista ocorre quando a tese de Stalin do "socialismo num só país" substitui a ideia aceita até então, mesmo por Lenin e pelos leninistas, de que não é possível existir uma sociedade socialista separada das sociedades industriais desenvolvidas. Quanto mais firme a objeção da realidade contra a realização da utopia socialista, de forma tanto mais brutal e mais terrorista é posta a serviço do Estado, é transformada num *ideal de violência* a interpretação materialista da história. Uma tal inversão da substância crítica dessa teoria num instrumento metódico de legitimação de decisões políticas, livre da tensão da realidade, tem sem dúvida sua própria dialética. A assimilação crítica da realidade não está mais em posturas de conhecimento que explicam e tornam público o que existe. O fato de algo existir torna-se uma objeção decisiva contra o pensamento e a imaginação. Quanto mais se perde a tensão entre conceito e objeto, entre possibilidade objetiva e fantasia desejante do sujeito [*subjektiver Wunschphantasie*], tanto mais forte se tornam as proibições do pensar e os mecanismos de censura, como meios intocáveis de negação da realidade.

Decisivo é o fato de que a transposição das categorias e conhecimentos marxistas, petrificados num sistema durante o stalinismo, para os países do Ocidente (devido aos processos de stalinização do pensamento, fatais para muitas pessoas) transmitem a aparência de um marxismo pleno de realidade, que se apresenta como revolucionário. O simples acontecimento da Revolução de Outubro e sua conservação pelo Estado torna-se, assim, base para um modo de existência e de pensamento que adotam conceitos policiais, mesmo onde o braço da polícia secreta soviética não alcança.

Se o marxismo é levado ao nível de uma visão de mundo fechada, regida por leis naturais, cujo único movimento é a formulação de critérios de aceitação e fortificação da parede entre o que está dentro e o que está fora, então o desenvolvimento da ideia original do materialismo, da economia política e da dialética do indivíduo e da sociedade só pode ocorrer de dois modos. Primeiro pela exclusão total dos conhecimentos da doutrina marxista, mesmo quando recebe desta estímulos e orientações. São atingidos, por exemplo, a pesquisa social empírica, a sociologia industrial, a psicologia social crítica e a psicanálise. Em segundo lugar, o pensamento marxista penetra em projetos políticos ou sociocientíficos que têm como objeto de estudos principalmente a atualidade. A esse tipo de formação teórica pertencem aquelas filosofias que continuam a trabalhar na tradição de Hegel e Marx, mas que de modo específico procuram preencher os vazios, em Marx, pela recepção de métodos e conhecimentos modernos. Nesse sentido, podem ser concretamente confrontados os escritos de Korsch, Horkheimer e Adorno, Bloch e Marcuse, muito diferentes no aspecto teórico mas ligados por um pensamento comum no que se refere ao anseio de conhecimento. Todos trazem a marca da tentativa de renovar a teoria marxista com base em uma relação diferente com o idealismo alemão e com as perguntas contidas na ortodoxia marxista da social-democracia (segundo Kautsky), bem como com aquelas suprimidas no leninismo. A dialética está no centro dessas tentativas de renovação. Certamente, também é característico para elas o fato de que sejam percebidos os novos conceitos de compreensão da ciência, dos movimentos sociais e da constituição do sujeito.

A reconstrução da história da autoexclusão do marxismo inclui perguntas atuais decisivas sobre a estrutura e os resultados do conhecimento da própria teoria social de Marx. Separo algumas poucas da extensa lista de perguntas:

Marx atribuiu às forças produtivas a função de detonar as condições de produção por demais limitadas. A demolição de formas de propriedade e de domínio que não mais ofereciam espaço suficiente à produção social de riqueza devia marcar o início de uma época de revoluções sociais. Entretanto, nunca a contradição objetiva entre forças produtivas e relações de produção foi maior do que hoje; mas mal se percebe a força explosiva aí contida. Ao contrário, parece que as forças produtivas se unem com as formas de domínio para tornar mais difícil cada passo no sentido de uma sociedade livre, mais civilizada. Quero lembrar as palavras exageradas com que Marx e Engels descreveram o papel revolucionário da burguesia no *Manifesto comunista*. Em seus apenas cem anos de domínio de classe, a burguesia criou forças de produção mais colossais que todas as gerações anteriores juntas, diz o manifesto. Engels, mais despreocupado e mais audacioso do que Marx em suas formulações, leva o pensamento às raias do exagero: "Vapor, eletricidade e teares foram revolucionários de caráter mais perigoso que Barbès, Raspail e Blanqui".[7] Mais perigosos sim, mas para quem?

Para o mundo passado, com certeza. Métodos de produção ultrapassados, por mais que se agarrem a velhos costumes e direitos antigos, não resistem – como hoje podemos ver claramente – à violência da dinâmica industrial e à razão esclarecida da propriedade privada. Mas os revolucionários citados tinham a ideia, sem dúvida válida, de que a destruição de uma velha sociedade e a criação de uma nova precisam de relações de medida completamente diferentes quanto à decisão da vontade e à intervenção consciente.

A proibição da utopia proclamada por Marx e Engels foi certamente justificada como crítica a indivíduos isolados, aos quais faltava a alavanca histórico-material de um movimento social e que por isso eram forçados a conduzir lutas imaginárias. Sua confiança obstinada em que o desenvolvimento das forças produtivas e a luta de classes "tirariam da luta fantástica contra a sociedade existente todo valor prático e toda justificativa teórica"[8] não mereceu nenhuma atenção da história. Será que estou er-

---

7   Marx, K., / Engels, F. *Briefwechsel*, Berlin, 1949, p. 307, v.1, v.4.
8   Ibidem, p.204, v.3.

rado ao suspeitar que na avaliação da produtividade ocorreu uma distorção da perspectiva em dois sentidos: menosprezo de todas as consequências sociais da capacidade destruidora da supervalorização do efeito emancipatório? Não podemos censurar a Marx que ele tenha iludido a classe trabalhadora e suas organizações na sua luta de libertação. Minha pergunta é se diante desta crítica ele usou do mesmo cuidado como diante de outro qualquer objeto de pesquisa.

Tenho procurado constantemente em seus escritos fundamentos que expliquem por que ele aplicou sua grandiosa análise do caráter fetichista da mercadoria, que é a base da consciência "reificada", aos bloqueios da experiência e do comportamento assim como dos mecanismos de burocratização, a todos os fenômenos sociais, mas não à própria classe trabalhadora. Na teoria de Marx, os motivos de agir das pessoas são considerados de forma muito estreita e externa. As situações de emergência, a coação, a necessidade de se organizar coletivamente – essas situações de pressão, que apontam na mesma direção, podem ter transmitido a Marx a convicção de que o proletariado está orientado exclusivamente, ou em sua maioria, por caraterísticas proletárias, isto é, por características dirigidas à emancipação política e social. Isso se mostrou um exagero perigoso. Cada indivíduo está preso, com uma parte dos seus interesses e caraterísticas, ao sistema de domínio existente.

Dentre os erros históricos do século XX está o de que Engels baniu o socialismo utópico da comunidade das motivações humanas de agir para seguir um ideal por ele colocado de segurança científica, fundamentado pelo modo de produção intelectual. Justamente se inferirmos que Marx via sua teoria com uma dupla função – como método para investigação e como instruções para agir –, cumpre ter cuidado na definição do que é o autêntico pensamento materialista. No que se refere à investigação, pode-se aprender provavelmente muito mais da maneira e da forma com que o próprio Marx lidava com teorias e relações sociais do que pela repetição de sua *lógica de representação*, que é comprometida com a tradição da grande filosofia burguesa: a *Crítica da razão pura*, de Kant, e a *Ciência da lógica*, de Hegel. Dialética *é* a forma do pensamento que se movimenta no material, e de tal maneira que não se dispõe sobre o material externamente, mas de modo que no esforço do conceito o material se reúne em seu próprio movimento. Hegel afirmou que a dialética é pura observação. Mas esta observação só é possível pelo trabalho do conceito. Se falo de uma prioridade da *lógica da investigação* em relação a uma *lógica da representação*, digo isso no sentido do pensamento marxista de retraduzir resultados acabados em seus processos de produção. É assim, aliás, que ele procede em toda a sua crítica econômica: a relação é estabelecida não entre produtos, mas entre processos de produção.

Se nos limitarmos aos resultados estruturados pela lógica de representação e seguirmos seus princípios de construção, sem atentarmos para o processo científico geral, onde podem ser encontradas investigações múltiplas, essenciais, mas mais abertas na produção teórica (por exemplo o *Dezoito Brumário*, os debates sobre o roubo de madeira), terminamos não raro em desespero teórico.

É mais fácil imaginar uma renovação do marxismo numa releitura dos escritos de Bertolt Brecht, que compreendeu como ninguém a dialética materialista de necessidade, em tempo de crimes históricos e da esperança que surge nas tragédias do cotidiano, e não em rememorações científicas. Seria útil levar a sério o que está sugerido em duas de suas sentenças cênicas; elas são dirigidas ao marxismo e designam experiências amargas da sua exclusão histórico-científica. O mote que Brecht coloca diante de seus *Estudos marxistas* de 1926 a 1939 é: "O aprendiz é mais importante do que a doutrina".[9] Brecht coloca na boca do senhor Keuner – esse dialético malandro [*Verschmitzten Dialektiker*] da razão cotidiana, que no final entendia mais de dialética marxista do que todos os grupos marxistas juntos – sob o subtítulo "Questões convincentes", as seguintes palavras irônicas: "Eu observei" – diz o senhor Keuner –, "que assustamos os outros com nossa doutrina porque temos uma resposta para tudo. Não poderíamos, no interesse da propaganda política, fazer uma lista de perguntas, que nos parecem totalmente insolúveis?"

---

9 Brecht, B., *Gesammelte Werke*, Frankfurt, 1968, p.46, v.20.

É tempo de formular uma lista de perguntas socialmente não solucionadas, mas não no interesse da propaganda política, e sim no da verdade. Garantir a Marx a cidadania na cultura científica significará, no futuro, permitir que a dialética se desenvolva no entrelaçamento de recusas, renovações e perguntas em aberto, com sentido e compreensão para a realidade modificada.

Oskar Negt

XII. O FENÔMENO POLÍTICO SEM O SEU DESESPERO. O CONCEITO DE "POPULISMO"

1

Palavras como nacional, popular, populista, festa popular, comunidade dos povos, "em nome do povo", designam não só coisas diferentes, mas usam respectivamente diferentes trajes históricos. A seriedade implícita, ou que podia estar implícita, no uso dessas palavras (além ou aquém da frase de efeito) não pode ser encontrada, se destruirmos as sombras, as perspectivas, os símbolos do tempo contidos nelas. A referência ao povo gira, em meio a enganos e apropriações instrumentais, em torno de perguntas relativas à autonomia, ao caráter inconfundível. O que é material elementar da soberania? Como se organiza a produção de autonomia? Por representações, se necessário? E como se equilibram essas representações? Com que bases se constrói a coletividade?

Tais perguntas são formuladas pelos seres humanos com mais frequência em dois pontos limites da história: quando existem dúvidas quanto ao material de construção da coletividade e quanto à forma de organização de sua experiência; mas também são feitas quando as pessoas acreditam ter motivos para se orgulharem de aquisições, de autonomia bem-sucedida. Em relação ao aspecto político (à soberania, à coletividade), observamos hoje para as duas posturas – a da dúvida e a da esperança – uma estranha desvalorização. Parece não ser importante o fato de eu duvidar ou ter esperança. A política é inflacionária, mas não no sentido de que o conteúdo político do mundo da experiência tenha produzido a multiplicação do material do Estado, e sim no sentido de que a política se separa em amplas zonas do mundo da experiência. Somente as *imagens* estabelecem ainda pontes imaginárias entre o acontecimento da política profissional e as conexões imediatas da vida: surgiram realidades paralelas com as quais uma pessoa não pode se relacionar usando as formas do medo, da dúvida, da esperança ou dando uma mão.

Quando entram em contato, a realidade emotiva de um conjunto vivo (crianças crescem) e o bloco real administrativo-industrial (uma geração de bens e armas é substituída pela próxima) consideram-se mutuamente no que respeita a muitos detalhes, mas no seu âmago não estão em condições de se entender. Nosso planeta é habitado por vários blocos antagônicos de realidade desse tipo, que têm a tendência de se organizar "por si", e de resto se comportam de forma canibalística uns em relação aos outros. Não existe uma capacidade de expressão que possa ser entendida por todos os seres humanos, que não seja imediatamente subjugada pelo trabalho de blocos heterogêneos de realidade.

Não podemos aqui simplesmente proceder historicamente, assim como não podemos fingir um olhar de agora [*Jetztzeit--Blick*]. As duas formas de análise, a reconstrução histórica e a abstração racional são distorcidas sob a violência de massas de realidade que se separam, na forma de uma perda de capacidade de expressão e de discernimento. Nesse sentido, torna-se inútil a metáfora segundo a qual sucede a uma tragédia histórica um jogo de sátiros, cuja tolice e fraqueza desvendariam o conteúdo da experiência. Mais provável é que ocorram tragédias novas e maiores, ou então que suceda a retomada arbitrária de cada estação histórica em cada um dos recipientes da realidade produzidos separadamente.

2

Conhecemos o caminho comum da crise como ocorreu na República romana. Os Gracos, Mário, Catilina, César baseavam-se num clientelismo popular. É interessante estudar mais de perto os pressupostos dessa atitude, desse *método* político. O método popular encontrasse sempre onde o poder da administração, da cidade, da oligarquia profissionalizada (no caso de Roma: domínio da nobreza) desenvolveu uma continuidade independente da vida do indivíduo. O *outsider*, o indivíduo, o povo são todos excluídos do comando direto pelas instituições. A substituição da República romana pela monarquia foi descrita por Christian Meier como o confronto entre realidades incompatíveis. Os deslocamentos dos mecanismos de exclusão, os únicos envolvidos, têm a ver com a substância popular apenas momentaneamente. Todos os apelos ao poder da autoridade, à vontade do povo permanecem instrumentais.

Os revolucionários franceses de 1789 retiram suas comparações, a roupagem de suas ideias, das imagens da República romana. Na França não existe um poder da autoridade comparável às condições romanas, e só em poucos lugares existe uma clientela que pode ser mobilizada instrumentalmente (a região de Saint Antoine, alguns setores de Lyon, Marselha, Estrasburgo); a estrutura social, sobretudo a capacidade de expressão, contém antes uma disposição vinda da tradição feudal: individualismo, banditismo, castigo pela quebra da fidelidade ao senhor feudal, recompensa por esta fidelidade, liberdade de pensamento, liberação dos poderes da vontade, engenharia; a comunicação é completamente diferente da romana, a revolução cria magistrados de forma completamente diferente do que sugerem as diferenciações formais da Antiguidade, pelas quais se orienta a sintaxe política e, num amálgama com o *outsider*, a originalidade, o engenho. Na Inglaterra e nos estados alemães, as relações são ainda essencialmente mais complexas quando se trata da liberdade do exercício profissional.

A república burguesa, o princípio da democracia, contém um erro característico, devido à falta da expressão refletida. Na

Idade Média, a monarquia ou o domínio da nobreza não eram absolutistas. O poder não é realmente centralizado, mas baseado em numerosas dependências mútuas. Só a monarquia *ameaçada* desenvolve o absolutismo, tenta erigir um poder central, desenvolve sobretudo a representação figurativa do poder e da representatividade. Tais imagens, por exemplo, a do Palácio de Versalhes, atraem a atenção dos republicanos. O movimento republicano se atribui a posse da competência universal, que o rei parecia ter. Temos aqui, desde o início, uma exigência excessiva à coletividade.

Um processo democrático pode decidir sobre assuntos para os quais existe uma capacidade de expressão e de discernimento suficiente dos participantes. Nunca se trabalhou com esta capacidade de discernimento. Por causa de sua pressão no sentido da atualidade, a revolução sufoca justamente todos os processos anteriores, que trabalham no sentido de uma maior riqueza da capacidade de expressão. Ao mesmo tempo existe o indomável programa da imposição do *sentimento de onipotência* no ser humano, sua escalada seletiva: aquele que fala a este senso de onipotência, se destaca retoricamente, consegue os *lucros da legitimação*. A história do Termidor e de todos os movimentos seguintes de abertura e exclusão do princípio da onipotência é uma história da redução, da projeção, do deslocamento, da negação, da introjeção, e assim por diante.

> O processo republicano: a expropriação da monarquia e a apropriação dos mundos de imagens e poder nela armazenados. O processo democrático: a produção gradual de capacidade de expressão e discernimento; baseados nisso, a formação de vontade comum sem exclusão e, sobretudo, o desenvolvimento de uma capacidade de percepção mais rica, que antecedem a formação da vontade. É evidente que ocorreu com frequência o republicanismo, mas os processos de democratização foram raros; eles muitas vezes só ocorreram quando uma nova autoconsciência surgia graças à produção descentralizada de mercadorias. Mas, então, esta autoconsciência produzia também o mecanismo de exclusão, que estreitava, em pri-

meiro lugar, a capacidade de percepção e depois o processo democrático da formação de vontade.

"O caminho de saída da alienação é o mesmo da própria alienação." Como se pode imaginar um aprendizado feliz, favorável a uma rica capacidade de expressão das novas formações sociais a partir das velhas? Como podemos chegar em geral a um ganho em tradição ao invés de perdas de experiência? Obviamente, quando os processos de aprendizagem e apropriação podem associar-se à *fase inicial* da formação anterior. Neles algo se perdeu, foi excluído, neles está a raiz para desenvolvimentos diferenciados de parcelas da sociedade; a raiz para a lesão, para a mágoa da coletividade. Devem ser encontradas respectivamente reações que permitam, em casos especiais, ter diante dos olhos a retração dessa mágoa. A partir desses momentos, em que as dúvidas e as esperanças reunidas podem imaginar diferentes desenvolvimentos históricos, surge uma capacidade de discernimento diferenciada, que não pode ser referida apenas às condições históricas passadas, mas que fica sempre presente na *subjetividade*, enquanto as relações objetivas continuam a formar novos blocos de realidade. Para as pessoas no final do século XX seria, portanto, reveladora a investigação precisa dos inícios do capitalismo, da separação não só dos camponeses, dos habitantes das pequenas cidades, dos trabalhadores do seu solo, da propriedade herdada, pois não é de se supor que as forças então liberadas jamais se apagaram na estrutura subjetiva (em parte isso aconteceu na Alemanha e no meio-oeste dos EUA, só nos anos 20 ou 40). Não existe ninguém, porém, que possa expressá-lo; talvez os filmes de propaganda o saibam e se aproveitem disso; talvez a propaganda política faça uso disso. A literatura, a expressão científica ou a consciência cotidiana não se ocupam disso, não têm um meio de expressão para isso.

Tradução de uma disciplina psicanalítica para a história: não se pode tratar da transposição de experiências anímico-individuais para processos coletivos. Trata-se, isto sim, de se evitar a consideração reificada da história. Seus conflitos estão abertos à análise e à capacidade de expressão coletiva, da mesma maneira que a capacidade de expressão individual, mas de acordo com uma arquitetura completamente diferente daquela que possui cada ser humano.

3

A característica de um mundo factual que se desmembra em diferentes blocos de realidade é o fato de que se mantém unido por imagens (imaginariamente). O trabalho analítico tornaria transparente seu desmembramento. Para a assim chamada mobilização de massa isso significa (aparentemente): a hora da dissimulação; chegou a vez do ator.[1] Nessa consideração, todo caminho conduz a uma atitude instrumental: é indiferente se uma tal consideração parte da esquerda, da direita, de alguém que age ou de alguém que pesquisa. A própria atitude encerra um erro fundamental.

Para que possamos nos orientar, é preciso introduzir uma diferenciação no que se refere a esse ponto de vista: é evidente que toda política administrativa, inclusive a política reacionária, se esforça, no seu início, por oferecer uma imagem do cidadão emancipado, principalmente quando não pode ser preparada uma capacidade de discernimento fundamentada. É a isso que se refere a seguinte frase: "Sob o ponto de vista da não emancipação, os seres humanos são um todo; sob o ponto de vista da sua

---

[1] Chamo a atenção para o fato de que a reconstrução da república pelo imperador Augusto se encontra no fim da República romana. Ele não só disfarça seu domínio, como também mobiliza imaginariamente todas as virtudes romanas. Ao morrer, se deixa maquiar, suas faces pálidas são massageadas, e ele fala aos seus como um ator: como foi a peça que representei? As massas dominantes de realidade, que se afastam umas das outras sob o mundo dos signos S.P.Q.R. (a segunda letra significa *populus*), tornam necessária uma representação quimérica através do imperador, que age como um cidadão comum. Essa aparência, esse aspecto teatral, está no início de toda monarquia. Por muito tempo essa teatralidade foi estranha às monarquias medievais, que não surgem da pressão prepotente do mundo dos fatos, mas no bojo de sociedades transparentes, rudes, que articulam a troca: "fidelidade contra fidelidade". Quando se fala de domínio único, o polo oposto de democracia, temos que falar sobretudo de duas raízes basicamente diferentes e, no mínimo, de duas formas de monarquia. Nesse sentido, seria óbvio que um presidente americano não pudesse desenvolver um domínio único no sentido monárquico, mas somente no sentido pretoriano.

emancipação, não o são". A frase parafraseia a suposição iluminista, segundo a qual o material do gênero humano em si é rico e se presta a ricas relações sociais; os seres humanos não são, portanto, pobres, como refletem as relações reais: existem dúvidas legítimas sobre se os seres humanos realmente já desenvolveram sua personalidade.

> Existem épocas em que se coloca ao crescimento de trabalho morto e de novos fatos a possível continuidade de um grande número de pessoas que tiveram o tempo e a oportunidade de desenvolver autoconsciência e de encontrar uma expressão coletiva para isso. Essas épocas são raras; são as chamadas épocas clássicas. Entre as tentativas de se acumular para si, ofensivamente, experiência do mundo – como é característico para Wilhelm Meister e para Franz Biberkopf em *Berlin Alexanderplatz*, de Döblin – existe um espaço violento de expropriação, de introjeção, a ser obrigatoriamente percorrido; existe uma pressão no sentido da passividade crescente. Uma grande parte das características subjetivas da modernidade resulta de processos de expropriação e de transposição. É provável que grande parte das caraterísticas humanas tenha surgido como fragmentos, desiguais uns dos outros em seu desenvolvimento. Outras etapas da formação de fragmentos são submissão, destruição, atrito, desqualificação, potenciação, estímulo. A destruição do contexto em que as qualidades humanas estavam incubadas é o símbolo da causalidade que atropela tudo, de danos em cadeia, do atrito de realidades antagônicas e do atropelamento de realidades antigas por novas. De qualquer modo, o resultado é uma ampla e renovada corrente de qualidades humanas, abertas para novas relações. Essas imensas e grosseiras defasagens, comparadas com a vida do indivíduo ou de gerações de famílias, não encontram nas características subjetivas dos seres humanos deste século uma instância psíquica capaz de responder à violência anterior, na percepção ou na formação da vontade, a não ser por dissimulação, defesa, máscara (= *persona*) ou fuga; dos três constituintes nomeados por Freud, o ego é que, mais que os outros, tende à fuga. É pouco plausível que alianças entre tais fugitivos sejam especialmente apropriadas para a formação coletiva da vontade. Não podemos acompanhar aqui o extremismo de uma

relação impulsiva com os representantes do superego, ou de uma relação seletiva, magnetizada culturalmente com os narradores do inconsciente. A corrente de características fragmentadas, aceleradas em parte, não desenvolvidas, não pode evoluir para um todo nesses três recipientes.

O conceito da diferenciação é empregado erroneamente quando aplicado a grupos ou classes sociais, a profissões, famílias, indivíduos. É provável que as diferenciações nesses níveis sintéticos só se processem aparentemente, sem uma ligação com a realidade. Os processos autênticos – que perpassam todos os blocos de realidade e se prestam à universalização – existem, ao contrário, bem abaixo das personalidades acabadas e bem acima do limiar da perspectiva de percepção de currículos completos. Se os motivos para as crises e rupturas estão nesses dois âmbitos de movimento, que escapam à atenção convencional, ali também se encontram os materiais de construção para uma "arquitetura da razão".

Nesse aspecto, a questão do populismo não encontra o objeto. Ela pergunta pelo elemento autêntico, pela base, que não pode ser discutida na figura e no papel de um público eleitor. Em contrapartida, as repúblicas, os movimentos do *daimónion*, o conjunto da percepção e a possível constituição de uma vontade coletiva têm as qualidades humanas *individuais* como material básico. E esses materiais, ou não se podem organizar porque estão desmantelados – e como as ligações não se consumam, eles ficam à espera, abertos –, ou se fixaram nas múltiplas constelações dos blocos de realidade: os resultados são mundos de imagens, magnetização. Este é o processo pelo qual sociedades inteiras caem no "imaginário". Isso aconteceu na primeira metade do século XX na forma de movimentos de massa, e na segunda metade do século XX, na forma de passividade.

4

A análise não leva de início a nenhuma proposta política; trata-se exclusivamente da percepção do objeto real da investigação. O método de trabalho se concentra na revelação de tais objetividades, na expectativa de que os seres humanos possam iniciar algo com elas. Para isso precisamos organizar catálogos de perguntas formuladas erradamente e assinalar a impossibilidade de responder a tais perguntas. Seria útil determinar o que *não* pode ser objeto da soberania: a redução da política àquilo que podemos imaginar como processo de produção, e a caracterização das partes inflacionárias da política, que para sempre só podem ser produzidas distributiva ou administrativamente.

> A concorrência acirrada para a produção de proveitos de convencimento e de legitimação (os resultados são erroneamente designados de fidelidade de massa) obriga os políticos profissionais a assumir de fato tudo que pode ser discutido, tudo que pode ser interessante, novo, passível de ser politizado, para marcar pontos no reduto eleitoral, no Congresso ou junto às autoridades internacionais. Cada uma dessas representações públicas tem regras próprias sobre como alguém pode se destacar. Em todos esses níveis de representação podem ser reintroduzidos acúmulos de relações de vida, inovações técnicas, opções científicas ou constelações internacionais. Isso ocorre independentemente do fato de existir em geral a possibilidade de uma decisão política. A apropriação desse novo material político também não depende da capacidade de levar uma eventual decisão política até um processo de produção. O início do movimento inflacionário, que confronta os organismos políticos sempre sobrecarregados com outras sobrecargas, vem tanto do campo da boa vontade quanto dos interesses reacionários. Algo deve ser feito contra os perigos da tecnologia genética, e o meio mais adequado para se fazer isso talvez sejam as leis; pelo menos é preciso analisar, discutir, fazer uma proposta que traga o nome do proponente. Cria-se um comissão de averiguação. Sem considerar os resultados da averiguação, cria-se uma proposta ministerial. O resultado são projetos, leis. Não sei de nenhum caso em que algo iniciado dessa maneira tenha conduzido ao posterior abandono do assunto. A massa do que foi iniciado profissional e politicamente se inflaciona. As consequências secundárias são os movimentos febris do aparato político que tentam se liberar da massa de matéria de outra maneira que não seja jogando-a fora. No que respeita aos seus resultados, todos esses processos são processos de abstração. Uma convenção partidária que, partindo de 1.200 propostas, primeiramente formula propostas de grupo (diretrizes), depois

as reúne em compromissos verbais e finalmente decide sobre poucas propostas conjuntas, ocupa-se de algo que não é passível de concretização e nem de abstração, pelo menos de forma autêntica. O mundo dessas sobrecargas e dos movimentos que se opõem a elas (nesse sentido, os compromissos não são compromissos) está *entre* conceito e intuição intraduzíveis para a capacidade de expressão dos que não participaram desse processo profissional especial.

De fato, a constituição social se compõe de regras escritas e não escritas sobre o que *não* está sujeito ao poder político. Na República de Weimar, uma parte dessas normas foi dirigida instrumentalmente pela direita política – e na fundação da República Federal, por diversos grupos de interesses – contra qualquer interferência do Estado em geral. Isso ocorreu, porém, de maneira bem seletiva. Não existe uma escola de direito do Estado que se ocupa da enumeração dos casos em que uma decisão política é tão sem sentido quanto a sua decisão contrária. É necessário abandonar alguma coisa: a ligação das modernas repúblicas com o ideal de onipotência é dirigida para algo impossível. É necessário reconstruir a política pela enumeração do que não pode estar sujeito a uma decisão política. Isso cria, sobretudo, intervalos de desenvolvimento para os processos elementares, com base nos quais percepção e formação coletiva de vontade podem ser autenticamente multiplicadas. O conceito da política deve ser reduzido levando-se em conta a categoria de soberania. Para um conteúdo político estritamente reduzido, é possível produzir um panorama de baixo para cima.

5

"Quando a religião se tornou impossível, a arte deveria ter assumido a liderança. Qual arte?"
Robert Musil, *Der Mann ohne Eigenschaften*, p.1803, v.2.

Se a característica da política de esquerda é a posição não excludente, não instrumental, então o que é hoje o excluído, o popular, a cidadania, o elementar, aquilo que representa a base da sociedade como substância rica? Depois de tantos processos de assimilação, isso deve ter sido suprimido dos papéis, das máscaras, das personagens. Em analogia com o uso da linguagem dos movimentos estudantis de protesto, quando se dizia que as condições petrificadas tinham de ser liquefeitas, a condição da maioria das caraterísticas humanas poderia ser comparada ao plasma, ou seja, a um estado quente da matéria. As capacidades humanas (*skills*), os desejos, a percepção de fatos, os sentidos individuais socializados (por exemplo, o olhar social, a capacidade oratória), todos eles formam suas repúblicas específicas. As mediações existem sempre em forma múltipla: dos meus olhos espia um camponês, mas também os empresários, entre os meus antepassados; nos desejos que consigo exprimir (e que regulam minha capacidade de expressão como *uma instância*), coexistem desejos infantis – cujo mundo imaginário se tornou impossível (ainda que eu conseguisse cada objeto do desejo infantil, não recuperaria o desejo infantil) – com construtos dos desejos que resultam dos papéis desempenhados pelos adultos. O mundo de programas e imagens dos desejos (o circo romano, a condensação dos horizontes de tempo e acontecimentos, de forma que em cada momento se trata de vida ou morte, as viagens no tempo, a "distração", o suspense) trava uma luta com os desejos elementares (por exemplo, um momento de sossego, a intenção de conseguir algo antes das duas horas). É impossível descrever resumidamente a multiplicidade dos mundos especiais de que consiste *a rica subjetividade, experimentada historicamente*. Em nenhum dos papéis reais (por exemplo, como consumidor no Natal) essa riqueza possui uma capacidade de expressão suficiente, autonomia ou autoconsciência. É preciso passar por todos esses papéis para se concentrar. A busca da fidelidade de massa, praticada por presidentes americanos ou pelos partidos políticos de nosso país, assim como pela indústria de propaganda e entretenimento, apelam para essas parcelas distraídas da burguesia: os republicanos distraídos, por assim dizer. A produção política só pode consistir no seu agrupamento. Toda tentativa isolada de um tal agrupamento "populista", isto é, universal, consiste em passos tão complexos como a alienação que as características individuais sofreram. Trata-se, primeiramente, da comunicação das qualidades entre si – comunicação como um processo que deve ser descrito de forma similar àquela que Sigmund Freud usa para descrever a assimilação do luto, isto é, que reúne tanto os processos da repulsa como os da aproximação. No entanto, a comunicação repousa sobre uma força adicional que é mantida na reserva. Com esta reserva, uma caraterística escuta a outra, produz atenção, que é o seguinte: uma força, por algum tempo, "não faz nada".

Essas são as condições em que se multiplica a capacidade de expressão para a riqueza social subjetiva; faz parte das doutrinas secretas da tradição filosófica alemã o fato de que, a partir de um acúmulo dessas forças comunicativas (aqui se mostra a autenticidade da base), acontece uma espécie de magnetização, ocorre um início em massa de situações felizes. É indiferente para mim se essa suposição procede ou não; na pior das hipóteses, o trabalho é igualmente árduo o tempo todo. O ponto essencial é o seguinte: será que a reconstrução política começa realmente no âmbito objetivo? Será que ela parte de elementos autênticos ou das imagens que alimentam o desespero?

> Uma observação de Nietzsche: Todas as atmosferas mais intensas trazem consigo o som conjunto de sensações afins: elas como que remexem a memória. Algo dentro de nós se recorda e se torna consciente de situações similares e de sua origem. Assim, formam-se habitualmente associações rápidas de pensamentos e sentimentos que, finalmente, quando se sucedem fulminantemente, não são mais sentidas como complexos, mas como unidades. Nesse sentido, falamos de sentimentos morais ou religiosos, como se tudo isso fossem unidades: na verdade são rios com cem fontes e afluentes. Também aqui, como em tantas outras vezes, a unidade da palavra nada faz pela unidade da coisa.

6

Os exemplos políticos que consideramos bem-sucedidos (são raros; alguns momentos de Henrique IV, por exemplo) mostram o adendo de uma mão leve, uma certa falta de peso, raramente associado aos conceitos de seriedade, desespero e necessidade. "A política considera a realidade do adversário", diz Ivan Nagel em seu livro *Autonomie und Gnade* (*Autonomia e graça*). Durante algum tempo os seres humanos podem se permitir a atenção elevada necessária para produzir realidade em torno do adversário. Isso exige realismo, mas também antirrealismo, que dá ao adversário uma realidade e a considera ao mesmo tempo. Uma falta específica de *descrença* em todos os fatos é, portanto, condição para a relação política.

> "'Marca-se algo com fogo para que se fixe na memória: só aquilo que não para de doer permanece na memória.' Trata-se aqui de um axioma da mais antiga (e infelizmente também mais duradoura) psicologia do mundo. Pode-se dizer até mesmo que em todo lugar no mundo onde ainda hoje exista solenidade, seriedade, segredo, momentos sombrios na vida de pessoas e povos, ainda se façam sentir os efeitos do horror, com o qual outrora no mundo se prometia, se penhorava, se elogiava: o passado... nos sopra seu hálito e nos escapa quando nos tornamos 'sérios'. Sempre que o ser humano achou necessário criar uma memória, isso nunca ocorreu sem sangue, torturas e vítimas"... "Ah, a razão, a seriedade, o domínio dos impulsos, toda essa coisa obscura que se chama reflexão, todas essas prerrogativas e glórias do ser humano: que preços altos foram pagos por elas! Quanto sangue e horror existe no fundo de todas as coisas boas!"[2]

O retrato da unidade maior mais próxima – nação, religião, ensinamentos secretos, *way of living*, aliança e assim por diante –, assim com o indivíduo, trazem o desespero tão logo se acumulam forças de vontade. Surge, então, uma timidez de se produzir política, maiorias, igualdade (riqueza social, enfim). O sério e o coletivo devem ser repelidos aqui com base na experiência histórica: é isso o que nos dizem os resultados do século XX. O mesmo desespero não precisa necessariamente

---

2 Nietzsche, F., Zur Genealogie der Moral, in *Werke*. Großoktav-Ausgabe. Leipzig, 1921, p.348s., v.VII.

surgir quando as investigações se dirigem para as associações de qualidades humanas individuais possíveis apenas graças a relações recíprocas fracas ou para processos que se impuseram macroscopicamente contra a vontade dos participantes e que podem ser amigáveis ou não em relação às pessoas. Aqui reside a razão por que não podemos precisar de líderes carismáticos (e não por que as administrações tivessem uma chance). Em outras palavras, não importa se um personagem político principal é transparente quanto à sua incapacidade. Mas faz diferença se ele se fecha ou se se comporta com transparência. Aceitar a perda para os outros, isto é, a diferença entre grosseira irresponsabilidade e intencionalidade: este é o modelo básico de comportamento criminoso coletivo. Considerar a *realidade do adversário* da mesma forma híbrida (entre intencionalidade e omissão) é a produção de algo que não ocorre sem meu consentimento. O contrário não é nem mesmo real, se não lhe dou esse *status* (junto com as outras pessoas). Em meio à produção coletiva de perda de realidade (substituição de linguagem por imagens) encontrasse a produção de objetividade. Se a felicidade existe, isso pressupõe que exista a antifelicidade... e o que é isso? Existe um pessimismo dos fortes. Não experimentados na dimensão política são os casos felizes da associação fraca, fraca institucionalmente – tal como o direito de asilo, ou o direito ao contato superficial.

Alexander Kluge

XIII. A VELOCIDADE COMO POLÍTICA

Somos testemunhas de uma estranha confusão de nossas experiências temporais quando tentamos reter e compreender as espetaculares reviravoltas sociais que diariamente são trazidas até nossas casas com impertinente sensualidade e às quais se pretende imprimir rapidamente os sinais de significado histórico. Pertence obviamente a um passado distante a queixa sobre a estagnação, sobre essas condições petrificadas que, tentando encerrar a fatal parada do tempo, poderiam ser levadas novamente a dançar suas próprias melodias. Essa paralisação cedeu lugar ao mal-estar de termos sido arrastados para o rodamoinho da dinâmica social, de tal forma que nem parece mais haver necessidade de concordância intelectual e apoio emocional para esses processos. Somos testemunhas oculares e auditivas do maior deslocamento de camadas rochosas na base tectônica da Europa; *todas as sociedades do pós-guerra perderam sua base de legitimação*. Nunca antes no século XX houve mudanças tão profundas na estrutura do Estado e da sociedade não determinadas pela guerra ou pelas suas consequências. Existiriam ocasiões e motivos suficientes para olharmos com orgulho e autoconsciência adulta essas mudanças para uma nova ordem, para uma única ordem europeia de paz.

Mas mesmo essa posição privilegiada de testemunha do tempo, da qual Goethe esperava que pudesse até erguer e animar os vencidos, gera hoje sentimentos ambivalentes. Pois essa posição não é mais um privilégio; milhões de pessoas estão presentes quando se abre o Portal de Brandenburgo, quando desmoronam repentinamente estruturas de domínio que ontem ainda pareciam todo-poderosas. Muitos dos que com um aceno de cabeça diante da televisão ou em meio à gritaria patriótica na rua comentam estes acontecimentos se encontram tão bem acomodados nesta realidade da mídia que acabam acreditando não serem espectadores, mas eles próprios atores.

Trata-se de uma realidade aparente, que rapidamente desaparece. Seria necessário um distanciamento dos acontecimentos para se adquirir consciência de sua significação histórica. A própria fantasia, o projeto utópico de como as coisas deveriam ser, as representações ideais das relações em que me reconheço a mim mesmo são esmagadas pela realidade em transformação. Quando a fantasia, a capacidade viva de recordar e de julgar começam a criar raízes, a reter o tempo e o local para repousar e tomar consciência, nesse momento se desconfia de perigos de protesto e de resistência. Algo impele para a frente o processo de aceleração, que decorre sem intervenção da vontade e da consciência. Isso gera medo; esses processos são eles próprios o resultado de medos profundos e do mal-estar na cultura moderna.

Um problema fundamental da civilização ocidental pode ser discutido no modo e na forma como a reunificação alemã é conduzida pelo sistema de mercado e pelo governo conservador liberal da República Federal. A política se tornou uma questão de velocidade; quem decide rapidamente consegue vantagens de legitimação e deixa automaticamente para trás aquele que hesita, que exige tempo para reflexão. Essa interpretação da política pode ser comparada ao sistema de coordenadas do trânsito; tudo se esgota no movimento e na parada, na estatística do trânsito, como se diz. Nunca antes na história da República Federal um acontecimento com dimensões comparáveis às da reunificação foi analisado e interpretado com uma linguagem política tão empobrecida. Fala-se de trens que partiram; constantemente são desenvolvidas planilhas de horário; rodovias e trens expressos fornecem aos políticos dos dois Estados alemães fórmulas resumidas que tornam plausível para o dia a dia aquilo que marca a política na mesquinha economia do tempo. A linguagem política característica, criada pelos fundadores americanos e franceses da constituição, está deteriorada; não só a língua, mas também a política vive de empréstimos de outros âmbitos sociais.

Entre as perturbações no desenvolvimento, ricas em consequências resultantes do crescimento artificial concomitante dos dois fragmentos da sociedade alemã, poderia estar o fato de que aqui, pela primeira vez e em grande escala, a política foi completamente subordinada ao conceito técnico-econômico administrativo.

Se as medidas de tempo dos processos sociais e humanos são reduzidas a critérios formais do decurso e da economia de tempo, perde-se justamente aquele tempo próprio do desenvolvimento das sociedades modernas em que existe divisão do trabalho e diferenciação, sem as quais a ordem democrática não pode existir. Esses burocráticos "edifícios de servidão", como os chamou Max Weber, são monumentos de uma economia do tempo que faz desaparecer os desvios e voltas do tempo de vida, isto é, todos os constituintes orgânicos da diferenciação do tempo.

Será que aqueles que reduzem a atividade política à aceleração e à velocidade, que têm como origem e consequência o medo, estão conscientes de que na destruição do próprio tempo e da obstinada lógica de desenvolvimento de setores da sociedade existia um elemento essencial da estrutura de domínio das sociedades do bloco do Leste? O tempo público de reflexão se opõe a esse transcorrer mecânico do tempo: ou um tempo vazio da repetição do mesmo, ou um tempo em que todo compasso contém a desvalorização do anterior. O tempo público de reflexão, ao mesmo tempo uma parada abrangendo o espaço, é tanto mais urgente quanto mais intransparentes e complexos são os problemas que exigem atualmente uma solução. Isso é tempo perdido do ponto de vista da administração econômica e da tecnologia. No fundo, vale para todas as vidas humanas o que Rousseau disse a respeito da educação das crianças, isto é, que não se trata de ganhar tempo, mas de perder tempo. Elas necessitam de tempos qualitativos, orgânicos.

Onde a *ação política* reprime o tempo público de reflexão e o coloca sob pressão legitimadora de aceleração, amontoam-se abaixo da superfície problemas não resolvidos, zonas de realidade suprimida. A escolha do Artigo 23 da Constituição para formular a reunificação, e não do Artigo 146, que previa um tempo de reflexão para o abandono da Constituição do pós-guerra e a participação da população, parece ser a solução mais simples. No entanto, isso pode significar que, na economia global da sociedade, onde os custos não podem mais ser empurrados de um setor para outro e não podem, portanto, ser ocultados, justamente este procedimento acelerado se torna um dos erros de custo mais elevado da reunificação. Pode parecer atrativo para o capitalismo alemão-ocidental, orgulhoso de sua eficiência, ocupar toda a Alemanha como esfera pública produtiva e usá-la como campo de experiências para seu conceito de tempo, que se destituiu de sua origem econômico-administrativa e tecnológica e se arvorou em conceito chave-histórico. Já aqui, porém, no campo especial da razão técnica, começam os problemas de uma política em que domina a velocidade.

De fato, a *história* e a *natureza orgânica* mostram ritmos de tempo diferentes daqueles que podem ser harmonizados com a razão técnico-econômica. Onde estes se generalizam, o tempo de desenvolvimento próprio da sociedade e da natureza é simultaneamente ameaçado. *O segredo revelado da Blitzkrieg é a derrota.* Desvinculada dos cálculos econômico-administrativos e tecnológicos, a aceleração é, essencialmente, uma forma de tempo de acumulação de começos interrompidos.

A falta de fôlego do alcançar e do ultrapassar, que caracterizava a lógica quantitativa de produção das sociedades do bloco do Leste, testemunha sua dependência interna da organização da sociedade do Ocidente, que já traz em si o princípio do qual se exclui a política oficial.

Nada nos dois últimos anos indica que forças políticas dignas de nota, no solo da antiga RDA ou da velha República Federal, estejam dispostas a terminar com a aceleração irracional. Parece inútil, portanto, e mesmo arriscado, nadar contra essa rápida corrente da história alemã. Mas não seria adequado, pelo menos para os críticos do progresso, olhar com desconfiança também este progresso? Mas isso exigiria um conceito da política que não aposta na fuga dos acontecimentos, mas sim na sua *interrupção* [*Unterbrechung*]: na parada e na reflexão. Nessa política haveria tempo para permitir que os homens e os acontecimentos se instalassem adequadamente; ela deitaria raízes na experiência e seria, ela própria, um personagem da experiência (histórica). Ela teria lugar para o passado e para o futuro.

Oskar Negt

XIV. GOTTHOLD EPHRAIM LESSING E O PRINCÍPIO DO "RECONHECIMENTO TRÁGICO". UM DISCURSO

1 Por que a esfera pública é um bem comum que não pode ser vendido a preço algum do mundo (bem comum = propriedade individual de cada um de nós)

No século XVIII, a esfera pública era algo ainda a conquistar para o poder estatal ou para outros poderes. Em sua obra *O que significa orientar-se no pensamento?*, Immanuel Kant formulou isso da seguinte maneira:

> essa força externa, que tira do ser humano a liberdade de *comunicar* [*mitzuteilen*] publicamente seus pensamentos, também lhe tira a liberdade de *pensar*, pois a única garantia para a "exatidão" do nosso pensamento reside no fato de que pensamos em comum com outros, a quem *comunicamos* nossos pensamentos.

Não existe um pensamento que se limite a expor em forma de monólogo a força de suas ideias. De um modo geral, pensar significa obter uma resposta, o reconhecimento dos meus pensamentos por intermédio da resposta dos outros. Como não posso desistir de pensar (e, de acordo com Kleist, isso significa também "a capacidade de discernir dos sentimentos"), a capacidade elementar de trocar ideias com outros, de formar uma esfera pública, é uma necessidade vital. Não é *pathos*, mas a práxis vital mostra que uma esfera pública substancialmente rica é o pressuposto para que eu confie em mim, para que eu tenha autoconfiança e possa confiar nos outros. Que isto seja realizável é a função, mas é também a vida da esfera pública.

Lessing quis ampliar ainda mais esse pensamento. Para ele, não basta que o pensador pense algo na solidão e na liberdade de seu escritório e então o publique. Ele precisa da esfera pública dos presentes, da esfera pública, como num palco ou num teatro. Como sabemos, ele queria criar em Hamburgo um teatro nacional. Isso resultou em mal-entendidos com a cidade. Só sobrou do projeto o monumento que vemos no Gänsemarkt: um monumento verde, com Lessing sentado tranquilo, a mão apoiada sobre o joelho como um homem empreendedor, o dedo em um livro, marcando a página. E assim ele olha diariamente o movimento da feira e suas estranhas e novas construções. Aos domingos, olha para um público que não existe e que aparece às segundas pela manhã para novamente desaparecer à noite. Uma peculiaridade do público do centro de Hamburgo.

Neste ponto, quero propor uma pergunta retórica: o que há de tão útil na esfera pública, que a torna uma propriedade individual inalienável? Uma propriedade tão pessoal como o ar que respiramos, tão inalienável quanto um currículo: não posso vender a pessoa e também não podemos vender nossas esperanças.

O que acontece de fato é o seguinte: diante de um perigo imediato, desenvolveram-se nos nichos das igrejas grupos de discussão que reinvidicavam a esfera pública. Depois de algum tempo, verifica-se que se eles agissem sem violência, se não dessem ao Estado legitimação para usar seu poder das armas, essa esfera pública capaz de força persuasiva seria capaz de derrubar o Estado.

A outra face da moeda é que, poucas semanas depois, neste mesmo lugar, essa esfera pública pertence a outras pessoas. Outras bandeiras são exibidas e outros *slogans* produzidos. Mas também esse público desaparece rapidamente. E, à semelhança do que ocorreu depois de 9 de novembro de 1918, o impulso dura mais ou menos até o Natal ou o Ano Novo. Segue-se a crise de janeiro, a mudança na mudança. Naquele 1919, a Assembleia Nacional toma o lugar dos Conselhos ou das mesas-redondas que, conscientes da catástrofe da Primeira Guerra, procuram um meio direto de mediar a experiência imediata dos indivíduos e o Estado.

Reflexões semelhantes foram feitas depois de 9 de novembro de 1989 e novamente depois das eleições de março, de modo que o que ocorreu originariamente uma vez, o que a mídia pode multiplicar e transmitir a uma esfera pública indireta na República Federal, a uma esfera pública não engajada ou não diretamente atingida, foi dispersa pelo vento e não pôde mais ser localizada.

A essa esfera pública que desapareceu pertenceu Jens Reich, que tinha sido um cientista, havia participado do levante e teve sua voz ouvida publicamente por seis semanas, por milhões de pessoas. Somos os dois filhos de pediatras, crescemos na mesma cidade: ele filho do Dr. Reich, eu filho do Dr. Kluge. Sim, nossos pais se distinguem pelo fato de serem bons médicos, queridos pela população, e também pelo fato de fazerem visitas noturnas.

E esse orgulho foi repassado para nós, os filhos. Um pouco de nossa persistência vem da persistência de nossos pais, que são médicos e, em caso de necessidade, atendem os clientes também na noite de Natal. Disso resulta uma certa relação que queríamos imitar.

Essa esfera pública que ainda sobrou, eu hesito em dizer, na ex-RDA, é hoje um mercado em que se buscam todas as possibilidades para se oferecer àquele que investe largas porções da esfera pública, de modo que não existe nem mesmo como projeto uma esfera pública imediata, uma esfera pública independente. Heiner Müller dirige isoladamente como presidente a Academia das Artes, a antiga academia prussiana, espera lá sozinho poder salvar essa instituição, que é uma parcela de esfera pública. Contudo, esta não faz nada para gerar opinião pública ou para produzir algo; ao contrário, parece cheia de desconfiança, parece sofrer de uma falta de autoconfiança.

Qual é, portanto, o valor de uso da esfera pública? Uma esfera pública cujos inícios são breves e que se decompõe espontaneamente? Duas observações podem ser feitas quanto à fraqueza da esfera pública.

Em *Hamburgischen Dramaturgie* (*Dramaturgia hamburguesa*), Lessing defende as tragédias de Shakespeare contra as lições de virtude da tragédia francesa: um pai é abandonado por suas filhas, à exceção de uma, e esta morre. Um homem que viaja de Wittenberg pressente que seu pai foi assassinado; um padrasto estuprou a mãe. O indomável ciúme de Otelo é liberado por uma aposta entre homens; a conspiração mortal começa com um jogo. Tudo isso são experiências cuja força vem do íntimo. Essas esferas íntimas são a grande fonte de substância de toda a sociedade. A esfera pública não pode se apoderar diretamente dessas formas de emoção. Ela favorece formas atenuadas, a evasão. Essa é a razão de sua fraqueza.

Por outro lado, observamos agora a eclosão da liberdade de comércio [*Gewerbefreiheit*] na ex-RDA. O segundo grande bloco de experiência viva reside, obviamente, nos empreendimentos comerciais e na produção. A atividade no âmbito comercial ocupa a parte do leão nos currículos, e também esse segundo grande bloco de experiência de vida é de autoria privada. Esse não força por si a troca aberta, o entendimento com todos os outros, com a coletividade. A privatização vale para as duas fontes mais importantes daquilo que as pessoas fazem durante toda a sua vida. A esfera pública deve ser constituída por qualidades mais fracas do que as forças que provêm de ambas grandes esferas privadas e para as quais a vontade da maioria só vale de forma limitada.

Nesse ponto, *soma-se* um antagonismo que também enfraquece a esfera pública: faz parte da autoridade da coletividade o fato de ela representar o todo. Por essa razão, a esfera pública, formada pela coletividade, não pode permitir que ela seja apenas constituída de fragmentos.

Posso mostrar em toda instituição de direito público como o nível superior de legitimação tem seu preço: a instituição deve fazer relatos de tudo, deve ser uma janela aberta, através da qual mostra-se ao mundo tudo o que é importante – mas justamente isso ela não é capaz de fazer. Isso conduz à imagem que Bert Brecht descreveu na história do pequeno pé de louro, que de tanto ser podado, cada vez com mais perfeição, acabou por desaparecer. Isto é, a esfera pública tem por si uma tendência de se esvaziar, de se enfraquecer. Nesse aspecto, é muito importante a observação de Hannah Arendt em sua palestra sobre Lessing, segundo a qual em Lessing têm importância os sentimentos considerados *fracos*, sentimentos que, no entanto, têm continuidade e que são persistentes, como por exemplo a amizade, o direito de asilo, o direito de bisbilhotar [*tratschen*], a necessidade de jogar conversa fora. As formas de companheirismo da vida social do homem, que não resistiriam a uma situação catastrófica e que em caso de perigo são recolhidas como as antenas de uma lesma: é delas que necessitamos para criar uma coletividade, uma esfera pública. A própria esfera pública, como projeto, não pode, portanto, ser a inventora dos instrumentos, dos meios, das palavras de que necessita para dominar o intercâmbio e a renovação de informação. Isto é, para a produção dos instrumentos públicos, dos filmes, dos livros e dos discursos, das situações públicas e de sua transformação faz-se necessário sempre o retorno à subjetividade, à intimidade, pois ali se constróem os instrumentos que na esfera pública enriquecem substancialmente a esfera pública. Essa é a opinião de Lessing sobre o trabalho da poesia: a arte poética estabelece a mediação entre o imediato, subjetivo e individual, e o geral.

2 A contribuição de Lessing para a mediação: o princípio do "reconhecimento trágico"

Uma tragédia, diz Lessing, é um "poema dramático". Como Brecht não se dedicou realmente à tragédia e Heiner Müller ainda não escreveu nenhuma teoria, Lessing é o último autor que se ocupou com o drama de forma teoricamente fundamentada, por exemplo em *Hamburgischen Dramaturgie*, isto é, que se ocupou da representação de conflitos elementares de sentimentos em forma de ações que podem ser representados publicamente.

Chamou-me a atenção uma passagem de quase trinta linhas dedicadas ao capítulo 14 da *Poética* de Aristóteles. Existe em Aristóteles uma hierarquia dos "acontecimentos que provocam temor e compaixão", das tragédias acontecidas, portanto. Todos os acontecimentos – Lessing cita Aristóteles – falam de conflitos entre inimigos ou amigos ou de pessoas indiferentes entre si. Para que dele resulte um "proveito dramático" de interesse para o teatro, o acontecimento trágico deve acontecer entre amigos. Um irmão deve matar, maltratar ou querer maltratar o outro irmão; um filho deve fazer o mesmo com o pai, o pai com o filho, a mãe com o filho, o filho com a mãe.

Assim, diz Lessing, surgem quatro classes de tragédia. Na primeira classe são relatados acontecimentos – pensemos em *Emilia Galotti* – em que o ato é planejado propositadamente, com pleno conhecimento da pessoa, mas não é executado. O pai de Emilia Galotti deveria realmente derrubar ou matar o príncipe. Ele mata sua filha, sua própria carne e sangue. Segundo Aristóteles, esta é, por assim dizer, a tragédia de primeiro grau, não a mais elevada. A segunda classe surge quando o ato é planejado conscientemente e realmente executado. É o caso de todo assassinato. A terceira classe surge "quando o ato é planejado e executado sem o saber, sem o conhecimento do objeto, e o autor só reconhece a vítima tarde demais". A quarta classe de tragédia, a mais elevada, de acordo com Aristóteles, ocorre quando o ato planejado sem conhecimento não chega a ser executado "porque as pessoas nele envolvidas se reconhecem a tempo" (por essa razão fiquei tão surpreso e narro isso nesta passagem). Trata-se aqui da história de *Merope*, um das peças de Sófocles que não sobreviveu ao incêndio da biblioteca de Alexandria. Lessing reconstruiu o enredo baseado em fontes indiretas, citações encontradas em outras fontes.

Um rei é assaltado por um vizinho criminoso. O usurpador mata o rei junto com todos os seus filhos, menos um, que fica escondido num lugar afastado. A rainha é obrigada a se casar com o usurpador. Este não consegue se sentir seguro enquanto o último descendente do velho regime não for morto. Na corte aparece um jovem que Merope supõe ser o assassino pago de seu último filho. Ela quer matar este assassino e "arrancar-lhe o coração com seus dentes". No momento do golpe, ela reconhece no suposto assassino o seu próprio filho. Dizem que a população de Atenas não ficou tão traumatizada com o fim terrível de um drama, como no caso da tragédia de Merope, que tem um final feliz. Um conflito trágico se desfaz em amizade e em boa vontade. A sorte vira-se para o bem, e há uma reunificação. Lessing reserva trinta páginas ao tratamento desse tema.

Chamo a atenção dos leitores para isso porque aqui se torna visível a exigência de Lessing, segundo a qual se deveria fazer uma investigação teórica fundamentada das tragédias, da capacidade das artes de exprimir algo que ajude a experiência prática a se defender contra o que foi representado no palco. Este é o conceito de crítica de Lessing.

No século XIX, essa tradição dramática fundada por Lessing é desenvolvida de maneira completamente diferente, a saber, numa dura abstração de valores. Como numa espécie de bonapartismo do intelecto, massas formidáveis e gigantescos acúmulos se levantam no lado do temor e, separadamente, no lado da compaixão. Um drama concorre com o outro no sentido de criar um quinto ato e de modo a provocar o máximo de compaixão. Também é este o mundo da ópera. Assim elas são tratadas por Verdi ou Puccini.

Mas não é desse amontoado, desse acúmulo de temor e compaixão, e sim de *equilíbrio*, que trata a *Hamburgische Dramaturgie* de Lessing.

Ela remete à Antiguidade, à seguinte pergunta: "O que devo temer, o que devo amar?" Trata-se da pergunta *socrática*, e esta somente se refere à compaixão, que não vale por si como um ideal separado. Por ocasião do recebimento do prêmio Lessing, Hannah Arendt destacou que, na Antiguidade, a compaixão era tão pouco uma virtude quanto a inveja. E que o temor por si não é considerado valioso, mas sim o equilíbrio, a capacidade de se deixar levar pela compaixão em meio ao temor e, no meio da compaixão, não esquecer o temor, a lembrança da amargura.

A compaixão deriva daquilo que amo e que não posso perder; o medo do horror, de perder meu caminho, de não me achar mais a mim mesmo, de desmoronar.

Nesse ponto a hierarquia do dramático se dilui num mundo rico de imagens especulares, de equilíbrios, de direcionamentos e contradirecionamentos. No modo de expressão de Lessing, isso é uma "educação dos sentimentos", o núcleo da contemplação prazerosa, da consideração pública, da união do íntimo e do público.

Como a nossa, nenhuma outra geração viu o próprio século como uma paisagem aberta para a experiência. A capacidade de expressão das metáforas, das representações dramáticas, mas também das nossas notícias, não se presta à difusão dessa experiência.

Quero ilustrar isso com dois exemplos, que também focalizam a explosão da violência material, dos temas, que não podem ser dominados com o cânone clássico das formas e que o rompem, mais cedo ou mais tarde, para que novas formas possam surgir.

Parto de duas observações associadas ao poema dramático de Lessing, *Natan, o sábio*. Lessing escreveu *Natan, o sábio* numa época em que estava diretamente ameaçado pela censura. Por isso, como se sabe, ele transferiu o local da ação para o Oriente próximo, tirando-o da atualidade e deslocando-o para uma esfera de conto de fadas, atemporal. Um passar de olhos pelo noticiário mostra que o Oriente próximo ou mais distante passa a ser, nesse meio tempo, menos apropriado para tais devaneios.

Soma-se a isso o fato de o drama clássico, do qual trata Lessing, identificar conflitos sociais com pessoas. Isso vale para a imagem perceptível publicamente no *ancien regime*, onde os soberanos representam seu povo pessoalmente, e por isso, muitas vezes se tem a impressão de que, em Lessing, seria possível educar a humanidade se se pudessem educar melhor os príncipes. Para o século XII, em que se passa *Natan, o sábio*, e para o século XVIII, em que Lessing escreve, interpretar acontecimentos mundiais a partir de confrontos individuais não é tão errado quanto seria hoje.

Se tomarmos a metáfora do "envolvimento pessoal", imanente ao drama do palco, e a transpusermos para a região sudeste nos anos 90 do século XX, e tentarmos, como no drama de Lessing, citar três forças, entre as quais ficamos na dúvida qual dos três anéis é o correto, então os muçulmanos correspondem não a Saladin II, mas sim a Saddam Hussein, isto é, Iraque enquanto sistema. No lugar de Natan fica Israel, fortemente armado. Entre os templários, os cavaleiros brancos, podemos escolher entre George Bush ou as instituições da ONU. É evidente, porém, que aqui se encontram sistemas de conflitos, que os homens que agem (inclusive Saddam Hussein) estão ao lado dos acontecimentos, ainda que, no palco do mundo, pareçam estar dirigindo esses mesmos acontecimentos.

A pergunta da verdade continua em aberto, a pergunta sobre quem possui a força legitimadora aguarda o melhor juiz em mil anos. Espantosamente, há muito pouco de novo para ver nesse conflito. Mas a forma de narrá-lo não será a de um poema dramático. Sistemas de comunicação como a CNN, a revista *Der Spiegel*, o *Washington Post* informam a respeito do assunto, mas – e por isso estamos reunidos aqui por ocasião do Prêmio Lessing – falta a essa forma de narrar as notícias algo que na esfera pública clássica os oradores e narradores acrescentavam e que era o reconhecimento, a reviravolta para o bem, aquilo que perfaz em Aristóteles o "quarto degrau" do trágico. Falando de forma mais simples, falta o contexto humano, isto é, a defesa [Gegenwehr].

Fiquei muito contente que na justificativa do júri fosse citada uma metáfora que provém de uma das minhas histórias, isto é, o conceito da "estratégia por baixo". Quero avivar essa imagem na sua lembrança, leitor: em 1945, durante um ataque aéreo, uma mulher, Gerda Baethe, está sentada em um porão com seus filhos, e naquele momento nada lhe ocorre para que possa defendê-los. Do ponto de vista dela, a esquadrilha de aviões, que ataca a cidade em função de um planejamento abstrato, é um sistema de poder extraordinário. Até mesmo técnicos experientes em desativar bombas não são capazes de lidar com esses resultados de várias décadas de desenvolvimento da indústria bélica. Para que esses técnicos possam desativar tais bombas, é preciso que elas cheguem primeiro ao solo. Mesmo o técnico, sentado num abrigo antiaéreo e bombardeado pelo alto, não poderia reagir diferente de um leigo. Os conhecimentos técnicos de nada adiantam. Não existe uma relação humana entre as pessoas que estão sentadas num abrigo antiaéreo e uma esquadrilha de bombardeiros. Não posso capitular, não posso me proteger, não posso me arrepender de nada, não posso responder, não posso defender aquilo que amo. E nem sequer faz sentido ter medo.

É isto o que a professora no abrigo diz a si mesma. Por um momento, ela experimenta rezar para ver se ajuda. Mas pedir o quê? Rezar para que as bombas não caiam sobre ela e seus filhos, mas caiam sobre seu vizinho? Isso seria um pedido pecaminoso e invalidaria a oração. Não existe num microdrama desses, nenhum programa de ação que pudesse ser desenvolvido linearmente. A mesma situação ocorre durante a ocupação de um país – como nós a fazemos agora no nosso próprio país –, ou no entusiasmo pela conquista de um campeonato mundial de futebol. Trata-de de uma conexão sistêmica que libera a violência e deixa de lado, debaixo ou na abstração, um ser humano que não pode reagir, seja o que for que ele faça. Para mim, isso é *trágico*. Apesar de não poder se desenvolver na forma de um drama, mas sim na forma de mônadas que colidem entre si e que, quando uma bate, a outra não pode revidar.

Dramas desse tipo exigem uma análise. Gerda Baethe faz esta análise enquanto reflete: Quando foi o último momento em que eu e os outros ainda poderíamos encontrar uma defesa contra esses poderes que agora podem me matar e a meus filhos? Ela conclui que talvez em 1928 poderia ter existido uma possibilidade de proteger os próprios filhos nesse momento (estamos em 1945 no conto, e agora é 1990), se ela, junto com muitos outros, tivesse dado passos diferentes daqueles que foram dados.

A unidade de lugar, tempo e ação, como laço lógico e temporal, também objeto da *Hamburgische Dramaturgie*, foi rompida em conflitos entre mundos da vida e mundos sistêmicos. Apesar de existir de maneira indireta todo um emaranhado de novos laços lógicos e temporais, relativamente ordenados, eles se estendem para um momento de tempo completamente diferente e a outros lugares. O que foi um lugar, deixa de existir.

Quero ainda dar outra forma à metáfora dos três anéis, pois me parece importante que o leitor compreenda corretamente essa paralisação do elemento dramático no palco, pois justamente esta paralisação não significa que algo esteja paralisado nas condições reais. Vou lhes contar uma curta história de três homens.

Em 1941 correu o boato de que submarinos japoneses se aproximavam da costa leste dos EUA. Por essa razão, foram organizados sistemas de defesa, foram mobilizados homens, a fim de repelir o adversário. Em Los Angeles e nas imediações foi decretado um rigoroso *black out*.

Nessa época, viviam na cidade três homens que quero descrever mais detalhadamente. Walther Bade é astrônomo e observava as estrelas no Monte Wilson, sentado em seu cubículo muito frio – os observatórios são frios para evitar o embaçamento das lentes –, bem agasalhado, como se estivesse na Sibéria. Sua observação era privilegiada devido ao *black out*. Auxiliado pela escuridão, ele estudou o céu estrelado acima de nós e constatou que as galáxias estão duas vezes mais distantes do que se imaginava até então. Ele colocou a estrutura em que vivemos, circundada lá fora por um mundo muito frio, em suas verdadeiras dimensões: numa noite de 1941, ele nos afastou do universo de Ptolomeu mais do que havia feito Copérnico. Ele é um iluminista, um iluminista no que se refere às grandes distâncias, um iluminista com métodos científicos.

Na mesma época, vivia um homem chamado David Miles, um detetive. Ele tinha sido mobilizado e designado para vigiar prédios de empresas. É como se a raposa fosse designada para guardar o galinheiro, pois ele era um homem excessivamente curioso e usou o telefone que devia proteger para telefonar. Por telefone, falou com o lado iluminado do nosso planeta e acompanhou exatamente o avanço japonês. Ele chamou postos telefônicos ao norte de Singapura, no Ceilão, perto de Manilha, penetrou sozinho no interior dos países, conheceu detalhes, provavelmente não entendendo muito bem tudo, pois não falava todas essas línguas; prestava mais atenção ao tom da conversa, ou se ao longe soavam tiros por detrás da ininteligível língua espanhola.

Foi assim que ele se orientou, e o *pathos* a ser destacado no seu procedimento está em que ele agiu de modo imediato. Ele próprio, testemunha dessa época, sem recorrer a notícias de agências, notícias preparadas pelos jornais, avança de fato, através das chamadas interurbanas, pelas regiões em crise, e se alguém quisesse saber para onde fugir, se alguém lhe perguntasse isso, ele saberia dizer.

Existe um terceiro anel nessa estranha "unidade de tempo e espaço": Max Horkheimer, que mais tarde recebeu o prêmio Lessing. Naquela época, ele trabalhava à noite e não ia dormir cedo. Tinha dúvidas sobre se acordaria de novo. Esticava cada dia o máximo que podia, e fazia – como se soube depois – apontamentos que mais tarde seriam incluídos na *Dialética do esclarecimento*. Ele tinha descoberto uma frase de Karl Marx, que é a seguinte: "O resultado de todas as nossas invenções e do nosso progresso parece ser que as forças materiais são providas de vida espiritual e que a existência humana se imbeciliza em uma força material". Quando seres humanos são apenas consumidores, quando na guerra se transformam em bucha de canhão, então não há dúvida de que eles se transformaram numa força material, assim como o trabalho morto pode ser enriquecido para preencher de vida espiritual a 186ª geração de um computador IBM, pois nele reside o trabalho de muitas gerações passadas. Isso possui vida espiritual e uma vida que marcha separadamente, mas que pode atacar em conjunto.

Essa frase não está em nenhuma das obras completas de Marx, mas é uma frase que a Stasi (*Staatssicherheitspolizei* – Polícia de Segurança do Estado) poderia ter encontrado. Ela descobriu há pouco em Londres mais um manuscrito de Marx, que não foi encaminhado ao Politburo, pois não se acreditava que novas frases de Marx pudessem interessar ao Politburo. Horkheimer era de opinião de que não podemos ser *sádicos da verdade*. Essa expressão ele registra numa dessas noites de *black out* em seu livro de apontamentos. Por "sádicos da verdade" ele designa realidades cujo relato verdadeiro fere tão profundamente que precisamos torna mais lentas notícias desse tipo, para que a experiência possa alcançá-las. Assim, Horkheimer descreveu o que faz uma metáfora, o que estabelece a poética. Diante da experiência insuportável, ela cria recipientes, labirintos, espirais, onde o horror reduz sua velocidade de tal forma que nossa percepção sensorial pode lidar com ele sem ser ferida; a antena do caracol, nossa sensibilidade, fica distendida, apesar de, na condição de seres humanos, não vivermos para experimentar o horror. Com todas as suas fibras, a antena quer captar coisas felizes. Nesse aspecto, todos os sentimentos são antirrealistas e dirigidos contra o reconhecimento do horror; ao mesmo tempo, precisamos inventar formas que diminuam a velocidade do horror a um ponto em que os seres humanos possam lidar com ele.

Relacionei aqui esses três espíritos subjetivos extremos que representam os três fragmentos do Iluminismo. Eles nunca tiveram qualquer contato entre si. De acordo com as exigências da justificação que Lessing faz aos espetáculos dramáticos, não existe aí uma constelação imaginável em que eles possam se encontrar. Somente o local e o tempo são comuns, e também o contexto de ofuscamento [*Verblendungszusammenhang*], provocado em outros anos pela mídia, e em 1941 pelo *black out*.

Trata-se da categoria do contexto na elaboração da poesia, na configuração de relações reais. Mas justamente na perspectiva da emancipação as qualidades subjetivas mostram-se dissociadas. Se submetidas a uma campanha de recrutamento, a uma série de televisão, a uma campanha de propaganda, isto é, sob a perspectiva da não emancipação, elas voltam a se associar. Mas somente da perspectiva da emancipação existe a chance da mudança espontânea da sorte, da autonomia, do reconhecimento trágico e da objetividade de Lessing. Dessa perspectiva, o projeto do Iluminismo e o projeto da poética são aliados necessários, e quanto mais irrealizáveis são como projetos, tanto mais nitidamente podemos senti-los.

No seu discurso por ocasião do prêmio Lessing sobre *Von der Menschlichkeit in finsteren Zeiten* (*Sobre o humanismo em tempos sombrios*), Hannah Arendt define: "A tragédia mostra a mudança que vai da ação para o sofrer". Sob esse aspecto, e isto é o núcleo do que quero dizer, a tragédia abandonou o palco e estabeleceu, no mundo inteiro, seu campo de ação nas relações verdadeiras. Mas aqui ela não pode alcançar uma forma nem de acordo com o local e o tempo, nem de acordo com a ação. Surge uma situação aberta, pois também o sofrimento perde a forma obrigatória, tanto como sua justificativa.

Nessa situação que coloca a ação, a curiosidade e as capacidades poéticas diante de novas possibilidades, o reconhecimento do autêntico, do subjetivo e da boa vontade tem uma forma especial: à primeira vista, a forma da ingenuidade.

Cito uma frase de À *paz perpétua* (*Zum Ewigen Frieden*), Apêndice 1, de Immanuel Kant: "O direito do ser humano deve ser considerado sagrado, por mais que isto custe ao poder dominante". Essa postura tomou conta de muitas cabeças por seis semanas no outono passado, e provocou uma revolução. Ela rompeu com a imagem de um sistema fechado, que considerei real. Há cem anos, essa frase não foi considerada muito realista, mas sim ingênua. Isso porque foi publicada e nada aconteceu. De repente, porém, o que foi dito na frase surge como um fator de poder na realidade.

No contexto da mudança, houve em Leipzig demonstrações com cartazes em que se lia o seguinte: "Nós somos o povo". Da mesma forma como o indivíduo que representa o soberano no século XVII diz de si: *L'État, c'est moi*. Justamente por essa razão absolutista, Bert Brecht nunca falou de povo, mas sempre de população. Mas a palavra "população" seria menos atrativa como *slogan*. "Nós somos uma população": essa frase soa como uma afirmação e nela podemos sentir que falta alguma coisa. Devemos dizer: "Somos uma população e possuímos uma esfera pública, onde a autonomia é possível. E nela nos utilizamos do nosso juízo, sem direção de terceiros".

Depois da destruição do antigo, que afastei de mim, e antes que algo de novo me subjugue, é necessário que apareça o trágico reconhecimento de que nós, seres humanos, todos os seres humanos, possuímos para o autêntico, o subjetivo, para o estranho que há no outro e para a boa vontade. Isso pode produzir comoção como em *Merope* e pode reunir novamente horror e sentimento. Uma população sem esse recipiente, sem o palco real da esfera pública, não pode desenvolver autoconfiança.

A isso se refere a posição crédula de Lessing. Ela é o pressuposto para toda poética exigente no século XX. E essa crença está associada à descrença diante dos mundos sistêmicos fechados, que se julgam reais. A eles se opõe, diz Lessing, o antirrealismo dos sentimentos.

Para essa descrença, esse sistema de tolerâncias, precisamos da esfera pública independente. Ela é o recipiente onde são produzidos os instrumentos que permitem a comunicação, a compreensão mútua. Por isso a esfera pública é um "bem comum" que não pode ser "vendido por nenhum preço do mundo". *Por isso, cada um que se beneficia da esfera pública, seja em forma de uma instituição pública de direito, seja num empreendimento privado, é um fiador. Nós somos – todos nós – a população e a esfera pública, isto é, desde que conservemos aberto o caminho imediato entre a subjetividade e a comunidade. Aqui reside o instante de um trágico e feliz reconhecimento.*

Alexander Kluge

XV. NEM O TRABALHO MAIS INTENSIVO NO PRESENTE PODE BANIR OS ESPÍRITOS DO PASSADO

1 Utopias da superação e o problema da reassimilação

Parece evidente que é sempre mais difícil esclarecer racionalmente o passado quando os criminosos e os omissos, seus cúmplices, tentam apagá-lo trabalhando o presente de forma intensiva e não crítica. Eles tornam-se invisíveis pelo seu trabalho. Isso vale tanto para a relação dos alemães com o nacional-socialismo como para os russos em relação ao stalinismo, para os chineses em relação à Revolução Cultural, e para os alemães na ex-RDA em relação ao regime da SED (Sozialistische Einheitspartei [Partido Socialista Unificado]). Existem, no entanto, diferenças decisivas. No caso do nacional-socialismo, sucumbiram todas as organizações que deram procuração geral a esse crime da história: é justamente isso que Adorno quis dizer quando formulou a tese de que a "sobrevivência do nacional-socialismo" *na* democracia era (deveria ser) potencialmente mais ameaçadora do que a sobrevivência de tendências fascistas *contra a democracia*.[1]

---

1 Adorno, T. W., *Was bedeutet Aufarbeitung der Vergangenheit?* Bericht über die Erziehungskonferenz am 6. und 7. November 1959 in Wiesbaden.

Na União Soviética e na China, em contrapartida, o complexo traumático é ativo não apenas de forma oculta, social e psicologiamente, mas os partidos que têm a maior responsabilidade pelos crimes do passado permanecem ali com suas estruturas *intactas* e exercem eles mesmos a vigilância sobre as estratégias de negação e recalque. Nesse quadro, o *isolamento* de cada fato em si e *a personalização* são os mecanismos centrais.

Sem dúvida é problemático supor que a chave para esquemas coletivos de pensamento estejam no comportamento *individual*. Entretanto, para esclarecer o estado de paralisação das sociedades que estão desmoronando (Cuba inclui-se entre esses fósseis), caracterizado por um alto nível de energia de negação [*Verleugnung*] e de recalque [*Verdrängung*], podemos usar o que Freud descreveu num exercício intelectual. Para explicar de forma objetiva as caraterísticas da atividade psíquica, Freud traduz, no exemplo de Roma, a *sucessão temporal* numa *justaposição no espaço*. Se admitirmos – diz ele – que "na vida anímica nada que um dia foi formado pode desaparecer, que tudo é conservado de algum modo e pode se manifestar novamente em condições adequadas – por exemplo, uma regressão"[2] –, então podemos imaginar que a Roma de hoje é uma superposição e um conjunto de todas as camadas de edifícios e construções que um dia existiram na cidade. A história adquire uma forma espacial: Panteon e Coliseu coexistem com o Júpiter capitolino, com os palácios e igrejas da Renascença; os edifícios e muros superpostos como numa formação arqueológica. Freud faz essa fantástica experiência intelectual para elucidar numa associação espacial como o "passado anímico" penetra no presente do ser humano e que confusões e transposições causa, se não for assimilado num processo de aprendizagem consciente.

Ainda que seja necessário enfatizar o ceticismo de Freud em poder elucidar a complexidade da vida anímica com um tal exem-

---

Deutschen Koordinierungsrat der Gesellschaften für Christlich-Jüdische Zusammenarbeit (Ed.), Frankfurt o. J., p.12.
2 Freud, S., *Studienausgabe*, Frankfurt, 1982, p.201, v.IX.

plo, pois os processos psíquicos devem ser novamente traduzidos para a esfera social, suas sugestões são muito importantes: somente o trabalho social consciente, coletivo, pode superar a presença fantasmagórica do passado, que perturba planos futuros, rompe a fatal compulsão repetitiva, e pode impedir o retorno do conteúdo recalcado. A transformação da herança cultural em formações sociais atuais depende, porém, do *trato público com a história*, que só desenvolve impulsos de aprendizagem em determinadas condições.[3] No exercício intelectual de Freud está contida esta ideia de aprendizagem:

> Talvez devêssemos nos contentar em afirmar que o passado *pode* ser conservado na vida anímica; não precisa ser *obrigatoriamente* destruído. É sempre possível que, no plano psíquico, muito do que é passado seja destruído regular ou excepcionalmente, de modo que não possa ser recuperado ou revivido, ou então que a conservação dependa de circunstâncias favoráveis. É possível, mas nada sabemos a respeito disso. Só podemos insistir em que a conservação do passado é mais uma regra do que uma curiosa exceção na vida anímica.[4]

2 Os homens aprendem com a história?

A conservação do passado é, na sociedade, mais a regra do que a exceção. A aprendizagem histórica torna-se sempre, portanto, um problema público quando a estrutura organizativa de uma sociedade é tomada por crises e os sinais de uma solução para as novas contradições, capaz de garantir o futuro, aparecem no horizonte da percepção. No fundo, não há dúvida de que o conceito da aprendizagem histórica, que vive do protesto contra a

---

3 Sem a assimilação consciente não pode haver "normalização" no trato de acontecimentos históricos traumáticos. A esse respeito, cf. Habermas, J., Vom öffentlichen Gebrauch der Historie, in: *Eine Art Schadensabwicklung*, Frankfurt, 1987, p.187s.

4 Freud, S., op. cit., p.204.

mítica compulsão repetitiva, é tão velho como a própria historiografia: ele já se delineia na modéstia metódica com a qual Heródoto (Cícero o chama carinhosamente de *pater historiae*), o primeiro historiador a romper com o emaranhado mitológico das árvores genealógicas, formula sua tarefa de "registrar os relatos individuais que foram transmitidos oralmente" sem fazer um juízo sobre o verdadeiro e o falso, mas apenas *contando o que foi contado*. Enquanto registra o que ouviu – acontecimentos históricos, acontecimentos do dia a dia – e tenta salvar realizações culturais do esquecimento, torna-se evidente, também, o interesse político de Heródoto: fornecer ao povo grego, com uma poderosa Atenas à frente, uma consciência *própria* de poder diante do aparentemente todo-poderoso Império Persa. Heródoto não disse, é verdade, que se pode aprender com a história, mas não é por acaso que sua obra surge numa época de mudanças, no início da *história grega*, em que não era necessário apontar expressamente para a possibilidade de aprender com o passado.

A sabedoria proverbial em curso no século XIX, resultante da incapacidade dos historiadores, segundo a qual a história é vista como mestra da vida (*historia magistra vitae*), referia-se à possibilidade de se reviverem destinos heroicos. Tal sabedoria silenciou sobre as condições sociais únicas, que não se repetem, sob as quais é realmente possível aprender com a história. Hegel negou enfaticamente que isso seja possível:

> Os regentes, os estadistas, os povos são induzidos sobretudo à aprendizagem pela experiência da história. Mas o que a experiência e a história ensinam é que os povos e os governos nunca aprenderam nada com a história e nunca agiram de acordo com os ensinamentos que pudessem ter extraído dela. Cada época tem condições tão peculiares, cada situação é tão individual, que as decisões só podem ser tomadas única e exclusivamente a partir dela mesma. No tumulto dos acontecimentos mundiais, um princípio geral, a lembrança de condições semelhantes, são de pouca ajuda, pois uma lembrança pálida não tem força diante da vivacidade e da liberdade do presente. Nada é mais insípido nesse olhar para o passado do que a repetida referência a exemplos gregos e romanos, como aconteceu com frequência durante o período revolucionário na França. Nada é

mais diferente do que a natureza desses povos e a natureza do nosso tempo.[5]

No entanto, a contestação de Hegel não deve ser considerada de forma tão definitiva como ele a formulou. Hegel tem em vista as relações empíricas, mais exatamente, as reminiscências da Antiguidade na Revolução Francesa. Aprender por imitação é impossível; o espírito objetivo, porém, que toma corpo na capacidade conceitual do filósofo, não abandona nenhuma fase do desenvolvimento histórico sem esgotá-la, isto é, enquanto o que pode ser aprendido dela não for *superado* por si próprio e seus objetos na etapa seguinte, mais elevada, da experiência da consciência. O aprendizado histórico é um *processo* que se desenrola nas costas dos sujeitos empíricos. Se considerarmos o filósofo o sujeito coletivo de uma sociedade, maximizado idealisticamente, temos – segundo Hegel – a plena possibilidade de aprender com a história, e isso ocorre no momento mesmo em que caem os envoltórios do empírico acidental. A construção idealística da filosofia da história não está de modo algum livre do positivismo das constelações únicas e foi Hegel quem justamente demarcou a ambivalência de se seguirem as mensagens secretas do tempo histórico, de um lado, e, de outro, de não se perder a sensação de que a "lembrança pálida" é impotente contra o presente vivo. Ele compreende a história como uma *progressão na consciência da liberdade*, que acontece por meio do trabalho. No trabalho, porém, está implícito o aprendizado.

> O espírito, devorando os despojos de sua existência, não migra apenas para outro despojo, nem ressuscita rejuvenescido das cinzas de sua configuração, mas sai dele elevado, esclarecido, como um espírito mais puro. Entretanto, ele se ergue contra si, devora sua existência, mas enquanto a devora ele a assimila e o que é uma formação [*Bildung*] transforma-se em material que seu trabalho eleva à condição de uma nova formação.[6]

---

5 Hegel, *Sämtliche Werke*, Hermann Glöckner (Ed.) (Jubiläumsausgabe), op. cit., p.31, v.11.
6 Hegel, op. cit., p.112 s.

Nessa ambivalência do conceito de aprendizagem histórica estabelece-se uma coalizão estranha entre o superidealista Hegel e o mais positivista dos pessimistas culturais, Max Weber. É bem verdade que o fato de que a história deve ser percebida do ponto de vista da importância cultural da época presente contradiz o postulado da "liberdade de valor" da investigação; mas as abrangentes análises históricas de Weber só podem ser compreendidas quando as lemos à luz do motivo central da noção de que é possível explicar o presente. Nas passagens em que ele analisa os mecanismos de autodestruição das antigas culturas, por exemplo, transparece claramente o interesse de descobrir no "crepúsculo cultural do mundo antigo" o brilho ofuscado de sua própria época. Mas Weber logo repele isso e conclui de forma lapidar:

> Com relação aos nossos problemas sociais atuais, pouco ou nada podemos aprender com a Antiguidade. Um proletário dos nossos dias e um escravo chinês se entenderiam tão pouco como um europeu e um chinês. Nossos problemas são de espécie completamente diferente. O espetáculo que contemplamos só possui um interesse *histórico*. Sem dúvida, um dos mais peculiares que a história conhece: a autodissolução interna de uma velha cultura.[7]

De fato, é no mínimo duvidoso que um proletário inglês do século XIX, que passava de 14 a 16 horas dentro de uma mina subterrânea, pelo fato de não usar correntes e de poder vender sua força de trabalho no mercado, não conseguisse compreender a carência existencial de um escravo da Antiguidade. Se tivéssemos levado essa carência ao seu conhecimento, ele talvez tivesse se lembrado de situações em que se reconheceria no seu antigo companheiro de sofrimentos. O conceito marxista de escravidão assalariada nunca foi uma mera metáfora.

A chance de aprendizagem cultural entre organizações sociais cujo entendimento histórico é estruturalmente diferente só pode ser aproveitada quando *direitos políticos de comunicação ga-*

---

7 Weber, M., Die sozialen Gründe des Untergangs der antiken Kultur. In *Soziologie*. Weltgeschichtliche Analysen, Politik, Stuttgart, 1956. p.3.

rantem para o povo em geral formas públicas de expressão da consciência de liberdade moral. A aprendizagem social é um processo dirigido para a formação de uma ordem moral. Mas o *sistema* não aprende nada. Não existe uma instância capaz de aprender que esteja no topo da hierarquia das atividades sociais e que transmita aos homens o que aprendeu. A distância entre direitos de comunicação política, isto é, entre aquele meio de expressão do interesse individual ou coletivo dirigido ao todo da sociedade, e a rígida objetividade de técnicas e economias fixa posições extremas que distorcem os acontecimentos sociais. Entre essas posições extremas se passa muita coisa que realmente não tem um simbolismo político, mas que é de elevada significação para a reorganização duradoura da sociedade. Podemos chamar isso de o elemento *flexível* da transformação social: a procura de um novo estilo de vida (comer, beber, vestimentas, dança, música) e de novas formas de relacionamento. Essa exigência político-moral não precisa de estímulo ou de senhas vindas de *cima*, mas somente de espaço para se mover e se desenvolver. Diferentemente da estrita legalidade, que impõe um determinado comportamento pela capacidade de sanção do Estado, trata-se aqui de uma "lei da permissão", como a chamou Kant.

Referimo-nos aqui apenas às condições possíveis de processos de aprendizagem histórica, elas não devem ser cumpridas na forma de leis naturais. Faz parte da tragédia das duas grandes revoluções sociais deste século, a chinesa e a russa, o fato de que seu programa para libertar os seres humanos da necessidade material, da exploração e da humilhação só poderia ter sido cumprido se elas estivessem à altura de um duplo desafio: *assimilar a própria herança histórica e aprender justamente com aqueles países para os quais eles se declaravam uma alternativa. É evidente, porém, que tais sociedades de transformação não tiveram liberdade de escapar desta dupla exigência. A modernização sem a industrialização teria eternizado sua dependência, e a industrialização sem a modernização consciente das condições de vida teria destruído seu próprio fundamento histórico.* Processos de aprendizagem desse tipo não têm nada a reassimilar; eles começam no momento em que a cultura burguesa chegou ao fim. Nos materiais para o *Anti-Dühring* lê-se:

O proletariado toma o poder público e com seu auxílio transforma em bem público os meios de produção, que estão escapando das mãos da burguesia. Com esse ato, liberam os meios de produção de suas características capitalistas e dão ao seu caráter social plena liberdade de se impor.[8]

Essas frases contêm talvez um grandioso erro, possivelmente o de maior sucesso do século XX: o engano de que forças produtivas, não mais subordinadas à lógica do capital, estejam livres da discussão com todos os processos culturais de aprendizagem que se desenvolveram ao longo da constituição do mundo burguês e provavelmente se tornaram novamente ativos, porque o capital era o poder dominante no mundo. Não foram os assim chamados valores culturais superiores que reuniram as forças de oposição contra as práticas de roubos do capital, mas sim os direitos políticos de liberdade que se fixaram em instituições. Eles podem ser usados não *a* favor do capital, mas também *contra* ele. Eles são *direitos humanos sui generis*.

Da relação de tensão intrínseca entre capital e cultura política na sociedade burguesa resulta uma consequência significativa para todos os países que se encontram no processo de *recuperação industrial* e de recuperação de revoluções políticas.

Onde a função de capital da força produtiva é preservada e o modo de produção capitalista penetra naturalmente na ordem social organizada de forma tradicional, sem provocar as forças de resistência da sociedade burguesa, chega-se via de regra à deterioração das condições de intercâmbio, ao endividamento dos Estados e à erosão das estruturas políticas, sobre as quais repousam as instituições democráticas: o resultado são as ditaduras militares permanentes. Justamente este é o destino de muitos países do Terceiro Mundo, algo que nem a mais maciça ajuda econômica dos países industriais pode alterar.

Em contrapartida, em países com autênticas revoluções sociais coloca-se um outro problema. As forças produtivas industriais, sejam importadas ou desenvolvidas pela própria capaci-

---

8 *MEW* 20, p.620.

dade, não obedecem aos imperativos da lógica do capital; são, portanto – como dizia Engels – separadas da qualidade do capital e livres no desenvolvimento de seu caráter social; mas elas não desenvolvem, a partir de si mesmas, uma cultura política que poderia colocar os direitos de liberdade política da burguesia num novo contexto histórico. É verdade que também houve revoluções burguesas nesses países, mas elas não abrangeram as estruturas sociais e não produziram um mundo de vida burguesa. Assim, o resultado são conflitos e contradições com os quais os países sofrem longamente. Eles são incapazes de absorver tanto a cultura burguesa que se desenvolveu num processo secular de construção da sociedade burguesa, como também dos movimentos operários do Ocidente e tampouco podem se livrar completamente de suas garras. É impossível conservar simplesmente as próprias tradições culturais e engatá-las nos princípios da sociedade industrial desenvolvida. Uma terceira alternativa cultural seria necessária. Enquanto isso não é alcançado, eles se movimentam no âmbito das grandes revoluções burguesas dos movimentos operários ocidentais, cuja herança sobrevive neles sob novas condições. Eles precisam de um duplo processo de aprendizagem, que não está centrado na aquisição de conhecimento técnico: *assimilação de sua própria história* e *formação maciça de capacidade de discernimento* para tudo que é estranho. A questão de saber se um tal processo intercultural de aprendizagem pode dar certo e que consequências tem para a construção da respectiva sociedade não depende unicamente da vontade e da consciência dos governos desses países, mas sobretudo das condições internacionais de uma sociedade mundial de cooperação solidária. Pois só ela é capaz de produzir e garantir o equilíbrio entre o desenvolvimento da cultura tradicional autóctone e a abertura consciente para o outro, o desconhecido, o diferente, de forma digna e sob a égide de uma humanidade *geral*.

Oskar Negt

POSFÁCIO

"Nunca houve tantos inícios"

Nosso livro pretende despertar o prazer da apropriação do conceito pouco solicitado de política com "fantasia sociológica". Durante todo este século, outros desenvolvimentos, que não os realizados, foram possíveis no plano das perspectivas; instantes houve, portanto, em que a história esteve em aberto. E isso não vale apenas no sentido condicional. Não que alternativas mais felizes, desenvolvimentos mais livres, tenham sido descartados ou suprimidos desnecessariamente; mas os fatos nos surpreenderam em Portugal, na Polônia, na Alemanha em 1989, e em muitas outras datas e lugares. A história foi mais inventiva do que nossa imaginação. Nossa imaginação poderia ser mais realista do que a verdade, mas em geral capenga atrás dela. Podemos trazer paz e durabilidade ao processo dos esforços políticos, quando acreditamos que se repetem quase todos os momentos não assimilados da história. Com essas observações e suas consequências para a ação política, pensamos o contrário do que pensam os "pensadores do fim da história". A história não está, por isso mesmo, no fim porque uma grande parte de suas possibilidades não foi realizada, consequentemente não foi esgotada. Se tudo o que foi início na história tivesse chegado a um bom termo, poderíamos noticiar um "fim da história".

A história da humanidade começa no ponto em que os seres humanos passam a ser capazes de transformar em realidade o que sonham, o que pensam e querem, sem distorção e sem refração através das massas frenéticas da sociedade e da realidade. Karl Kraus expressou como segue o sentimento intenso que se associa a este anseio:

> E quando este tempo mau – longo como uma era glacial – for quebrado,
> então se falará dele,
> e as crianças construirão no campo um espantalho,
> e, queimando-o, transformarão sofrimento em prazer.

Oskar Negt/Alexander Kluge

NOTA BIBLIOGRÁFICA

Agradecemos à Editora Suhrkamp pela permissão de imprimir neste volume o ensaio de Alexander Kluge, "Das Lesen der Textes wirklicher Verhältnisse" ["A leitura do texto das relações reais"]. Este texto foi publicado primeiramente em Der Kopf in der Schlinge, de Hans Dieter Müller (Frankfurt a.M.: Suhrkamp, 1985).

O Capítulo IV deste livro retoma argumentos que Oskar Negt e Alexander Kluge abordaram primeiro em Geschichte und Eigensinn [*História e obstinação*].

SOBRE O LIVRO

Coleção: Biblioteca Básica
Formato: 14 x 21 cm
Mancha: 23 x 43 paicas
Tipologia: Gouldy Old Style 11/13
Papel: Pólen 80 g/m² (miolo)
Cartão Supremo 250 g/m² (capa)
1ª edição: 1999

EQUIPE DE REALIZAÇÃO

Produção Gráfica
Edson Francisco dos Santos

Edição de Texto
Fábio Gonçalves (Assistente Editorial)
Celso Donizete Cruz (Preparação de Original)
Ingrid Basílio e Carlos Wagner F. dos Santos (Revisão)
Oitava Rima Prod. Editorial (Atualização Ortográfica)

Editoração Eletrônica
Oitava Rima Prod. Editorial

Impressão e acabamento